プリューターク英雄伝

sawada ken

澤田謙

講談社文芸文庫

目次

プリュータークの英雄伝

プリュータ一ク英雄伝

序

いま日本には、高鳴る一つの潮《うしお》が、巌を嚙む奔流のごとくに、凄まじい響をたてて流れ動いている。それはながい因襲と拘束とから切り離された大衆が、白い浪頭を見せながら、鞺鞳《とうとう》と動きゆく姿である。

大衆の一たび動くや、はなはだ天才に似たるものがある。彼等は盲目的である。無自覚であり、無意識である。そして、天才にのみ許されたる直観力によって動く。すべての天才が、あらゆる桎梏《しっこく》を打破って露出するように、何人も大衆の本能的なる動きを堰きとめることはできない。

かくして日本六十余州の山河は、いま、新らしき英雄の出現を待望する大衆の叫びによって、どよめいているのだ。日本にもついに英雄時代が到来した。

それはまた、大衆時代の特色である。

私が『ムッソリニ伝』を、はじめて世に公にしたのは、一昨年のことであった。ついで鶴見祐輔氏が、『英雄待望論』を世に問われた。これらの著述が、日本の大衆の間に、熱狂的歓迎をうけたのは、そもそも何の故であったか。以来、大小いろとりどりなる英雄伝が現われた。何のために？　と、問うのは、野暮の骨頂であろう。

それは日本の大衆が、旱魃に降雨を望むがごとく、英雄の出現を待ち望んでいる証拠である。

ところが世の一部には、大衆時代には英雄が要らないというような奇怪至極な誤解が行われている。

しかし、事実はそれと恰度正反対だ。

大衆時代なればこそ、世は英雄を待望するのである。

それはまず、古今東西の歴史が、最も雄弁に物語っている。猫の額ほどの希臘《ギリシア》の小天地に、偉人傑士雲のごとく現われたのは、いわゆる希臘の自由なる民衆主義時代であった。羅馬《ローマ》の民衆が、世界統一を夢みはじめたとき、シーザーが起ってその大衆の呼び声にこたえた。仏蘭西《フランス》革命の怒濤のごとき大衆の浪に乗ったのが、一世の風雲児ナポレオンであった。ながい封建の桎梏が自然に腐れ緩んで、百姓町人の手足に自由が訪れたとき、西郷南洲は錦の御旗を東海道に押し立てたのだ。

真の英雄は、自由なる民衆時代にあらずんば、現われるものではない。

考えても見給え。専制主義、官僚主義の時代において、何処に英雄の必要があるか。それはただ、一の名君宰相あらば事は足るのだ。或はまた、斗筲《とそう》の小政治家であっても、一たび専制の枢機を握りさえすれば、それでもよく一社会を支配することができるであろう。

ところが、大衆時代では、そうはゆかない。

彼はまず、盲目的に動きゆく、時代の大潮の方向を、シッカと見極める識見をもたねばならぬ。そして、何の怖れげもなしに、その大衆怒濤のなかに、ザンブと身を躍らせる勇気がなくてはならない。専制時代の指導者を、親譲りの金庫の番人に比べるならば、大衆時代の英雄児は、天秤棒一本の風雲児ともいうべきであろう。彼には、智謀と胆略、情熱と機鋒、信念と理性、放胆と小心――それらのあらゆる奇しき性格的交錯をさえ必要とするのである。

この意味において、大衆時代の日本は、新らしき英雄の出現を、踵をあげて待ち望んでいる。そして世界の歴史は、古代希臘羅馬の黄金時代が、恰度そういう時代であったことを教えている。

ここに私の紹介するプリュータータ英雄伝は、その希臘羅馬に現われたる、群がる星のごとき人傑を題目として、その時代の社会を描きだすとともに、鋭い批判のメスを揮って、これら英雄児の生涯と性格とを、縦横に写しいだしたものである。プリューターク英雄伝が、古くして常に新らしき英雄伝として、古典《クラシック》のなかに燦たる玉座を占めているのは、このためであろうと思われる。

著者プリュータークは、希臘の中部ボイオチア州の一小都市、ケーロネアに生れた哲人政治家である。彼は若くして、文辞の都雅典《アテネ》に遊学し、八宗兼学の学識を積んだる一面、また彼は、卓上に空論する腐儒ではなかった。皇帝トレージアン時代の羅馬に赴き、ここでは統領《コンソル》の職にあって、散々政治生活の体験を積んだ。かるが故にプリュータークは、哲学の研究によって積んだる豊富なる学識と、広き旅行によって得たる見聞識見と、波風あらき政治生活によって得たる体験とをもって、英雄伝の著者たるべく、殆んど完全に近い資格をもっていたものということができる。

なぜならば、プリュータークの英雄伝は、古書堆裡《たいり》の卓子《テーブル》の上に書かれたものではなくて、大いなる時代社会の真ン中において、書かれたものであるからである。

プリュータークの英雄伝が、東西古今の伝記書のなかに、殆んど独歩の地位を占めて、いまにいたるも、なお世界の民心を動かしつつあるのは、全くこの故にほかならない。

かの英傑ナポレオンが、仏蘭西の兵学校の校庭に寝そべりながら、ひねもすプリュータークを読耽って、そのとき夢に描いたる空想が、やがて欧羅巴《ヨーロッパ》全土に磅礴《ほうはく》し、ついにハンニバル、アルプス越の壮図の模倣となったること。近くは快傑ムッソリニが、師範学校の寄宿舎の窓から、シーザーの大業を遠く望んで、ついに壮烈なる羅馬討入の、凱旋的革命となったることなど、人のよく知るところである。

私もまた、年少はやくプリュータークの英雄伝を読んで、いくたびか嘆声を洩らしたことを記憶する。そして今、本書に筆を執るについて、再びこの英雄伝を読みかえし、さらに驚嘆を新たにしなければならなかった。

見よ！　このプリュータ－ク英雄伝に描かれたる諸の偉人傑士は、一人として、二千幾百年のむかし、海波万里の異郷に生存したる超人ではないのだ。それはそのまま、現代日本の大衆のなかにあって、我々と共に呼吸し、我々と共に脈搏するところの、われらの指導者であることを覚えるのである。

何故であるか。

それはむかし希臘・羅馬の二半島に、燦として花咲ける大衆時代の文化が、いまや時と地をかえて、われらが日本の島の上に、再びめぐり来ったが故であろうと思う。

まことに奇しき因縁ともいうべきは、当時《そのころ》の希臘・羅馬の社会の情勢と、今日《いま》の日本の社会の動きとの、驚くべき類似である。

かるが故に、読者諸君は、決してこのプリュータ－ク英雄伝を、橄欖の花咲く希臘、葡萄の房実る羅馬に、そのむかし現われたる英雄たちの、世にも稀なる伝奇であると思ってはならない。それはやがてわれらが日本の運命なのだ。いや、いまの日本の田園にも、工場にも、学園にも、すでにシーザーが、アルキビアデスが、デモステネスが生れて、その羽翼を養いつつあるのかも知れない。これらの英雄児が、いよいよ大衆時代の日本の大舞台に活躍する日は、果して何時の日であろうか。

日本は花咲く国、蜜柑の赤く実る国、日光のキラキラと輝く国である。いまこの小さな島には、太平洋という大きな海波が、鞺鞳と打ち寄せている。新らしい時代が、すでに明けはじめていることを感ずる。新らしき日本は、新らしき英雄を喚び起こして、この日本島の上に、スックと起ち上らねばならないのだ。

この希望に満ちた日に当って、私はここに、小著『少年プリュータ―ク英雄伝』一巻を、若くして純なる人々の机上に送る。それは読者諸君の雄飛を慶《ことほ》ぐ、私の聊かの贈物である。

さらば諸君、希わくは健在なれ!

昭和五年二月二十五日

熱海、眺濤庵の一室において

著　者　識

凡例

一、本書はプリュータークの英雄伝の全訳ではない。伝中から十名の英傑を選んで、それを私の文章に書き更めたものである。全訳も世に行われているが、惜むらくは難詰に過ぎて、若き読者諸君の読物たるには、不適当な憾があるように思われたので、かくは日本的の書直しを試みた次第である。

一、地名人名は、主として希臘《ギリシア》読み、羅馬《ローマ》読みに従った。しかし、アレキサンダーとか、シーザーとかいうように、すでに日本人の口に親しみ深い読み方があるものは、それに従った。

一、プリューターク英雄伝では、ハンニバルとプラトンとは、特別の一章をなしていない。本書のハンニバル伝は、主としてプリューターク中のファビウス伝、マルケルス伝、フラミニナス伝のなかから、プラトン伝は、やはりディオン伝のなかから材料を拾って、それに聊か私の補筆を試みたものである。

一、その他の伝記中にも、大分私が加筆したものがある。それについて、主に参考したのは、故箕作《みつくり》博士の『西洋史新話』である。謹んで故人に謝意を表する。これは実に立派な著述であると思うが、惜しいことに絶版になっているようだ。若し手に入ったならば、是非とも御一読をお薦めしたい。

一、なおブルータス伝中の有名な二大演説は、沙翁《シェークスピア》の戯曲によって記した。プリュータークの中には、その骨格が記されてあるのみであるが、これは古今の大雄弁として、喧伝されているものであるから、読者諸君に御紹介いたした次第である。

大王アレキサンダー

獅子の児

音に聞こえしマケドニア国の勇王、フィリップの陣屋の篝火は、炎々天を焦さんばかり。その篝火さして、汗馬に鞭うち、飛ぶように駆けつける、一名の急使があった。

「何事じゃ。」

「は、パルメニオ将軍のイリリア人征伐は、大捷利にござります。」

「うム、でかしおった喃《の》。よろしい、退って休息せ。」

続いて第二の急使、ひらりと馬から飛び降りて注進した。

「殿様の御愛馬が、オリンピック競技において、首尾よく勝を得ましてござります。」

「芽出度いな。よし、退れ。」

この二つの吉報について、第三の早馬が、それよりも芽出度い報を乗せて、フィリップ王の陣屋へと駆けつけた。

「御后様には、ただいま、玉のような王子を、お生みなされてござりまする。」

これぞ曠古の大英雄、アレキサンダー大王の出生を告ぐる報であった。陣中の陰陽師《うらないし》は、直ぐに易を立てて奏上した。

「かかる大勝利のなかに生れ給える若君は、必らずや天下に敵なき大豪とならせられるに相違ござりませぬ。」

時に西暦紀元前三百五十六年七月、いまより二千三百八十五年の昔、わが六代孝安天皇の御代のことである。

伝うるところによれば、母君オリンピアスは、雷電《いかずち》その腹に落ちて巨いなる火を発し、その焔が遠く広がった夢を見て、この子を得たのだともいい、また父君フィリップは、王妃《きさき》の胎に獅子の封印をした夢を見たともいわれている。

「これは王子様が、獅子のごとくに猛く、やがて野火のように、世界の隅々にまで、名を拡めさせ給う前兆《しらせ》にござります。」

それが、予言者たちの言葉であった。

果して王子アレキサンダーは、十五六歳にしてすでに身長《みのたけ》抜群、色は飽まで白く美わしく、顔と胸とにホンノリと桜色して、女に見まほしきほどの美青年ながら、その融けて流るるような眼光《まなざし》には、早くから大英雄の顔容《おもざし》があった。勿論、文武両道何呉となく秀でてはいたが、特に天性ともいうべきは、その駿足であった。

「まるで韋駄天じゃ。……王子様、如何でござりまする。一つオリンピック競技に出場なされましては？」

近侍のものたちは、煽て半分、諂い半分に、こういって勧めた。当時希臘《ギリシア》には、四年に一度ずつ、オリンピック競技が行われて、これが勝者は、頭に月桂樹を戴き、四海にその名誉を謳われたものである。それが現代《いま》に伝わって、世界オリンピック競技大会となっていることは、人の知る通りである。

ところがアレキサンダーは、近侍の言葉を聞くと、鼻先でフフンと笑った。

「そうよな。若し敵手《あいて》が諸国の王たちならばよ。」

蛇は寸にして人を呑むというが、この児、少にして気宇はすでに宏大であった。

行け吾子よ！　世界の王者たれ

一日《あるひ》マケドニアの野では、町の人々が垣をなして、立ち騒いでいた。

「あ、不可ねえ、また嚙みつきやがった。」

「見ろ、竿立ちだぜ！」

「アハハ、跛足《びっこ》をひいて帰ってやがる。」

それはフィロニカスという男が、海内一の名馬と名乗って、わざわざテッサリアから曳いて来た、ビウセファラスの試乗を見ようと、この群衆《ひとだかり》であったのだ。何しろ馬一頭《びき》で十三タレント（二万五千円）という振れ込みだから、名馬には相違《ちがい》なかろうが、この馬、人が近づけば噛みつく。乗ろうとすれば跳ねて棒立となる。馬丁が声をかけてさえ、怒って飛びかかるというのだから、始末に終えない。

国王のフィリップは、散々の不興であった。

「不埒な奴じゃ、かような悪馬を、大枚の金で売りつけようなどと。曳け、夙《と》く夙くその馬を曳いて去け！」

ところが、その傍に坐っていた王子のアレキサンダー――この人の癖で、左の肩に小首をかしげて、ジッとその馬を眺めていたが、騎子たちが散々の失敗を見ると、口のうちでボソボソと呟いた。

「あハハ、如何に騎手《のりて》が下手で臆病だからと言って、あれほどの駿馬を、ムザムザ手放すとは惜しいものだ。」

フィリップ王、何気なく聞き流していたが、アレキサンダーが余り同じことを幾度も繰り返すので、性来《うまれつき》の癇癖が一度に爆発した。

「アレキサンダー。」

「は。」

「天狗もいい加減にしておけよ。あれは国内切っての騎手じゃ。そんなことを言うと、如何にも自分が騎りこなせるように聞こえるじゃないか。」

こう一喝くらって、閉古垂《へこた》れると思いの外、アレキサンダーは洒々として答えたものだ。

「父上、乗りこなし得ればこそ、左様申したのでござりまする。」

「なにッ、お前に乗りこなせる？　馬鹿ッ、若し乗り損ねたら何うする。」

「この馬の代《だい》価は全部私が払います。」

これを聞いて、一座のものはドッと笑い崩れた。

しかしアレキサンダーは平気であった。つと起ち上ると、いきなり、ツ、ツ、ツ、――例の小首をかしげたまま、小刻みに馬のところに走り寄ると、いきなり馬の鼻面取って、グッと真向《まとも》に陽の方に向わせた。

「呀《あ》ッ。」

馬は跳ね躍ると思いの外、流石は名馬、ジッと太陽を睨まえて立っている。

それもその筈で、今まで馬が暴れていたのは、自分の影の動くのに驚き、荒れ狂っていたものである。そこを逸早く見抜いたところは、流石にアレキサンダーである。

こうしておいてアレキサンダー、二三度馬を曳きまわし、さて外套《うわぎ》をパッと脱ぎ棄てたと見るや、もうヒラリと馬に跨っていた。

馬は、ト、ト、ト、と、徐足《なみあし》の歩み。アレキサンダーも敢て急がない。やがて馬が、逸り立ったと見る瞬間、パッと拍車を一つ入れれば、嗚呼、馬も馬なり、騎手も騎手、天馬空を往くとはこのことを言うのであろう。

何うなることかと、手に汗を握っていた人々は、この颯たる英姿を見て、思わずワーッと喊声をあげた。

広い馬場を一こなしこなして、もとのところに駆け返ったときは、流石の名馬も白い息を吐いていた。誇らしげにアレキサンダーが、馬から飛降りるのを見て、涙を流して喜んだのは、父王フィリップであった。

「行け、わが子アレキサンダーよ。行いて汝《なんじ》の器量に愧じざる大国を求め、自らその王者となれ！　このマケドニアは、汝《おんみ》を容るるには余りに小さ過ぎる！」

流石は希臘に勇名を轟かせたフィリップだけあって、わが子を見るの明があった。

樽犬先生

父王フィリップは、その性苛烈、功名心に逸ったあまり、攻むるに急にして治むるに粗なるそしりはあったが、とにかく当代希臘《そのころギリシア》第一の勇将たるに相違なかった。

その戦えば捷ち、攻むれば落とす勝報は、矢継早に飛び来って、本国マケドニアの都城は、そのたびに、喊声で揺がんばかりであった。そのなかにただ一人、浮かぬ顔をしている男があった。

それぞ王子アレキサンダーであった。

彼は月を仰いで嘆息した。

「父上があまり慾張って、一人でそう征服なされては、私の征服する土地がなくなるではありませんか。まさか私とて、月の世界まで攻め入ることは、叶いますまいものを。」

しかし幸か不幸か、王子アレキサンダーは、ながく嘆くを須《もち》いなかった。父王フィリップはその暴虐が祟って、パウサニアスという一青年のために、敢なく暗殺されてしまったからである。

時にアレキサンダー二十歳、父王の跡を継いでマケドニア国の国王となった。

新王アレキサンダーは、たしかに父王に勝る英雄児であった。彼は忽ちにして、希臘全土に覇を唱えると、間もなく企てたのは、前代未聞の一大壮図であった。

波斯《ペルシア》遠征！　それである。

その当時の波斯は、亜細亜《アジア》の西南に蟠居し、その広大富強は天下に冠たり、これまで希臘は、たびたび波斯に苦しめられた覚えこそあれ、進んで攻め取ろうなどとは、夢にも思ったことはなかったのである。ただアレキサンダー大王あって、はじめてそれを企てたのだ。東西古今、かかる大征図に考え及んだものは、アレキサンダーのほか、ひとり成吉思汗《ジンギスカン》あるのみである。

いまやアレキサンダーが、二十歳台の青春の身を以て、希臘全土を代表し、英姿颯々、波斯遠征の快図につこうとするに当り、その威風を望み見て、大小の政治家、学者、ことごとく玉座の前に跪いて、祝賀の辞を述べざるもののなかったのは、無理もない話である。

ところがそのなかにただ一人、知らぬ顔の半兵衛で、相変らず髑髏と名づける郊外に、虱を捕っている窮措大《きゅうそだい》があった。

これが有名な大哲学者ダイオゼネスである。彼は元来家というものを持ったことがなく、年中大きな樽のなかに、犬のように寝ころんだまま、用事があるとその樽をなかからゴロゴロ転がして歩くというので、世に『樽犬先生《たるいぬせんせい》』と言われた風来坊であった。

アレキサンダーも、当時はまだ客気の青年。志も壮んなれば気も軽い。ダイオゼネスが来ないなら、自分で行って見ようと、のこのこ出かけて行ったものである。行って見ると先生、独りで日向ボッコをしてござる。アレキサンダーが、その側に立っても、懶げに一寸頭を擡げただけで、挨拶しようともしなかった。

アレキサンダーは、快げに微笑《わらい》を含んだまま、ダイオゼネスに一礼して呼びかけた。

「先生、相変らず呑気でございますな。何か所望のことでもございませんかね。何事なりと叶えて進ぜましょう。」

「あ、左様か、では一つ頼みたいことがある。」

と、樽犬先生は大きな欠伸をしながら答えた。

「してその所望というは？」

「一寸其処を退いて貰いたいのじゃ。折角温かなのに、貴殿《そなた》の身体で日陰になった。」

そう言ってダイオゼネスは、ウーンと一つ伸びをして、またもゴロリと樽のなかに横になってしまった。

まさに南柯《なんか》の一天棒である。

アレキサンダーは、従者を顧みて言った。

「我もしアレキサンダーたらずんば、願わくばダイオゼネスたらん哉じゃ。」

ヘレスポントが赤面するぞ

アレキサンダーの遠征軍は、歩兵三万乃至四万三千、騎兵三千乃至四千といわれた。曠古の大軍旅にしては、案外の小勢である。しかもその兵糧は、わずか三十日を支うるに足りなかったというから、余程の自信があったに相違ない。

しかし流石は一代の英雄児だけあって、そのやり方は実に壮快であった。いざ出発というその日、彼は部下の将士を集めて、銘々その希望《のぞみ》を言わせた後、その望みに応じて、或は田地、或は村落、此には地位、彼には官職というように、マケドニアの領土は全部、部将たちに分けてやってしまった。

驚いてペルデカスというものが、

「それでは陛下の分は、寸土も遺らなくなってしまうではございませぬか。」

と訊いたとき、アレキサンダーは平然として答えた。

「いや、まだ一つ大きなものが遺っているぞ。それは希望《きぼう》じゃ。」

蓋しアレキサンダーの胸中、すでに渺たるマケドニアの小地はなかったのだ。欧羅巴《ヨーロッパ》・亜細亜《アジア》・亜弗利加《アフリカ》の三大陸に跨る一大国家の建設！　それが彼の『希望』であったのだ。

かくしてアレキサンダーの大軍は、潮のごとく動きはじめた。長駆千里、忽ちにして有名なるヘレスポント海峡を渡れば、はやくもここは亜細亜大陸である。軍はグラニカス河に至ってはじめて馬を停めた。

瞰下《みお》ろせば、脚下には、物凄い深淵を湛えて、大河は暗々と流れている。眼を放てば、対岸の険阻な絶壁の上には、波斯《ペルシア》王ダリアスの軍が、林のごとくに犇めいていた。

流石の勇将猛卒、少々タジタジと来たときに、アレキサンダーは大喝した。

「既にヘレスポント海峡を渡った我々が、いまさらグラニカス河に怖れたんじゃ、ヘレスポントが赤面するぞ！」

言い放って、颯ッとばかりに馬を躍らせて乗り入れば、続くもの僅かに十三騎。

アレキサンダーこの日の武装《いでたち》は、右手《めて》に長槍をとり、左手《ゆんで》に楯を提げて、その皚々《がいがい》たる兜の頂には、髿々《さんさん》たる白羽毛をつけ、勇ましなんど言うばかりなかった。

「それ大将ぞ、討ってかかれ。」

轡《くつわ》を並べて伐ちかかったのは、波斯軍にその驍名を謳われたる、レサセス、スピスリダテスの二勇将。

「ヤッ。」

一人を巧みに遣り過ごしたアレキサンダー、骨も透れと、レサセスの胸元めがけて長槍一閃突きだせば、胸甲《きょうこう》意外に堅かりけん、槍はアレキサンダーの掌中に砕けて飛んだ。失敗《しま》ったりと槍を抛りだし、剣を抜いてなおも一気に、敵を突き落さんと焦るとき、……遣り過ごされたスピスリダテスが、早くも馬首を立て直して、アレキサンダーの右より迫る。

「ええッ。」

裂帛《れっぱく》のような叫びとともに、彼の打ち下ろした重い戦斧《おの》は、見事アレキサンダーの兜を撃って、甲冑《かぶと》は石榴のように裂け、羽毛は繽紛と地に墜ちて、刃先はほとんど頭髪《かみ》にまで達した。

スピスリダテス、なおも戦斧を真ッ向に振りかざして、アレキサンダーに迫る。脳天目がけて、骨も砕けよと、二度目の一撃！

嗚呼、若しその戦斧が落下していたら、アレキサンダーの命はなかったのだ。あわれ蓋世の英雄も、まさに風前の燈火かと思われた、危機一髪！

このとき疾風のような勢で、突如《いきなり》、横合からスピスリダテスの脾腹を、グザと貫いたものがあった。

「呀ッ、クリタス！」

これぞアレキサンダーの乳兄弟、『黒鬼』と綽名とったクリタスであった。

そのうち尻込みしていた味方の大軍も、陸続として河を渡って来たので、ついに一大乱戦となったのであるが、流石勇猛を以て鳴った波斯軍も、アレキサンダーの精鋭には敵し難かりけん、全軍俄かに色めき渡り、やがて浮き腰立って潰走した。

非常な大勝利であった。この戦に、敵の失うところ歩兵二万、騎兵二千五百というに、味方は僅か三十四名を失ったに過ぎなかった。

アレキサンダーは、この三十四名の勇者たちのために、三十四の銅像をつくって、厚くその霊を弔った。

これ一篇の悲壮劇

グラニカス河の一戦は、アレキサンダーの征路に、一路遥かなる途を展いた。沿岸の要港サルディスをはじめ、幾多の大都会は城門を開いてその軍を迎えた。ミルズを落し、ファセリスを略し、その軍の往くや、疾風の秋の木の葉を捲くの概があった。

やがてフリギアを攻め平らげ、その首府ゴルディアムに入城したとき、何思いけんアレキサンダーは、ハタとその馬を停めた。

ゴルディアムはその昔、『手の触るるところ悉く黄金と化《な》る』と言い伝えられた有名なミダス王居城の地で、そこには山茱萸《やまぐみ》樹の皮で綯った紐で結えた高い兵車があった。

「この紐を解くものは、天下に王たるべし。」

それが伝説であった。

アレキサンダーは、熟っとその兵車を見詰めて立っていた。しばらくはその紐を、上から下から、右から左から、覗きこんでいたが、やがて颯ッと佩剣を抜き放てば、紫電一閃、バラリとその結び目を両断してしまった。

「見ろ、予《わし》は天下の王者じゃ。」

ああその雄姿よ。かくして千古に秘めたる『ゴルディアムの結び目』は、アレキサンダーの一剣によって、見事に解き放たれたのであった。

ついでパフラゴニア、カパドキアの二地方を略し、キリキアに入ったのであるが、何うしたものか、このころから、いままでの勢にも似ず、アレキサンダーの大軍は、ハタと停頓して動かなくなった。

この情報を聞いて、躍り上って喜んだのは波斯《ペルシア》王ダリアスであった。

「アレキサンダーは臆したと見ゆるぞ。いざ進め！」

ダリアス親《みずか》ら六十万の大軍を率いて都スサを出発し、波斯の巨軍は潮のごとく、キリキアさして殺到し来る。それでもアレキサンダーの軍は、旗鼓を伏せて、粛として動かない。

噫《ああ》、アレキサンダーは何をしているのか？　敵の巨軍に臆したのであるか？

そうではなかった。あんまり無理な強行軍を続けて、すッかり疲労《つか》れきっているところに、シドナス河の冷水で泳いだのが悪かったのか、アレキサンダーは急に発熱して、ドッと枕に着いたきり、いまや昏々として、生死の間を彷徨っているのであった。

しかも連れてきた侍医たちは、若しも自分の投薬が功を奏しないときには、部下の将士から毒殺の猜疑《うたがい》を受けて、何んな災難が身に及ぶかも知れぬと、怖気をふるって、一人も進んで治療を引き受けようというものがない。アレキサンダーの熱病は、ますます重態に陥った。

このときただ一人、ツカツカと王の枕辺に近づいたものがあった。それはフィリップという国手であったが、彼は恐ろしく緊張した面持で、アレキサンダーに向って言った。

「王よ、もう暫らくの御辛棒でございます。私の差上げます霊薬によって、今から三日のうちには、必ず本復させてお目にかけますから。」

そして一室に引き取って、何やら秘密の調剤をはじめた。

天か時か、このとき、先陣のパルメニオ将軍から、一通の秘密の書信《てがみ》が届いた。封押し切って読んでみれば、

「密かに聞くところによれば、国手フィリップは、波斯王より多大の賄賂を受け、且つその王女との婚約が成立ったということである。願わくは陛下、フィリップを警戒したまえ。」

そうとも知らぬフィリップは、二三の友人とともに入室《はい》って来て、恭しくその秘薬を病床のアレキサンダーの前に捧げたのであった。

ただこれ一杯の液である。しかし、信ずればこれ生命を救う霊薬であり、疑えばこれ怖るべき毒薬かも知れない。

アレキサンダーは、快活にその薬杯を手にした。そして、グーッと薬を嚥み下しながら、無言《だま》ってパルメニオが送った書信を、フィリップの手に渡した。

王は嚥み、国手は読んだ。嚥むものは少しも疑わず、読むものは無限の恨に泣かんとした。共に生命を賭けたる必死の悲壮劇である。二人の眼がハタと行会うたとき、彼は冷静、此は激越。信ずるアレキサンダーは泰然として安んずるもののごとく、疑われたるフィリップは、ただ王の膝下に伏して、ヨヨと声を揚げて泣いた。

が、この秘薬――果して三日の中に癒し奉らんと誓った真の良薬であろうか。或はパルメニオの所謂、恐るべき毒薬ではあるまいか。

アレキサンダーは、薬の効目にや、色は蒼ざめ、脈搏も微かに、ただ昏々と眠るのみであった。

王者とはかくの如きか

しかし、信ずるものは遂に勝った。蒼ざめ果てていた双頰《ほお》に、ポッと淡紅色が浮んだと思うと、アレキサンダーはパッと眼を瞠《ひら》いた。そのとき王の額には、玉のような汗がいっぱい浮んでいたが、心気は頓に爽快なるを覚えた。

果してフィリップの誓った通り、それから三日の後には、再びマケドニア軍の陣頭に立って三軍を叱咤するアレキサンダーとなった。

一方波斯《ペルシア》王ダリアスも、気を負うて、大挙東を指して進軍しつつあった。海峡を超ゆればはやキリキアの地。その眼にあまる大軍をもって、アレキサンダーの小勢と戦うには、広漠たるメソポタミアの平原をこそ選ぶべきに、自ら海峡を超えて、キリキアの山地に入ったというのは、ダリアス王の運の尽きるところであった。

将軍アミンタスがこれを諫めたとき、ダリアス王は答えて言った。

「しかし愚図々々していると、アレキサンダーを取り逃がしてしまうじゃないか。」

「いいえ、陛下、それこそ陛下の杞憂に過ぎません。アレキサンダーは稀世の大豪。遁げるどころかいまごろは、陛下を邀え討たんとて、全速力で進軍しつつあるに相違ございませぬ。」

果してその通りであった。

このキリキアの一戦でも、アレキサンダーは大勝を得た。自分も太腿に傷を負ったが、敵を殺すこと十万、危くダリアス王を虜にせんと、十数町のところまで追いつめたが、惜しいところで取り遁し、その代りに王の馬車と弓とを捕獲して、意気揚々と陣営に引上げて来た。

「さア、一風呂浴びようかな。ダリアスの浴室で、戦塵を洗うのもまた一興であろうて。アハハ。」

と、快よげに哄笑すると、心ききたる侍臣は言った。

「否とよ陛下。アレキサンダーの浴室とこそ申させ給え。敗者の財産は、みな悉く勝者の有《もの》となるのが、戦の慣わしでござります。」

「そうよな、アハハ。」

一風呂浴びた後というものは、何時に限らず心気の晴々とするものである。況んや時は大捷の夜であり、座するは華麗を極めたダリアス王の宮殿である。そして馥郁と薫ずる香気を満身に浴びながら、金銀を鏤めた大椅子に、悠々と身を横たえているのだ。

アレキサンダーは、左右の臣僕《けらい》を顧みて、破顔一笑して言った。

「のう、これが王者というものかのう。」

なかにひとり哀れをとどめたのは、ダリアス王の母后《はは》、王后《きさき》、それに二人の王女であった。かつては宮殿帳深きところ、花のごとくに装って、多くの侍女《じじょ》に侍かれし身が、いまは荒くれ武者の手にかかって、敵の陣営に捕虜《とりこ》となったばかりか、フト見れば、ダリアス王の馬車と弓がある。

「おう、王様もついに御戦死か？」

その嘆き悲しむ有様を、アレキサンダー王に報告したとき、王はつと晩餐の箸を措いて、部下に命じてこう伝えさせた。

「われは天下をこそ望め、一ダリアス王の首に望みはござらぬ。波斯王は恙なく落ちのびられたれば、嘆き給うことなかれ。たとえ捕われの身とはいいながら、ダリアス王の御身たちに給したるほどの御歓待《おもてなし》は、このアレキサンダーが、誓って給与してあげ申そう。」

事実、アレキサンダーは、この王女たちに多勢の侍女《こしもと》をはんべらせ、その供御の費用も、むしろ波斯王宮時代を超ゆるほどであった。

歴史の伝うるところによれば、ダリアス王の王后は、そのころ天下に名だたる艶美《あでやか》な美人であり、その二人の王女も、母君に肖て、非常の美女であったと言うことである。若しアレキサンダーにして、普通一般の荒武者であったならば、恐らく彼等は、その貞操をすら完うすることはできなかったであろう。しかしアレキサンダーは言っていた。

「敵に克つよりも、己に克つこそは、王者たるに適わしきことである。王者の光栄は、そのところにあるのだ。」

時に多くの波斯美人たちが、装いこらして伺候すると、アレキサンダーは、声を揚げて呵々大笑した。

「艶麗《あでやか》じゃのう。が、さても目に毒なる波斯婦人《おんな》たちよな。」

アレキサンダーの偉かったのは、その豪放磊落にも似ず、一方克己節慾の徳を積んでいたことである。食物も至って淡泊な小食家であった。各地で、美味珍羞、奇魚珍菓などの貢物《ささげもの》があると、彼はドンドン部下に分けてやって、その悦しむ様を眺めてひとり喜んでいた。或る人が特別に上手な料理人を、王に供させようとすると、アレキサンダーは笑って言った。

「予にはレオニダス（少年時代の王の養育係）が、ちゃんと立派な料理人をつけておいてくれたから、その必要はない。それは、夜の明けぬうちに散歩して朝飯をうまくすること、朝飯を軽くして、昼飯《ひるはん》をうまくするという方法《やりかた》だ。これほど上手な料理人は、またとなかろう。」

酒も世に伝うるほど深くは嗜まなかった。ただ有名な談話《はなし》好きで、一杯の酒を手にしたまま幾時間も手柄話しをしているという風であったため、自然と酒宴の時間がながびいたので、大酒家のように誤り伝えられたものである。

アレキサンダー大王が、僅か三十三歳の若さで死にながら、あの大業をのこすことを得たのは、この克己節慾の賜であろう。

陣中ホーマーの詩を誦す

イサスの戦捷によって、アレキサンダー大王は、ユーフラテス河以西の実権を握った。このときダリアス王は使者をつかわして、アレキサンダーが無名の師を起した罪を責めるとともに母后、王后、王女を返えして、速かに和議を結ぶべし、と、言い送って来た。

これに対してアレキサンダーは、逆に、古来波斯《ペルシア》がしばしば軍を起こして、希臘《ギリシア》マケドニアを荒らした罪を責めた後、使者に向って言い送った。

「ダリアス王と我と、何れが真の王者であるか、若しも疑いがあるならば、乞う来れ、戦場において雌雄を決し申そうではないか。」

アレキサンダーは大軍を進めて、燎原の火の往くごとく沿岸地方を征略したが、ひとりタイルだけは古今に名だたる名城とて、囲城七ケ月に亙ってなお降らなかった。海に二百の船艦を浮べ、陸に巨万の兵を備えて、陸より海より、一斉に攻めたてたけれども、なんとしても陥らない。このとき一人の予言者が、型の通り犠牲《いけにえ》を捧げて神に禱り、さてその

臓腑をしらべて見ると、

「この府城《まち》は本月中には必ず陥る。」

という前兆が現われた。ところが、運わるく、その日は月の末日であったので、本月中とは即ち今日中ということであった。部下の間では、ドッと笑声が起り、嘲弄するものさえあった。するとアレキサンダー、真面目くさって言うには、「それでは今日を三十日と算えないで、二十三日と算えたらよかろうぞ。」

この旨を陣中に布令させると同時に、四方から喇叭を吹き鳴らさせ、一度にドッと城壁に攻め寄せたので、流石要害堅固のタイル城も、実際、その日のうちに陥落してしまった。

このタイル攻城中の或る日であった。

アンチリバナスの丘に着いたとき、アレキサンダーは馬を捨てて、老師リシマカスを労わりながら、徒歩《かち》で衆に後れたまま歩みつつあったが、そのうち日ははや薄暮に迫った。見渡せば、野に溢るるものは、敵兵ばかり、その距離も遠くない上に、味方の行先も分らない。

老師は疲れはてて、幾度か地に倒れようとした。日はすでに落ちて夜は迫って来た。

しかしアレキサンダーは、何としても、このリシマカスを捨て去るに忍びなかった。懇ろに労わり扶けているうち、と見れば、爛々として近く輝くものは、無数の炬火《たいまつ》ではないか。王は知らず識らず、敵の大軍のなかにただ二人、陥っていたのだ。

この危急を覚ると同時に、アレキサンダーの肉体のなかには、怖ろしい勇気がブルブルと湧き起こった。彼は突如《いきなり》、暗闇から躍り出て、敵の哨兵二人を斬って捨て、その篝火を奪い取ったのだ。

「ウァッ。」

不意を打たれて敵兵が、驚き騒ぐうちに、アレキサンダーは、その篝火でもって、手早く森に火を放った。敵は驚いて潰走し、王は虎口に入って、却って奇功を奏したのであった。

も一つ面白いのは、大王の香料談である。

シリアは世界でも有名な香料の産地であった。この地を攻め取ったとき、アレキサンダーは特に多量《たくさん》の香料を、故国なる師傅レオニダスに送ってやった。

これはアレキサンダーがまだ少年時代、先生のレオニダスが神々を祭っていると、傍に立っていた悪戯盛りのアレキサンダーが、いきなり両手に一杯、高貴《とうと》い香料を捉んで、祭壇の前の火に投げ入れようとした。レオニダスは驚いて、

「王子様、それは浪費というものでござります。そんなことは、殿下が香木の国の王者となられましてからにして下さい。」

と、甚く叱りつけたことがあったからだ。いまそれを思い出して、アレキサンダーは老

師への書信のなかで、諧謔《じょうだん》半分に申し送った。

「香料は幾らでもお送り致します故、吝まず神に捧げられたい。」

ダリアスから取った戦利品のなかに、一つの高貴い宝盒《こばこ》があったので、部下が恭しくそれをアレキサンダーに奉ると、

「うむ、ダリアスはこれに香油を入れていたらしいな。さて予は、それよりもっと貴いものを入れようと思うが、お前達に、それが何だか判るかな？」

部下は一人も言い当てるものがなかったので、彼は自ら答えて言った。

「それはホーマーの詩集じゃ。」

この陣中怱忙の際と雖も、ホーマーの詩イリアッドを忘れないのが、英雄アレキサンダーの真骨頂であった。

香料とホーマー——其処にダリアス王とアレキサンダー王の差もあった。

「予は威武と領土の大ならんよりも、寧ろ知識において卓越せんことを望む。」

と言っていたアレキサンダーは、陣中に眠るときも、必ず佩剣と一緒に、この宝盒を枕辺におくことを忘れなかった。

埃及《エジプト》遠征の後、一大都城を築いて、これに自分の名を命じ、希臘の植民地をつくろうというのが、アレキサンダーの一つの大志であったが、或る夜フト彼の頭に浮んだのは、ホーマーの詩のなかの一節であった。

「埃及の海に横わる、一つの島よ、
　浪風高きところ、ファロスという」

　アレキサンダーはファロスに馬を駐《とど》めたとき、直ちにその壮大なる規模に心を打たれざるをえなかった。この地こそは、かの太古文明を遠く蔵するナイル河の河口を、稍々上流に上ったところで、地峡に似て実は一面に大湖を控え、一面は海に接して、実に広濶《ひろびろ》とした港湾をなしているのだ。

　彼は感嘆して言った。

「ホーマーは讃美すべき万芸の士であったが、築城家としてもまた非凡である。」

　そしてこのときアレキサンダー大王が、ファロス島に造営させた都城が、即ち今にのこる有名なアレキサンドリア港である。

ダリアス王の祈り

　アレキサンダーの軍は、燎原の火のごとくに亜細亜《アジア》の沃土を進み、その威望は朝日の登るがごとくであった。このとき波斯《ペルシア》からは、第二の使者が馳せ来って、ダリアスの書を捧げて言った。

「捕虜の賠償として、一万タレント（約二千五百万円）を償った上、ユーフラテス河以西の邦国《くに》は悉く大王に差上げます。また王女一人を大王に嫁がせまするによって、何卒軍を収めては下さるまいか。」

アレキサンダーは、黙ってこの和睦状を、老将パルメニオに見せると、パルメニオは躊躇なく答えた。

「臣《わたくし》が若しアレキサンダー王ならば、勿論この和睦に応じますでござりましょう。」

するとアレキサンダーは、嬉しそうに笑った。

「そうよな、予《わし》が若しパルメニオだったら、和睦するであろうて。」

さてダリアスの使者に向い、王は厳として言い放った。

「ダリアス王若し自ら来って我に降るならば、厚く待遇申すであろう。若し降らずば止むを得ない。予自《われ》ら往いて、彼の身《からだ》を求むるより他はない。」

かくしてアレキサンダーは、直ちに出動命令を下したが、偶々捕虜としていたダリアスの王后《きさき》の死を聞いて、深くそれを憐み、軍を回《かえ》して厚く葬った。

王妃に仕えていたチリアスという家臣《けらい》が、アレキサンダーの陣中を逃亡して、このことをダリアス王に注進すると、王は胸を叩いて哀んだ。

「おお、如何に運命とは言いながら、一国の王妃の身をもって、生前捕虜の憂目を忍ぶのみか、死んでも葬式さえできなかったとは！」

するとチリアスは、落つる涙をふりはらいながら、静かに王を慰めて言うよう、

「嘆き給うな王陛下よ、王后様《おきさきさま》の御葬儀はまことに美事でござりました。王后御在世のときは申すに及ばず、母后《ははぎみ》といい姫君たちといい、たとえ捕われの身とはいいながら、その栄華に何一つ欠かせ給うところはござりませんでした。王后《きさき》御崩御のとき、王陛下を慕い焦れさせ給う有様は、まことに憂きことの限りではございましたが、葬祭のあまりに情に満ちたのは、思わず涙をしぼったほどでござります。アレキサンダーは怖るべき勝者であるとともに、勝った後における仁徳は、極めて優しいものでござります。」

しかしこれを耳にしたダリアスの胸には、第二の憤りがムラムラと燃え上った。それは、怖ろしい嫉妬の炎であった。

「おうチリアスよ、何うか真実《ほんと》のことを包まず話してくれ。朕は如何にも解き難く思うぞ。何故なればアレキサンダーは、敵王の妻をそのように、厚く待遇《もてな》したのであるか。王后は在世のうち、身の凌辱《はずかしめ》を受けたのであろうがな。さなくばそれほどの待遇をしようとは……」

チリアスは思わず地に拝伏《ひれふ》して言上した。

「陛下、それは余りのお疑であります。亡き王后陛下も心外に思われますでございましょう。アレキサンダーは、人の妻を姦するような男ではございませぬ。」

チリアスはなおも詳しくその物語を物語ったので、ダリアスも疑いを解くとともに、深くアレキサンダーの為人《ひととなり》に感激し、双手を高くあげ、天を仰いで神に祈った。

「おお、わが王国を護り給う神々よ。願わくは波斯王国の運命を回したまえ。幸にして戦に勝つをえば、何とぞアレキサンダー王に、この恩報じを致したいと存じます。若し武運拙なくして敗れますならば、何うかかのアレキサンダー王をば、この波斯の王座に即かさせますように！」

その間にも、両軍は犇々と、アルベラ指して取りつめていた。いよいよ天下分目の関ケ原、大合戦の日は近づいた。

その前夜、夜は深々と更け渡って、ニフデスとゴルデアン山の間の平原には、無数の炬《きょ》火《か》が現れた。言うまでもない、波斯の大軍である。

老将パルメニオは驚いて、かかる大軍と堂々雌雄を決するのは、危険千万、アレキサンダーに夜襲を勧めると、王はフフンと嘲笑って言った。

「予は戦勝を偸みたいとは思わぬぞ。」

ああ何ぞその言の壮んなる。しかもそれは単なる大言壮語ではなかった。ダリアス王はこれまでの敗北をば、暗夜、狭地などの不利の故《せい》に帰し、強いて味方の敗北を認めようとしなかったので、一度はぜひとも正面から堂々と討破らなければ、到底敵軍を屈服できないということを知っていたからである。

黄金の天蓋の下に

その夜はアレキサンダー、殊の外グッスリと熟く睡った。隊兵が朝飯をしまって、すっかり戦闘準備が整っても、まだグウグウ鼾をかいて、心地よさそうに睡っていた。

老将パルメニオが、荒々しく闥《たつ》を排して、

「この空前の大戦を控えて、王はまるで戦勝者のように眠っておいでではございませぬか。」

と言うと、アレキサンダーは微笑を含んで答えた。

「そうよ。もう今日となっては、ダリアスを追うて、千里の荒野を彷徨う必要はないからのう。待つものは戦勝より他ないではないか。」

アレキサンダーの気宇、すでに敵を呑んでいた。

しかし戦は、そう簡単にはいかなかった。老将パルメニオの率いる左翼軍は、雪崩れかかる敵の騎兵のために、兵糧隊を蹂躙《ふみにじ》られて、はやくも浮足立って見えた。急使を立てアレキサンダーに援軍を乞うと、王は使者を振向いて言った。

「パルメニオはこの乱戦に取り逆上《のぼ》せたものと見えるの。兵糧などというものは、戦に勝ちさえすれば、敵の兵糧を取り放題じゃないか。若し敗けたら、それこそ兵糧どころではないか。」斬って斬って斬りまくり、勇ましく戦って、華々しく討死するのが戦の慣わしではない。

かく言い放って、アレキサンダーは、ひたと兜を頭につけた。これぞ名工セオフィラスの作と聞こえし生鉄製《なまがねづく》り、磨きに磨いたる重宝は、その光皚々《がいがい》として四辺《あたり》を払い、勇ましなんど言うばかりなかった。この日アレキサンダーの扮装《いでたち》は、シシリア型の鎧を着て、その上に厚く綿いれて綴じたる布帛《きれ》の胸甲《むねあて》をつけ、宝石鏤めたる頸甲《くびあて》をし、刀はシチリヤ王の捧げたる稀代の逸品。ことにこの日の束帯は、古昔《いにしえ》ヘリコンが技を凝らした逸品であるから、その華々しき扮装は、まことに希臘《ギリシア》軍の御大将なりとうなずかれた。

「さらば馬曳け！」

馬は彼が少年時代に、美事乗りこなしたる騂馬ビウセファラス。――流石の名馬も年老いたれば、平常《ふだん》は労わって乗らなかったものを、今日は晴れの戦よと、ヒラリとそれに跨れば、馬も勇んで高く嘶《いなな》いた。

アレキサンダーは欣然として、長き投槍《ジャヴリン》を左の手に持ちかえ、右の手を高く天に揚げて、大音声に呼ばわった。

「われまことにジュピターの子ならば、今日の戦に味方を勝たせたまえ！」

このとき予言者アリスタンデルは、白袍を着、金冠を戴いて、馬を駆け来り、勇ましくも言上した。

「ただいま一羽の大鷲が、大王の頭上を高く翶翔《まいかけ》り、猛然として敵軍の方に飛んで行きました。味方の勝利疑ありませぬ。」

三軍の士気大いに振って、騎兵はまっさきに鬨の声をあげた。

敵将ダリアスは、大きな馬車に乗って自ら戦線に立ち、ややもすれば崩れんとする味方を指揮していたが、アレキサンダー遠くよりそれを望み見て、敵陣深く斬って入る。ダリアスの左右には、選りに選ったる騎兵、轡《くつわ》をならべて犇々と、王の馬車を護っていたが、逸るマケドニア軍には敵し難かりけん。ドッとばかりに浮足立つところを、アレキサンダーは猶も激しく追撃した。

ダリアス王も今はすでに万事の休するを知った。馬車の輪は累々たる屍骸の間に介《はさ》まって動かない。馬は屍骸の間に棹立ちとなって、もはや御者の手に従わなかった。ダリアスは甲冑と馬車を棄て、産後間もない牝馬に乗り、命からがら敗亡したということである。アレキサンダーの投げた投槍は、ダリアスの頭髪を僅かにかすって、その護衛兵の胸にグザと突き刺った。

このアルベラの一戦に、波斯《ペルシア》帝国は全く瓦解し、アレキサンダーは今や、亜細亜《アジア》の王と仰がるるに至った。旗鼓堂々と進むところは波斯の王城。波斯王の玉座に坐ったときの思え、アレキサンダー大王が、始めて黄金の天蓋の下に、波斯王の玉座に坐ったときの盛観を。この日コリントから、わざわざ駆けつけて来たダマラタスという老翁は、感激のあまり声を放って泣いたということである。

「嗚呼、波斯王の玉座に坐し給う、アレキサンダー大王の英姿を拝せずして死んだ希臘人は、何たる一大快事を逸した不幸者であろう。」

時にアレキサンダー齢《よわい》正に三十歳。覇気満々たる彼の得意は、むしろ羨むべきものがあった。

獅子と大王と何れが王者ぞ

アレキサンダーは一体に物吝《ものおし》みせぬ天性《たち》であった。つまりは生れながらに、王者の徳を備えていたというべきであろう。戦利品の金銀財宝は、悉く部下に分ち与えて、自らは少しもそれを意としなかった。故国にある母后《ははぎみ》が心配なされて、

「部下を厚遇なさるはよろしいが、彼等をして帝王の富を積ませ、陛下自らが貧しくあるのは帝王の威を損じはしないか。」

と、度々書信を寄越されたが、アレキサンダーはそれを秘して、誰にも見せなかった。

しかし一方においては、部下が戦勝と栄華に酔うて、ようやく奢侈逸楽に耽る傾向があるのを憂い、常に警めて言っていた。

「我々が何故このような赫灼たる光栄を担うたかということは、波斯人《ペルシア》の生活《くらし》と、マケド

ニア人の生活とを、比べて見れば判るであろう。世に快楽を貪るより陋劣なるはなく、労苦に働くより高貴いものはないのじゃ。」

アレキサンダーはまた言った。

「その手のあまりに細くして柔かなものが、何うして兵馬を養い、刀槍を研ぐことができよう。勝利の目的は、敗者の不徳や弱点を自ら除くにあるのじゃぞ。かくてこそ始めて、勝者の功を全うしうることを忘れてはならぬ。」

そして従前《いままで》よりも活潑に、遊猟や遠征を事として、士気を鼓舞した。或る日の遊猟には、自ら獅子を手捕りにして、スパルタから来た使節を驚かした。

「陛下は巨獅と何れが天下の王たるかを争い、美事に獅子に勝ち給うた。」

奢侈逸楽を慕っていた一部のものの間には、アレキサンダーのこの遣り口を、何かと蔭口を利くものもあったが、彼はそんなことは少しも介《かま》わなかった。

「他《ひと》に善事をつくして、悪く言われるのが、それが王者というものじゃ。」

さてアレキサンダーは、ダリアスを追うて再び軍を進めたが、折しも真夏のこととて、全軍は咽の渇きに悶え悩んだ。何しろ十一日の間に、約《およ》そ四百四十哩《マイル》を走ったのだから堪らない。

恰度うまいことに、マケドニアの軍兵が、アレキサンダー王の渇に苦しんでいるのを見て、冑に水を満々《なみなみ》と汲んで捧げた。

「うム、これは甘露じゃのう。」

　思わずそれに口をつけようとして、フト見れば、その周囲《まわり》には、多くの騎兵たちが、羨ましそうに首を傾げて、その水をジッと見ている。

　アレキサンダーは突如、冑の水をザーッと地に流した。

「いざ進もう。我々は疲れもせねば、渇きもせぬ。」

　騎兵はこれを聞いて、一度にドッと感激した。

「かかる王に率いらるる我々は、鬼神も及ばず、天下に敵はないぞ。」

　一団の騎兵、颯ッと鞭を揚げて、敵営めがけて馬を走らせた。

　敵の陣営に駆けこんで見れば、ダリアスの軍はすでに敗亡した後であった。金銀は地上に散乱して、馬蹄はチャラチャラと奇怪な響を立てた。

　そのなかに、憐れむべしダリアス王は、満身矢槍に衝き傷《やぶ》られて、朱に染みながら倒れ伏し、はや虫の息となっていたのであった。

「み、み、水を……」

　人の近づく気配を見ての哀しい声。マケドニア兵が手に水を掬ってやると、ダリアスは嬉しそうにグッと呑みほして、

「友よ、水一杯の情けは、予の五臓六腑にしみ渡った。恨むらくは君の情けに酬ゆる力のないことじゃ。しかしアレキサンダー王が、必ず予に代って君を賞するであろう。神よ、

願わくは、わが母、わが妻子に優しかりしアレキサンダー王の上に、祝福を垂れたまえ。予はこの右手を彼に与えたい。代りに君が握って呉れ。」と、軍兵の手を握りながら、息絶えてしまった。アレキサンダーは、駆け来ってこの悲惨な姿を見、泫然《げんぜん》と涙を垂れていたが、自らその上衣を脱いで、屍体の上にかけてやった。

一将功成って万骨枯る

赫々たる武威によって天下を平定したアレキサンダーは、自ら亜細亜《アジア》の王者となるや、こんどは専ら文治によってこれを経営しようとした。武威文治備わって、はじめて王者ということができる。自ら白袍をまとい、波斯《ペルシア》帯を締め、波斯王の王女を娶ったのみならず、部下の将士にも、努めてそれに習わせようとした。

ところがそれが、武骨一偏の老将たちには、気に入らなかった。クリタスの悲劇は、かくして起ったものである。

一夜《あるよ》アレキサンダーは、盛宴を張って将士を犒っていたが、酒も漸くまわったころ、一人の若い将校が、起ってプラニカスの詩を吟じはじめた。それは近頃、味方の将校で、波斯兵に敗けたものを、冷かした詩であった。

さア、老将連が承知しない。殊に、かのグラニカス河の戦に、アレキサンダーの急を救ったところの、『黒鬼』と呼ばれたクリタスは、赫《か》ッとなって唸った。

「止せッ、止さぬか。味方の軍の敗北を、蛮夷の前に吟ずるとは何事じゃ。彼等は不幸にして敗れたとはいえ、あとでそれを嘲笑る奴よりは、よっぽど上等じゃ。」

するとアレキサンダーは、酒杯を手にしたまま、苦笑して言った。

「不幸にして？……じゃあるまい。臆病にしてじゃろう。」

「臆病と言われましたな？　神の子と自称する貴王《あなた》をして、かくも大業を成さしめたのは、みんなその臆病者のおかげでありますぞ。」

と叫んだクリタスは、酔っていた。止せばいいのに、ツと起ち上り、右の臂を高く揚げても一度大声で叫んだものだ。

「貴王が敵の刃に倒れようとしたとき、救い出したのはこの腕でありますぞ。これでも臆病と言われますか。」

流石のアレキサンダーも、ムッとして起ち上ろうとするのを、人々は抱き止めて座につかせる。クリタスはなおも、喧嘩を売ってかかった。

「さア、何でも言うことがあるなら仰言って御覧。人の言葉を抑圧《おさえつ》けるぐらいなら、自由を尚ぶ我等を、何故伴れて来たのじゃ。貴王などは、波斯帯や白袍に拝跪する蛮人や奴隷のなかに住まわれた方が適当でござろうて、アハハ。」

この暴言にアレキサンダーは、その忿怒《いかり》を抑えることができなかった。卓上の林檎を取ってパッとクリタスの額に投げつけたなり、身をひねって剣を抜こうとしたが、心利いたる護身兵の一人が、逸早く王の剣を匿してしまったので、その間に猛り狂うクリタスは、室外に押し出されてしまった。

若しこれまでで終ったならば、酒の上の暴言と、あとで謝まって済んだかも知れぬ。ところが気を負うたクリタスは、またも外の扉口から顔を出して、エウリピデスの詩を放吟したものだ。

「これが汝《おまえ》の慣習《ならわし》なのか？
希臘《ギリシア》が将士《ますらお》に酬ゆる道は、
幾千万人の戦利品をば、
僅《たっ》た一人で奪い取るのか」

『一将功成って万骨枯る』という詩意である。

アレキサンダーは、いきなり兵士の槍をひったくって、クリタスが幔幕を片寄せて入って来ようとするところを、胴腹めがけてグザと刺し貫いた。クリタスは呀《あ》ッと叫んで、呻り声を立てたまま、忽ちに息絶えた。

吁《ああ》、若気の至りとはいえ、また酒の上とは言いながら、これがアレキサンダーの一生のうちに犯した殆んど唯一の過誤であった。クリタスが地に倒れた刹那、アレキサンダーの胸には、後悔の念が泉のように湧いた。槍を持った手はワナワナと震い、面色は灰のように変った。

いきなり屍体から槍を引き抜いたと思うと、我と我が咽喉へ！

衛士たちは驚いて、アレキサンダーをその寝室に扶け入れた。

しかしアレキサンダーの心は、悶えに悶え、悩みに悩んだ。三日三晩、食わず飲まず、ただ怏々として歎息を洩らすばかりであった。かくては士気の向背にも関する。

「王は天下の万民が、太陽のごとく仰ぎ見るところ。如何に沉んやその身をもって、奴隷のごとく泣き伏しておられるとは、何事でござりますか。君知ろしめさずや、かのジュピターの神は、左右の手に正義と法《のり》とを握れるに。大王の一挙一動は、ことごとく天下の法となるべきものでござりますぞ。」

将士交々来って、アレキサンダーを説き慰めたので、大王もようやく出でて、再び軍務を見ることとなった。

将星ついに地に墜つ

天下平定の後、アレキサンダーの最後に企てたのは、印度《インド》遠征であった。しかしこのとき部下の将士は、あまりにながき征路に倦んで、帰心矢のごときものがあった。

そこでアレキサンダーは、歩兵二万、騎兵三千の精鋭を選んで、これに向って演説した。

「いままで蛮人たちは、我軍に破られたのを、ただ夢のごとくに思っている。若し我々が、亜細亜《アジア》を驚かし騒がしたのみで、急に帰国したならば、彼等は必ず夢から覚めたように、我々を軽蔑して、一斉に背後《うしろ》から蜂起するにちがいない。然しながら予は、心進まぬ者を従えて、印度に遠征しようとは思わぬぞ。帰りたいと思うものは、勝手に帰国してよろしい。ただ一言、天に誓って予は言う。かかる徒輩《ともがら》は、天下統一の業半ばにして、その王を見捨てるものである！」

これを聞いて、動《やや》もすれば衰えんとした将士の胸は、感激の波に高鳴った。

「世界何処の端《はて》なりとも、大王の往き給うところに、従わん。」

かくしてアレキサンダーは、旗鼓堂々と印度を切り従え、ついに印度河を渡って、ポーラス王と雌雄を決することになった。ポーラスは歩兵三万、戦象二百、多数の戦車騎馬を率いて、堂々と対岸に陣取った。

夜は深くして咫尺《しせき》を弁じない。雷雨は烈しく、三軍粛たるころ、アレキサンダーの軍は、徐々《しずしず》と大河を渡りはじめた。ポーラス王は、偵騎の報告によってこれを知り、故《ことさ》ら砂地を選んで陣を布き、二百の巨象を並べて、大王軍の来るを待った。

それを目がけて、嵐のように殺到し来るは、有名なるアレキサンダーの騎兵隊である。

敵の戦象は、人馬を蹂躪し、象背の兵士は、雨のように長箭短剣を飛ばした。

しかし印度の騎兵は、ついに百戦練磨のマケドニア軍の敵ではなかった、暫らくにして、戦象は馭者を失い、物凄い鬨の声に駭いて、逆さまに味方の陣中に狂奔しはじめた。かくしてついに印度軍は大敗した。

が、ポーラス王は、大胆不敵なる王将であった。捕えられてアレキサンダーの前に曳き出され、如何なる礼を以て待遇して遣わそうかと問われたとき、昂然と頭をあげたまま、ただ一言、

「王者の礼を以て。」

その不敵の面構えがグッとアレキサンダーの気に入った。彼はポーラスに、その領土をそっくり返してやった。ポーラスもその恩に感じて、ながく大王に忠誠をつくした。

しかしこのころから、アレキサンダーの将士は、家郷を憶うの情やみがたく、帰心はますます制し難くなった。

「願わくは我等を帰らせ給え。大王若しさらに遠征を欲せらるるならば、さらに年少気鋭の軍を募って、黒海なりとカルタゴなりと、欲するがままに攻め入り給え。ただこの度は、われらに一度、故国の土を踏まさせ給え。」

と、懇願する声囂々として陣営に満ちた。アレキサンダーは憤って、

「帰ろうと思うものは帰れ。帰って我等は王を捨てて来たと言え！　予はただ志を同じゅ

うするものと共に進むばかりだ。」

と、部下の謁見を許さざること三日に及んだが、それでも将士の帰心は収らなかった。ついに将士の懇願もだしがたく、大王も最後には帰国の令を下さざるをえなかった。

このときアレキサンダーの陣中には、歓呼の声湧くがごとく、或は歓び極まって、泣くものさえあったということである。

百戦百捷、向うところ敵なかりしアレキサンダー大王も、ここにはじめて、部下のために破られたのである。

バビロン城に帰り行くアレキサンダーの遠征軍は、まるでバッカス祭のような有様であった。アレキサンダーは一大屋台を造らせて、八頭の馬に徐《しず》かに曳かせながら、日夜その上に将士と酒宴を開いた。

凱旋行列には、楯も兜も槍も見えなかった。ただ見るものは酒杯《さかずき》と酒瓶《とくり》だけであった。将校は紫の刺繍せる戦車のなかに、花冠を戴いて飲宴し、兵士は巨大《おおき》な酒樽に杯を突っ込んで呷った。国中には、笛の声、喇叭の音、淫らな唄声、踊り戯る女。――これ一場の歓楽郷である。

しかし何くんぞ知らん。このときアレキサンダー大王の命は、旦夕に迫りつつあろうとは。

この行列が、バビロン城の城壁に近づいたとき、無数の鳥が凶声を発して相闘い、そのあるものは大王の傍に落ちて死んだ。神の犠牲の臓腑を割って卜えば、肝臓のローブには欠陥があった。

かくしてバビロン城内に帰って、三日三晩、飲み明かした大王は、急に熱病のために倒れてついに起たなかったのである。その病床日記には次のごとく記されてある。

十八日、熱病に罹れるをもって、浴室に臥す。翌日、入浴して寝室に移り、メデウスと骰子《さい》を弄んで暮す。晩に再び入浴し、神に献祭《ささげもの》して後、晩餐を喫す。夜中《やちゅう》、熱高し。

二十日、例の如く献祭し、入浴して後、浴室に臥して、ネアルカスの航海談および海上観察を聴く。

二十一日、同前、熱度猶高し、夜中大いに悩む。翌日、熱度いよいよ甚し。寝室を大浴槽の傍に移さしめ、ここにて軍隊の叙任補欠に関し、大将司令官たちと談話す。

(死の病床にあってなお軍務を忘れず、流石にアレキサンダーではないか!)

二十四日、病勢大いに悪し。されども自ら求めて床を離れ、献祭に出席す。将官には宮殿内に伺候するよう、自余の将士には戸外を警戒するように命ず。

二十五日、河外の宮殿へ移さる。少しく睡る。熱なお減退せず。将官寝室に入るに、王口利けず。翌日、また然り。故にマケドニア兵は、王すでに崩ずと想像して、嗷々《ごうごう》門に迫り将官を脅かす。よって彼等を丸腰にして、順次に床側《しょうそく》を通過せしむ。

二十八日、晩、王崩ず。

噫、かくしてアレキサンダー大王は、ついに逝いた。この病床日誌によれば、彼は最後まで、自分の死ぬことを信じなかったらしい。大王は熱を病んで床上に昏々たり、将士は周章狼狽して為すを知らなかったさまが、眼に見るようである。

時にアレキサンダー、年齢《とし》わずかに三十三歳。

大王逝いてよりここに二千有余年。ユーフラテスの流れは洋々として逝いて再び返らず、古昔《むかし》誇りしバビロンの豪華は、もはや忍ぶべきよすがもないが、いまもなおその日の如く、われらの眸子《ひとみ》に落つるものは、若くして逝きたるアレキサンダーの英姿である。そして青史はいまもなお、その大業を伝えて止まない。

英傑シーザー

濁流を泳ぐもの

アレキサンダー大王は、王者の家に生れ、生れながらにして王者の徳を備えていた。天来の仁者である。その生涯を読むとき、われらは天空海濶なる壮快味を感ぜざるをえない。

これに反してシーザーは、少年時代から、羅馬《ローマ》の苛烈なる政争のなかに身を投じた。彼の一生は、如何にして覇者たらんかの苦闘であった。それを読むとき、われらは壮快よりもむしろ痛烈味を感ずる。若しアレキサンダーを仁者とすれば、シーザーはまさに勇者の典型的人物である。

人には人それぞれの趣きがある。一概に、何れを優り、何れを劣るとすることはできない。

シーザーは羅馬の貴族の家に生れたが、少年時代から平民党に身を投じた。いや、貴族党と平民党とが、互に覇を争っていたのは、一昔前のことで、俊傑マリウスの歿してより、平民党は全く没落してしまって、むしろ少年シーザーが、生残った唯一人の平民党、彼は少にして早くも、陥ちゆく平民党の運命を双肩に担い、天下を敵として戦わなければならなかったのだ。

そのころ、羅馬に権勢を振っていたのは、貴族党の首領シルラであった。彼は平民党員の名簿に一人々々印をつけて、片ッ端からそれを殺してしまった。そして最後に問題になったのが、少年シーザーであった。シーザーの叔母は、前の平民党党首マリウスの妻であったので、自然シーザーも、平民党員として眼をつけられていたのである。

「さア、次はシーザーの番だ。此奴も一つ伝手《ついで》に殺ってしまおうか。」

シルラはこの怖ろしい言葉を、猫の子でもひねりつぶすように、雑作もなく言ってのけた。すると一人、

「何んの、こんな小僧が、……別に刃に衂《ちぬ》るほどの値打はありますまいて。」

と、小賢しくも言ったとき、シルラは苦笑しながら言った。

「この一少年の身体のなかに、数多のマリウスが潜んでいることに気がつかぬとは、君も盲目同然な男だな。」

この話を伝え聞いたシーザーは、逸早く羅馬を脱走して、サバイン人の国に身をかくし、昨日は彼処、今日は此処と、姿を変えて漂泊《さすらい》の旅に日を送らなければならなかった。

一夜、病の身を旅立とうとしている矢先、シルラの配下《てした》のために捕えられた。千金の子は盗賊に死せず。シーザーは其奴に二タレント（約五千円）の金を握らせて、やっと命だけは助かったが、不運というものは、踵を接してやってくるものらしい。こんどは海賊に捉まってしまった。

海賊がシーザーに身代金二十タレント（約五万円）を要求すると、この豪邁なる少年は平然として言い放った。

「シーザーの身代金がたった二十タレントとな？　何故に五十タレントと言わぬ。」

少年シーザーは、すでに、世界の大シーザーを以て任じていたのだ。

海賊どもは、その豪胆さに気を呑まれて、五十タレントの身代金が着くまでの待遇も、囚人《めしうど》というよりむしろ大切な賓客様《おきゃくさま》であった。シーザーも落着いたもので、夜遅くまで海賊どもと話しこみ、寝床に入ってから少しでも騒がしいと、従者をやって、

「喧しい、静かにしろ。」

と叱りつけた。まるで海賊の番人を、自分の護衛兵のように思っている。昼は海賊と一緒に運動したり競技したりして遊んでいた。夜は自分の作った詩を朗読したり、演説したりして過した。海賊どもが拍手しないと、シーザーは怒鳴りつけた。

「この無学な蛮人ども奴！　いまにお前達の首をチョン切って呉れるぞ。」

ところが、それがただの冗談でなかったのだから面白い。ミレトスから身代金が届い

て、自由の身になると、直ぐに自分で船を武装し、海賊船に不意打ちを喰わせて、到頭ほんとに海賊どもの頸を刎ねてしまった。

そのうち羅馬では、シルラの権力が次第に衰えたので、友人たちは切にシーザーの帰国を勧めたが、彼は他日の雄飛を期してローテスに往き、アポロニウスの学塾に入った。かの有名なる雄弁家シセロは、その同門であった。シーザーも、大雄弁家となる天分を、豊かに持っていたが、

「俺の志は雄弁家となるにあるのではない。」

と言って、軍事政治の方に没頭した。当時羅馬において事を成さんとするには、武将として軍功を立てるか、雄弁家として民衆を動かすかであったのだ。後に政敵シセロと論争したとき、シーザーは、

「我輩は一介の武弁である。武人の平明率直なる談論に対して、弁舌の研究に一生を投じた能弁家と、同じ美辞麗句を期するのは間違いである。」

と、喝破したことがある。

シーザーの妻は風聞《うわさ》でも許せぬ

羅馬《ローマ》に帰ったシーザーが、まず第一に手を着けたのは、衰えはてた平民党の勢力を、挽

回することであった。自分の邸宅の門を開いて、ドシドシ民衆を食卓に歓待しはじめた。天下の志士は進んで招待した。そして惜みなく財を散じ、人心の収攬にこれつとめたものである。

若いにも似ず、機転と愛嬌に富んでいたので、シーザーの人望は日に日に大きくなって行った。その謙遜な微笑のうちに、怖るべき大野心がかくされていることを、はやくも見抜いたものは、流石にシセロだけであった。

「シーザーの遣口には、何うも専制家の毒牙が隠見している。しかしあの男が、嬌然《にこやか》に、一本の指で、綺麗に撫でつけた頭髪《かみ》を掻きながら、客に接しているのを見ると、この遊冶郎の何処に、羅馬共和国を覆えすような大野心が秘んでいるのかと、不思議に思われるくらいだ。」

シーザーはこの通り、一見温和しい愛嬌者であったが、機に乗ずれば疾風電雷のごとき大胆不敵をもって、貴族党の胸をヒヤッとさせた。マリウスの未亡人なる叔母ジュリアの葬儀のおり、堂々とマリウスの肖像を街頭に掲げて、その盛徳を頌揚したるごときも、その一例であろう。マリウスとその一党は『国家の敵』と宣言されていたのだ。

政敵は勿論、喧々囂々の叫びをあげた。しかしその声は、忽ちにして民衆の賞讃の声に打ち消されてしまった。なかにはシーザーの大胆なる所業《しわざ》を眺め、その意気に感じて、マリウス再生の思いをなし、涙を流すものすらあった。

こうしてシーザー活躍の地歩はだんだんと固って行った。俊傑マリウスに対する、隠れたる民衆敬慕の念を復活させて、それを自分の政治的発足点としたところなどは、如何にもシーザーらしいやり方である。

そのうちジュピター宮守神職の改選があった。このとき若きシーザーは敢然起って、当時名声高かりしイソリカス、カタラスの二人を向うに廻し、この聖職に立候補した。カタラスがシーザーを買収して、その立候補を断念させようとしたとき、彼は、

「金ですか？ ……私はこの競争をつづけるために、実はもっと多額の金を借りたいくらいなんですよ。」

と揄《ひやか》して、それに応じなかった。いよいよ選挙の投票日、シーザーの母親が、心配そうに戸口まで送って来て、眼に一ぱい涙をたたえているのを見ると、シーザーはいきなり母親に抱きついて言った。

「母上、私が首尾よく守神職に就くか、追放人になるか、それが今日決まるんですよ。」

その決意！ 事は小なるに似て、当時のシーザーにとっては、実に乾坤一擲の勝負であったのだ。そういう危険《あぶな》い瀬戸に、ザンブと身を躍らせて、はじめて彼の功名はなったのである。シーザーの一生は、かくして冒険の連続であった。そしてその最初の冒険に、彼は見事成功した。年少シーザーが、羅馬の二長老を破って当選したのである。

そのころシーザーの家庭には、一つの面白からざる事件が起った。それはクロウデアス

というハイカラな青年貴族があって、今でいえばモダン・ボーイというのであろうが、これがシーザーの妻に懸想し、妻ポンペイアもまた憎からず思っていたらしかった。

ボーナの祭典の夜、妻ポンペイアはその祭主であったが、この祭は、羅馬古来の伝統により、男子は堅く禁制となっていたのであった。ところがクロウデアスは、自分が年若くまだ髭髯《ひげ》がないのを利用して、得意の美貌に女の化粧を施し、女楽師に化けて、首尾よく祭場にもぐりこんだのである。そして、広い家のなかを、室から室へと探し廻っているうちに、フト出逢頭に行き会ったのが、淑徳の誉高かりしシーザーの母アウレリアの侍女《こしもと》。

「はて、姿形はまさしく女なれど、何となく怪しき態度《ものごし》……」

このときこの侍女に怪まれたのが百年目であった。女装のクロウデアスは、一曲舞《さし》いたまえと挑まれて、それを拒むと、彼女はいきなりクロウデアスを明るみに引立て、

「さても御身は何人にて、何処より来りしぞ。夙くとく名乗り給え。」

と、矢継早に問いかけられた。クロウデアス、ますます慌てて、ポンペイアの侍女アブラを探していると答えたものの、その声はまさしく男であったので、忽ち化の皮が現われてしまった。

「いざ皆の方、立ち会いたまえ、あすこに男一人見つけて候ぞ。」

侍女の呼ばわる声に、婦人《おんな》たちは駆け寄り駆け集まり、笑止や遊冶郎クロウデアスは、衆人稠座《ちゅうざ》の前で、法に問わるる身となったのである。

人々はクロウデアスの非倫と悖神《はいしん》とを責め、彼を罰せよ！　彼を殺せ！　と叫んだが、シーザーは、何うしてもその姦通の事実を認めようとしなかった。ただ彼は、自分の妻ポンペイアだけは、キッパリと離別してしまった。

「姦通の事実を認めないで、何故に離別なさるのか。」

と、問いつめられたとき、シーザーは儼として言い放った。

「シーザーの妻たるものは、兎角の風聞さえあってはならんのだ！」

三傑の握手

シーザーが惜みなく財を散じて、人心を収攬するのを見て、世の人は、

「彼は貴重な宝でもって、空しき一時の人望を買っているのだ。」

と、嘲るものもあったが、いずくんぞ知らん、彼はそれによって、大羅馬《ローマ》共和国を買い取りつつあったのだ。

しかしシーザーの遣り方は、あまりにも華々しかった。そのため、いよいよ西班牙《イスパニア》の総督に任ぜられたときには、借金すでに山の如く、転任の報一たび伝わるや、債鬼はドッと押しかけて、門前に市をなしたという事である。当時羅馬第一の富豪政治家クラッサスに泣きついて、八百三十タレント（約二百万円）の大金を出して貰い、それでやっと任地に

就くことができたという有様であった。

その赴任の途中であった。アルプス山中の一寒村に通りかかり、部下の人たちが、

「こんな小さなところにだって、やっぱり、羅馬の政界に見るような、権力争いがあるもんだろうなア。」

と、話し合っているのを耳にしたとき、いままで思いに耽っていたシーザーは、突然口を開いて言った。

「諸君、予《わし》は断言する、羅馬で第二の人たらんよりは、むしろ此地において、第一者になりたいと思うのだ。」

鶏頭となるとも牛尾となるなかれというのが、シーザーの志であった。

西班牙の総督時代、一日《あるひ》シーザーは、アレキサンダー大王の伝記を読んで、潸々《さんさん》と涙の頰を伝わるを覚えた。

「ああアレキサンダー大王は、俺くらいの年齢《とし》には、もう諸国民を征服して、世界に君臨していたんだなア。然るに俺は何《ど》うだ。こんなところで何一つ大業らしい大業をしていないではないか!」

しかし嘆くを止めよ、そのときはやく、彼の運命の曙は、明け初めていたのだ。

西班牙から帰国したシーザーが、まず目をつけたのは、雄弁家シセロでも、道学者カトーでもなかった。当時互に軋轢していた政界の二大巨頭、ポンペイとクラッサスとの間に

立って、これを堅く握手せしめ、この二人の権勢を背景にして、一躍政界の中央に、躍進したことであった。ポンペイ、クラッサス、シーザー——この三傑の握手が成って、元老院の勢力は一掃されてしまった。

年少シーザーが右にポンペイ左にクラッサス、この二巨星に擁《まも》られて、選挙場裡に現われた英姿は、天晴れ颯々たる威容であった。彼は非常な優勢をもって一躍統領《コンソル》に選ばれた。当時の羅馬共和国は、専制政治に陥ることをおそれて、大統領をおかなかったので、その代り、毎年改選される二名の統領が、国務を総攬することになっていた。シーザーはいまや、その二人者の一人となったのだ。

抜目のないシーザーは、統領に選ばれるや、直ちに、植民地法案と土地穀物分配法案とを元老院に提出して、民心の収攬につとめた。元老院の一部が、これに反対すると、彼はいきなり起って叫んだ。

「こうなった以上は、甚だ不本意ながら、我輩は民衆の腕に身を投ぜざるをえない。諸君の頑強なる反対は、我輩を駆って、不愉快にも、賛助を人民に求むるの止むを得ざるに至らしめたのだ。」

と。実はこの一挙によって、元老院の勢力を、一掃しようと企てたのだ。シーザーが元老院から走って、民衆に向い、

「諸君は果してこの法律に賛成するか。」

と聞いたとき、大衆の間から起ったのは、囂々たる賛成の声であった。その機を外さず、シーザーは一段と声を励まして叫んだ。

「よろしい。然らば諸君は、剣をもっても我輩を助けるか。」

「賛成、剣をもって助けよう！」

このときシーザーの傍に起っていたポンペイが怒鳴った。

「諸君が剣をもって助けるなら、俺は剣と楯とをもって助けるぞ。」

飛ぶ鳥も落さんずポンペイのこの一言に、反対の声囂々たりし元老院も静粛《しずま》りかえった。こうして三雄同盟の力は、元老院を威圧し尽したのである。

この三雄同盟こそは、東西古今の政治のなかでも、腹芸中の腹芸であった。ポンペイは旭日昇天の軍功をもって、羅馬共和国に雄視しようとした。クラッサスはその巨万の富をもって、国家をも買収しうべしと信じた。しかるにシーザーは、ただその湧くがごとき才智謀略をもって、この二大勢力を自家に利用しようと考えたのだ。ポンペイはシーザーより五歳の年長者、クラッサスはそれよりも更に三歳の年上であったが、結局彼等を利用したものは、シーザーの才略であった。

しかしシーザーは、その経歴において、遥かにこの二人に及ばない。そこで彼は考えた。

「功を辺土に立て、その余勢をもって、羅馬に臨むのでなくては、とても政界の覇権を握ることはできない！」

彼がゴール征討総督に任ぜられたのは、そのためであった。そして、嘗ってアポロニウスの学塾に学んだところが、いよいよシーザーに役立つことになった。

武将としてのシーザー

武将としてのシーザーは、東西古今の歴史のうちでも殆んど肩を並べるもののないほどの、名将であったと思われる。かの大豪ハンニバルを破ったファビウスやスキピオは、いわずもがな、また前代のシルラやマリウス、勇武天下に鳴ったるポンペイですら、シーザーの前に出ては、太陽の前の星のごとき観があった。

シーザーのゴール遠征が偉大であったというのは、戦局の困難であったことがその一、征服した領土の広大であったことがその二、戦った兵の数が多く且つ強かったことがその三、獰猛なる蛮民を慰撫して文明を拡めたことがその四、捕虜には寛仁、部下には大度であったことがその五である。しかもゴール征討の十年の間に、城を抜くこと八百、三百の民族を征服し、三百万の敵兵と激戦して、そのうち百万を屠り、百万を虜にしたというのだから、まさに素晴らしいものである。

シーザーはまたよく部下を用いた。何んな弱卒でも、一たびシーザーの下に立てば、忽ち無敵の勇者となるというのが、当時の風評《うわさ》であった。

アシリアスという兵士《つわもの》は、マルセーユの海戦に、身を挺して敵艦に躍り込み、右手をバサと切り落されたのにも怯まず、左の手に握った楯でもって、グイグイ敵を押さえつけ、ついにその艦《ふね》を乗り取ってしまったということである。

カシアスというものは、一眼を射抜かれ、肩と腰とに投槍《ジャヴリン》の重傷を負い、楯の表には百三十余の矢を受けていながら、大声に呼ばわって敵を誘き寄せ、敵兵二人が進み寄ると、突如大刀を揮って、一人を肩から腕に斬り落し、返す刀に一人の顔を斬りつけて走らせたということだ。

ブリトンの戦に、シーザーの先鋒隊が泥沼に陥《はま》って、敵の襲撃を受け、あわや全滅と見えたとき、一人の兵士、やにわに敵の囲のなかに乱入して、ついに多くの戦友を救ったことがあった。この兵士が、沼を渉り水を泳いで帰ってくるとき、味方の兵は手を挙げ足を踏んで、その驍勇を讃め称えたが、彼は慚愧《はずかしさ》に堪えぬもののように、シーザーの脚下に俯伏《ひれふ》して言った。

「将軍、泥中に楯を失いまして、何とも申訳けござりませぬ。」

亜弗利加《アフリカ》の戦に、シーザー軍の一艦を捕えたスキピオというものが、その艦員を宥そうとしたとき、艦員は昂然と頭を擡《もた》げて答えた。

「シーザーの兵は、恩を敵に施すすべは知っているが、敵から恩を受けるすべには、まだ慣れていないからな。」

そして我とわが胸を貫いて死んだ。

この勇気、この義気、それがシーザーの鼓吹したものであった。危険のあるところ、彼は必らず率先して赴いた。

何人も驚嘆したのは、彼が病弱の身にてありながら、如何にも辛棒強いことであった。シーザーは瘦形の美男子で、脳病や癲癇の患《やまい》さえあったといわれるほど、色の蒼白い繊細《きゃしゃ》な体軀《つくり》ではあったけれど、一たび馬上命令を下すや、同時に二つの仕事を、テキパキやってのけたということである。ゴルデュヴァにあったときのごとき、猛烈な熱病に襲われたけれども、シーザーは、

「予の病気を癒すには、戦争が一番良いお医者だよ。」

と言って、長途の行軍と、疏食《そしょく》と、露営と、力闘とで、逆に病魔を征服してしまった。

シーザーは戦争となると、何時でも、兵車のなかや駕籠のなかで眠った。そして日中は、城廓、都府、塹壕などを巡視した。

食事には、まるで無頓着であった。或るとき、独活《アスパラガス》に油の代りに、間違えて香油をかけて出されたが、シーザーは平気でムシャムシャ喰べてしまった。

一日、やはり軍旅の途中で、俄かの大暴風雨《おおあらし》に会い、田舎の一軒家に避難したことがあった。その草舎《あばらや》は、室がたった一つで、一人しか入ることができなかった。するとシーザ

ーは、

「栄誉は尊き人に、必要具は弱きものに。」

と言って、病弱のオピアスをその家に休ませ、自分は部下と一緒に、軒下の苫の上で一夜を明かした。

壮烈なるゴール遠征

ゴールの蛮族というのは、いまの仏蘭西《フランス》、独逸《ドイツ》のあたりに蟠居していた諸民族である。シーザーがこの遠征において、始めて戦ったのは、ヘルヴェチア、チグリニの二民族であったが、慓悍なる彼等は、自ら彼等の故郷の十二府四百村を焼いて、伊太利《イタリー》に討入るべく、南進し来った。

アラル河畔、獰猛なるヘルヴェチア民族が、不意に起ってシーザーの軍に襲いかかった時、シーザーは馬に騎《の》るひまさえなく、徒歩で激しく下知していた。ようやく一人の兵卒が、シーザーの乗馬を曳いて来ると、彼は、

「なアに、今は奮戦のときだから、その馬は、追撃のときまで休ませておこう。」

と叫び、自ら陣頭に立って戦ったので、味方の勇気は百倍し、ついに最初の戦に捷つことを得た。シーザーは、戦闘《たたかい》に打ち洩らされた十万以上の蛮民を、悉く一団となして、み

んな故国に放還し、焼き棄てた都府村落を再建せしめた。

第二の敵はゲルマン民族であった。このとき、部下の将士、殊に貴族出のなかには、この遠征を懼《おそ》れるものがあるということを知って、シーザーは将士を集めて言明した。

「如何にゲルマン民族慓悍なりとも、前《さき》のシンブリ民族より怖ろしいものとは思われぬ。征むる我輩もまた、マリウスに劣る将軍ではないということを、いまに彼等に物見せてくれるつもりだ。しかし退散したいと思うものは、決して遠慮はいらぬ。柔弱にして元気に乏しいものは自分の意に反して、危地に身を投ずる必要は少しもないのだ。予は第十軍団《リージョン》だけを率いてでも決《き》っとこの蛮族を征服して見せる。」

この意気に、将士は悉く感奮し、第十軍団は感謝状をシーザーに捧げて、粉骨砕身を誓った。

やがてシーザーは、ネルヴィー民族を討伐せんと、粛々として軍を進めていた。この民族は森林民族で、妻子や貴重品を、遠く一大森林の奥に隠し、シーザーの軍が塹壕を掘っているところに、六万の巨兵をもって、四方から潮のように殺到し来った。流石のシーザーも、このときばかりは進退両難に陥った。

突如、シーザーの眉宇に、一脉の殺気が現われた。身に寸鉄をも帯びざるシーザーは、一兵卒に手をのばして、つとその楯を奪い取るや、無帽のままで第一線に走り出た。兵卒たちは、みなシーザーの顔を知っていた。彼は士官たちの名を一々呼んで話しかけ

た。そして声高らかに、

「隊列を開いて、力を用うる余地を作れよ！」

と怒鳴りながら、真ッ先に立って突進した。意気沮喪《そそう》した兵卒たちは、このシーザーの沈勇と、その出現とに勇気百倍して、ついに眼にあまる大敵を撃破した。

敵軍六万のうち、生残るもの僅かに五百。出陣したる部将四百のうち、生命を全うしたものは、たった三人しかなかったということである。

この大捷利の報が羅馬《ローマ》に達したとき、羅馬の市民たちは狂喜して、元老院は十五日の祝祭を議決した。十五日に亙る祝捷祭というのは、羅馬始まって以来のことであった。

シーザーはゲルマン民族が、休戦の約を破って、不意打ちを喰わせようとしたとき、直ちに兵を進めて彼等を粉砕した。ライン河を渡って来た蛮民の殺されるもの、その数四十万といわれたのは、このときである。

彼はさらに進んで、かの有名なるライン河に、一大戦橋を架け、ゲルマン（独逸）の地に征め入り、また海を渡ってブリテン（英国）までも征服した。後の羅馬大帝国の基礎は、実にこのときできたのである。

かくしてシーザーが、諸民族の叛乱同盟を撃破し、最後にアレシア府を攻め落したときには、その武威は赫々、まさに羅馬城内外に響き渡るものがあった。一体に羅馬人ほど、征服慾の強い国民は少ない。突如として現われたこの一大天才の戦勝に、彼等は狂喜してシーザーの名を呼んだ。

一方シーザーも、数多の戦利品を送っては、羅馬の民心を喜ばすことを忘れなかった。身は征旅にあるとも、彼の心は羅馬を離れなかった。彼は羅馬国民の力によって北狄を征服し、北狄の黄金をもって羅馬国民を収攬しようとしたのであった。

「羅馬第一の人物となりたい！」

それが彼の胸に焼きついていた功名心であった。いまやようやく、その功名心は遂げられようとする。そのなかにただ一人、心中秘かに平かならざるものがあった。

それが盟友のポンペイであった。

骰子《さい》はすでに投ぜられた！

そのとき三雄同盟の一人クラッサスは、東亜細亜《アジア》の戦線に戦歿し、羅馬《ローマ》においては、ひとりポンペイが権勢を揮っていた。そしてそれに対抗するものは、北域にあって、敵を狙える猛虎のごとくに、乗ずべき機会を窺っているシーザーである。

ポンペイの意はなはだ平らかならざるも無理はない。

「シーザーを引き上げてやったのは俺だ。邪魔になったら引き仆すのに雑作もない。」

と、考えていたポンペイは、シーザーのゴール遠征の軍功が、太陽のごとく輝きはじめたとき、はじめてこれは容易な敵ではないと覚ったのだ。

ポンペイの野心は、兵馬の権を握って天下に号令するところの、大総統《ジクテーター》となることであった。大総統は、国家有事の日に限って、特におくところの最高権力である。カトーはこのポンペイの心術を忖度して、ポンペイを唯一人の統領《コンソル》に推薦した。これまで二人であった統領を、ポンペイ一人とすれば、名は統領でも実権は悉く彼に帰するわけで、ポンペイも自ら大総統となるような、乱暴な野心を棄てるだろうと考えたからだ。元老院はカトーの推薦によって、ポンペイを唯一の統領と宣言したのみならず、彼の西班牙《イスパニア》総督、亜弗利《アフリ》加《カ》総督の任期を延長した。

両雄衝突の端緒はここにあった。

シーザーは、直ぐに羅馬に使を派して、元老院に要求した。

「ポンペイが統領になるのに異議はないが、若し彼がなるなら、我輩も統領に推薦して貰いたい。ポンペイの西班牙、亜弗利加総督の任期を延長するのも構わぬが、同時に我輩のゴール総督の任期も延長して頂きたい。」

これは少くとも表面上は、至極穏和《おとな》しくて、しかも当然の要求である。しかし元老院は、その要求を容れなかった。シーザーが羅馬に派遣した一将校は、元老院の扉口に立って、会議の結果如何にと待っていたが、いよいよ、この上ゴール総督の任期を延長することは許されぬと宣告されたとき、その将校は剣柄を叩いて言った。

「しかしこの剣柄がそれを与えるであろう。」

それが実にシーザーの決心であったのだ。ポンペイ蹉跌の原因は、このシーザーの堅い決心に対して、ただ演説や投票だけで、対抗しうるものと考えたことであった。

しかしシーザーの表面の態度は、飽くまで猫のように穏和しかった。

「羅馬の命令とあらば、我輩は何時でも武器を投げ出し、兵を棄てよう。その代りポンペイにも、同様のことをさせて頂きたい。そして彼も我も真っ裸の一私民となった上で、我等の功労に対する恩賞は、国家に任せようではないか。」

然るに心驕ったるポンペイは、この穏当なる申出をすら、一蹴してしまった。ポンペイの岳父スキピオが、元老院に向って、

「シーザー若しその兵馬の権を抛うたざれば、彼を国家の公敵と看做《みな》すべし。」

との、議を提出し、元老院がこれに賛同したと聞いたとき、猫のようなシーザーは、突如として、猛虎のごとく咆哮した。

「かくなる上は、生命にかけても、雌雄を決するほかはない。」

シーザーは非常の決心を以て、屹ッと幕下を見渡した。が、憐れむべし、そのとき彼の旗下には、わずか三百の騎兵と、五千の歩兵しかいなかった。残りの大軍は、まだアルプスの峰の彼方に遣してあったのだ。

しかしシーザーの眉宇に漂う決心は堅かった。いま彼に要するところのものは、数を以

て敵を圧倒する巨軍ではない。疾風迅雷、耳を蔽うひまなき大胆なる行動である！

かく思い決したるシーザーは五千の将士に向って、悲壮なる命令を下した。

「剣を執れ！　他の武器は何も帯びるな。往け！　往いてアリミナム府を攻め取れよ。」

旗下の精鋭、三百の騎兵と五千の歩兵は、自ら死地に就くことを誓った。

その最後の日であった。シーザーは、剣士《グラジエーター》の決闘戯を観覧していたが、晩景に及んで悠《ゆっ》くり入浴した後、食堂に入って、かねて招いておいた賓客を饗応した。日が暮れると、彼はつと起ち上って、何気ない風で挨拶した。

「長くはお待たせいたしませぬ。直ぐに帰りますから、何うか悠くり、飲んでいて下さい。」

そして雇馬車に乗ると、暗にまぎれて、アリミナムの方向に駆けはじめた。

こうしてシーザーは、いよいよ、ルビコン河の岸辺に立ったのであった。ルビコンの小流は、淙々と音たてて流れていた。しかしこの小流こそは、ゴールと伊太利《イタリー》とを分つ境である。この流れを一度び渡れば、彼は国命に叛する逆賊となり、渡らざれば、政敵の術中に陥って、窮死しなければならぬのだ。

流石のシーザーも、ルビコン河の岸辺に立ったとき、思わず馬の手綱をひかえて、沈思黙考した。この一大冒険を前にして、彼の胸中には、万感交々去来した。

一歩を誤てば、万事は休するのだ。

彼は右手を挙げて、続き来る部下を制《と》め、黙って熟っとルビコンの流れを見入った。彼の胸中には、渡るべきか渡らざるべきか、その利害得失が、走馬燈のように駆け廻っていた。渡らば如何なる災厄《わざわい》が、天下に及ぶであろうか。後世は何とそれを批評するであろうか。

最後に、突如として、彼の心頭には、駆らるるもののごとき衝動が起った。彼は蹶然として、利害得失の思念《おもい》を一擲し、未来の深淵のなかに、ざんぶとばかり躍りこみながら、声高らかに叫んだ。

「骰子《さい》はすでに投ぜられた！」

そしてさっと馬を河流に乗り入れた。

懼《おそ》るなシーザー此処に在り

シーザー、ルビコンを渡るという報せが伝わったとき、伊太利《イタリー》全土はまるで、鼎の湧くような騒ぎになった。若きは走り、老いたるは罵り、男は騒ぎ、女は泣いて、その狂乱は蜂の巣をつついたような有様であった。執権の威力も、もはや民を治むる能わず、雄弁家の快弁も、すでに民心を安んずる能わざるに至った。羅馬《ローマ》の天地は、さながら、この狂瀾怒濤に打たれて、壊滅し去るのかと思われた。

或る元老院議官のごときは、ポンペイの顔を見ると、

「貴公何うだ、足でもって一つ、トンと大地を踏んで貫いたいものだね。」

と嘲った。これはポンペイが嘗つて、

「諸君、戦争の準備については、心配する必要はない。我輩一たび足を挙げて大地を踏めば、伊太利全国をわが兵で満たすごときは、易々たるものである。」

と、大言壮語したことがあるからだ。しかし大勢ここに至っては、流石のポンペイも、策の施すべきところがない。今にもシーザーの巨軍が、羅馬の門々を打ち破り、潮のごとくに殺到するような噂さであるから、一犬虚を吠えて万犬実を伝う、この激流は滔々として、ポンペイを載せ去ったのであった。

ポンペイは一片の諭告を発して、漂然と羅馬の都城を逃れ去った。

「羅馬はいまや無政府状態に陥り、到底戦乱は免れない形勢である。元老院議官をはじめ、国家と自由を重んじ、暴君の圧制を好まぬものは、我れに従い来れ。」

かくしてシーザーは、殆んど刃に衂《ちぬ》らずして羅馬に入城し、まもなく大総統《ジクテーター》に挙げられることができた。大総統というのは、一旦緩急ある場合、兵馬の全権を委ねられるところの、大統領以上の権力である。

形勢は一転し、主客は顛倒した。ポンペイ却って国賊となり、逆賊と呼んだシーザーのために、却って討たれねばならぬことになったのである。『勝てば官軍、敗ければ賊軍』

とは、このことをいうのであろう。

さりながら、逃れたりと雖もポンペイは、かつて一世を風靡したる英雄である。過去における赫々たる武勲と、その竹を割ったような直明な気質とは、全国に数多の崇拝者を持っていた。ポンペイ羅馬を去ると聞いて、風を望んで集り来るもの十万。

シーザーは軍を発するに臨み、軍資金を国庫から取り出そうとすると、メテラスという護民官《トリビューン》がこれに反対して、その違法を鳴らした。シーザーこれを叱咤《しった》して言うのに、

「兵馬と法律とは、各々行わるるに時機がある。若し我輩の行ることが気に喰わぬというなら、貴公辞職したらいいだろう。」

度胆を抜いておいて、さらにも一度怒鳴りつけた。

「予《わし》がこういうのは、まだ自分の権利を差控えているのだぞ。予に対して党争心を激発した奴輩の、生殺の力は予の掌のなかにあるのだ！」

シーザーは国庫の扉口に立ったが、鍵を渡さないので、鍛冶屋を呼んで破らせた。

かくしてシーザーは、六百の騎兵の精鋭と、五軍団《リージョン》とを率いて急行したが、時は一月初めの厳寒、あまりの強行軍に、兵は疲れ果てて、そろそろ苦情が爆発しだした。

「一体シーザーは、俺達を何処に連れて行くんだろう。何処まで行ったら、この労苦《くるしみ》は終るんだ。鉄でさえ打てば凹むのに、まして我々の五体は鉄ではない。切れば血の出る人間だということを知らないのか。楯や胸甲でさえ休息を叫んでいるのに、この寒空に我々を

風雪に曝して、シーザーは一体何うしようというのだ。」

こんなことを、ブツブツ言いながら、やっとブラニデシャムの港に着いて見ると、大将のシーザーは、すでに出発した後であった。先に不平を鳴らした連中も、このときこそ始めて眼が覚めて、エピラス巌頭、空しく海を望んで、シーザーを慕ったのであった。

しかもこのときシーザーは、命懸けの一大冒険に、身を投じていたのであった。

彼は折角敵地に入ったけれども、ポンペイの軍が意外に多いので、伊太利の残兵を掻き集めようと、密かに十二挺櫂の小舟に乗って、海を渡ろうと決心したのであった。そして夜中に奴隷に変装して、黙って船底に坐っていた。

天候は険悪であった。波浪《なみ》は高く、小舟は海から吹き上げる暴風《あらし》のために、一歩も前に進むことができなかった。そこで舟人たちが、止むなく舟を返そうとすると、途端にシーザーが、船底から躍り出た。

「懼れるな。行れよ、舟人。シーザーが幸運と一緒に乗ってるのだぞ！」と。

思いがけない英雄の姿を見、その声に励まされて、吹き荒める烈風を忘れて、舟人たちは、満身の力をその櫂に籠めた。

そこにまもなく部将アントニーが、四軍団の兵と、八百の精騎を率いてやって来たので、シーザー意気大いに昂り、いよいよポンペイと天下の覇を争うことになったのである。

山芋のあるかぎりは

ここで敵味方の形勢を見るに、守るポンペイは地の利を占め、糧食は豊富で、兵は多く、士気は旺盛《さかん》であった。これに反して攻めるシーザーの軍は悲惨《みじめ》なものであった。兵は少なく、糧食は欠乏して、腹がへると、みんな郊外に出て、山芋のような草の根を掘っては、それを噛るという始末であった。

ただ頼むところは、部下の強情我慢であった。兵隊のうちには、わざわざ敵の哨兵のところに、この山芋を投げこんで、

「地にこの草の根の生えている限りは、何時までもポンペイを囲んでいるぞ。」

と、呼わるものさえあった。

シーザーも強くは攻めず、ポンペイも敢て出でて戦わず、僅かに小衝突に日を過ごしていたが、或る日フトしたことから、両軍衝突して、敵味方入り乱れての接戦となった。

敵将ポンペイが、自ら陣頭に現われたからだ。

流石は太刀取っては並ぶものなしと言われたポンペイである。その猛撃に、シーザーの前衛は右往左往に斬り崩されて、全軍ドッとばかりに塹壕に逃げ込んで来る。シーザーは軍旗の竿を握って、これを喰いとめようとしたが、浮足立った味方の軍は及ばなかった。

シーザー軍が陣営に引返したときには、敵のために三十二本の軍旗を奪われていた。

事実これは大変な敗北であった。若しこのときポンペイが、総攻撃に移ったならば、羅《ロー》馬《マ》の天下は果して誰の者となったか、俄かに断じがたいほどの敗戦であった。ただ何故かポンペイは、シーザー軍が塹壕に逃げ込んでしまうのを見ると、直ぐに退却《ひきあげ》の喇叭を吹き鳴らさせたので、シーザーは危いところを助かったのであった。

このときシーザーは、

「敵に若し勝つことを知る名将がいたならば、今日の勝利は、必らず敵のために、万丈の気焔を吐いていたであろうに。」

と言いながら、独り天幕《テント》のなかに入って行った。

天幕に入っては見たものの、何とて眠りを結ばれよう。実にや心あるものは哀れとも見《げ》よ、敗軍の将、眠られぬ夜の物思いは何んなであったろうか。洩る月の影だに悲しきを、まして百戦百勝のシーザーが、生れてただ一度の敗北なのだ。

シーザーは眠られぬ一夜の煩悶を経て、ハタと小膝を打った。

「これは俺の一代の失策であった。此処は敵の艦隊の根拠地で、此方では敵を囲んでいるつもりでも、事実は敵に囲まれているのも同然なのだ。可し、此処を引上げて、一つマケドニアのスキピオを攻めてやろう。ポンペイは決っと追っかけてくるだろう。そして我軍に糧食の供給の充分なところまで、ポンペイをおびき出しておいて、彼と雌雄を決することにしよう。」

翌日シーザーは、どんどん兵を引き上げはじめた。

シーザーの軍、はじめは大いに行旅に悩んだ様子であったが、テッサリアの国、ゴムフイを攻め取ってからは、糧食も豊富になり、陣中の疫病も治まり、士気再び大いに揚った。

かくして両軍は、ファッサリアの広野に陣を列ねて、相対峙することになった。

ポンペイの騎兵七千に対して、シーザーは僅かに一千、歩兵四万五千に対して、僅かに二万二千という劣勢であった。

そこでシーザーは、全軍を集めて将士に告げた。

「いまわが別働隊のコルニフィニアスは、別に二軍団《リージョン》を率いて進軍しつつある。メガラ、雅典《アテネ》には、カレナスの十五聯隊がある。君等は彼等の来るのを待って戦おうと思うか、それとも敢て、直ちに戦いを欲するか。」

彼等は大声揚げて答えた。

「我等は待つを欲しない。戦勝の作戦は、必らず将軍の方寸にあることを信じます。」

かくして全軍の士気は大いに揚った。

ポンペイを破る

その夜シーザーが、軍営を巡視していると、夜半《よなか》ごろのことだ。虚空に鬼火のように輝くものが、パッと炬火のような火を放つと見るや、味方の軍営の上を飛んで、スウーッとポンペイの陣屋の上に、落ちるのを見た。

シーザーはこれを見て戦機漸く熟したるを覚った。

果して翌朝、味方の哨兵は、敵の陣営何となく色めき渡るのを見た。程なく、馬を駆って飛び来る偵騎、

「敵は戦闘を開くべく前進しつつあります。」

シーザーは勇躍して、神々に禱りを捧げ、全軍を三部隊に分った。

カルヴィナスは中軍、アントニーは左翼、自らは第十軍団《リージョン》を率いて、右翼を指揮した。別に六聯隊の兵を右翼の背後に備えて、これに秘密の命令を与えた。これは敵の優勢なる騎兵の突撃に備えんがためである。

これに対して敵軍は、ポンペイ自ら右翼を指揮し、左翼はドミチアス、本隊は岳父スキピオ。

さてシーザー、いよいよ軍隊を進めはじめたとき、フト一人の老功勇猛なる大隊長《センチュリオン》

が、部下を鼓舞激励しているのを見て、大声でこれに呼びかけた。

「おおい、クラスチナス、今日の戦争は何うじゃね。」

すると老勇大隊長は、手を揚げて叫んだ。

「閣下、勝利は正に味方のものですぞ。必らず素晴らしい大勝利です。小官《わたくし》は生きても死んでも、決っと御大将の御称讃《おほめ》にあずかる決心です。」

こう言い捨てて、彼は部下百二十人を引具れ、ドッと敵陣のなかに躍りこみ、忽ち第一線を突破し、第二線、第三線と、傍目も振らず突撃したが、敵兵の延ばした剣が、力一ぱい彼の口に尖っこんだので、鋒鋩《きっさき》は後頸《ぼんのくぼ》へと突き通った。

歩兵がこうした肉弾戦をやっている横合から、風の如くに現われたのは、有名なるポンペイの慓騎兵。ポンペイの左翼から猛然と進み来って、シーザーの右翼を押し包まんとした。流石のシーザー軍、呀《あ》ッと思わずたじろく程こそあれ、その背後から俄かに喊の声が起って、敢然とこの慓騎兵に討ってかかった一隊があった。これぞかねて匿しておいた六聯隊の精鋭であった。

彼等は何時ものように、投槍《ジャヴリン》を投げようとはしなかった。近寄っても、腿や脛を撃とうとしなかった。これがシーザー秘密の計略の一つで、長剣と長槍を空中に閃めかせながら、ただ一途に敵の騎兵の顔に斬ってかかったのだ。

肥馬に鞭ち、美々しく装うた敵の騎兵隊は、何よりも軍容《すがた》を大切にしていた。そこへもって、目の前にピカピカと剣戟が閃くので、思わずハッと面をそむける。その機を外さず六聯隊は、ドッとばかりに襲いかかったものだから、何条もって堪るべき、敵の左翼はここに総崩れとなった。

このときのポンペイは、もはや昔日のポンペイではなかった。少なくとも、嘗て『ポンペイ大王』と謳われたものであることを、自ら忘れ去ったかの如くであった。自《おの》が騎兵が四途路《しどろ》になって潰乱するのを見ると、鬼神に撃たれて知覚を喪ったもののように、呆然として一言も発せず、陣屋に退いて空しく成行を待つのみであった。

ついに全軍潰敗し、シーザー軍が塹壕を飛び起し、塁柵を乗り越えて、営内にまで斬りこんだと聞いたとき、やっと夢から覚めたように、

「なに、わが営内にまでもかッ。」

と一声叫んで、やにわに大将の徽章や服飾を脱ぎ棄て、一兵卒に装って、密かに落ちて行くのであった。

ここが、その意気において、すでにシーザーの敵でなかったところである。シーザーは戦いが始まるとき、

「今日の夕刻には、敵の軍営を占領するのだ。塹壕はもはや要らないぞ。」

と、兵に命じて塹壕を埋めさせて戦ったのがシーザーだ。気宇すでに敵を吞んでいる。

やがてシーザーは、ポンペイの軍営に乗りこんで、散乱している屍体や、瀕死の敵兵な

どを見て、思わず眼をそむけて呟いた。

「自業自得とはいいながら、彼等は予を駆って、この惨酷な所業《しごと》をさせたのだ。われ若し軍隊を投げ出したならば、彼等は決っとこのシーザーを、罪囚として斬り殺しただろうからな。」

シーザーは虜にした兵隊は、大抵これを自分の軍隊に編入した。数多の名士や貴人は赦して、その罪を問わなかった。後にシーザーを殺したブルータスやカシアスも、その寛典に浴した一人であった。

シーザーは戦勝の記念として、テッサリア人に自由独立を許し、さて敗走するポンペイを追って、懸軍万里、長駆して埃及《エジプト》に入った。

しかしシーザーがアレキサンドリア府に着いたとき、ポンペイはすでに暗殺されたあとであった。テオドシウスがその首級《くび》を献じたとき、シーザーは悄然として顔を反け、ポンペイの印環を取って、ただ潸然と涙を落したのであった。


来たり、見たり、勝てり！


このとき埃及《エジプト》には、史伝に有名なる王妃、クレオパトラがいた。

クレオパトラは、シーザー来ればシーザーを悩殺し、アントニー来ればアントニーを弄

殺し、オクタヴィアス来れば三度び彼を艶殺せんとして成らず、ついに毒蛇に自ら噛まれて自殺したという。哲人パスカルをして、

「クレオパトラの鼻が一分低かったら、世界の歴史は違っていたろう。」

と嘆ぜしめたほどの、妖艶無比なる美人であった。

これより前クレオパトラは、宦官フォチナスに計られて、弟王と仲違いをし、当時幽閉の形であったが、シーザー埃及に来ると聞くや、ただ一人の忠僕を従えて、薄暮のころ、小舟に乗って宮城に近づいて行った。しかし人に見露わされたら一大事、自ら毛布に包まれ、荷物のように忠僕の背中に負われて城門に入った。

毛布の包みを解けば、パッと姿を現わしたのは、絶世の美人クレオパトラではないか。シーザーはまずその大胆さに心を奪われ、ついでその談話の嬌艶さに深く魅せられた。ついにクレオパトラと弟王とを和解《なかなおり》させ、二人を埃及に並び立たせることにしたのは、英雄ついに美女の一笑に克たなかったものか。

英傑シーザーと国色クレオパトラとの情事は、このときに始まった。

さてクレオパトラが、シーザーを背景として、権力を振いはじめたとき、不平満々、悶々の情に堪えないのは、今まで宮廷に勢を逞うしていた宦官フォチナスであった。彼は将軍アキラスと結んで、シーザー暗殺の陰謀を企て、それは和解祝賀の晩餐会の日と定められた。

危い哉、若しこのとき臆病者の理髪師の口《とこや》からその陰謀を耳にしなかったら、あわれ蓋世の英雄も、非命に死したかも知れぬ。シーザーは、疾風電雷、フォチナスを宴会の席上で殺したが、アキラス将軍は逃れて軍隊に帰った。

ここに第二の危難は、シーザーの身に迫っていた。何故なら彼は、僅か一握の兵をもって、一大都会、一大軍隊と戦わねばならなかったからである。

ファロス島の戦において、シーザーの軍艦は、埃及の艦隊のため、あわや全滅と見えた。防波堤の上から、これを眺めていたシーザーは、わが兵の危急を救おうと、一小艇に乗り込む折しも、埃及兵は四方から攻めかかったので、彼はザンブと海中に身を投じ、辛うじて命を助かったほどであった。

このときシーザーは、一束の貴重書類をもっていたので、片手に高くそれを差し上げ、片手で泳ぎ去ったということである。

シーザーが、アキラス将軍と、その党派に投じた国王との軍を破って、クレオパトラを埃及女王に立てたのは、こうした苦戦の末であった。

埃及を平定したシーザーは、亜細亜《アジア》に馬を進めて、忽ちにして小亜細亜地方を征服した。

「来たり、見たり、勝てり！（ヴィニ・ヴィディ・ヴィシ）」

という、僅か三字の有名な戦勝報告を、羅馬《ローマ》に送ったのは、このときであった。

かくしてシーザーは、赫々たる軍功に身を飾って、羅馬に凱旋し来った。人民は歓呼してこれを迎え、直ちにシーザーを、二度目の大総統《ジクテーター》となした。

しかしシーザーは、羅馬都城に、席温まる暇はなかった。ポンペイの岳父スキピオと、大政治家カトーとが、亜弗利加《アフリカ》に走って、ジュバ王の援助《たすけ》を得、シーザーを倒そうとしたからである。

シーザーの亜弗利加討伐は、度々の苦戦を重ねた。或るときの如きは、全軍総崩れとなって、一人の旗手が、シーザーの陣営に逃げこんで来ると、シーザーは突如その旗手の頸を捉んで、グッと敵の方を向かせて叫んだ。

「見ろッ、敵は彼方だぞ！」

悪戦苦闘の末、亜弗利加から帰城したシーザーは、さらに第三の征軍《いくさ》を起さなければならなかった。それは西班牙《イスパニア》において兵を養い、秘かに羅馬を窺いつつあるポンペイの二遺児を、討伐するためであった。

その最後の戦は、マンダ城であったが、このとき敵の鋒先は頗る烈しく、流石のシーザー軍も、あわや潰滅かと思われた。シーザー怒り心頭に発して、

「汝等はこの将軍シーザーを、小童の手に委せて、それで恥しいと思わないのか。」

と叱咤したので、兵は身を挺して戦い、ついに大勝を得ることができた。戦い終ってシーザーは、口を極めてポンペイの二遺児の武勇を褒め、

「今まで予は、勝利をえんがためにこそ、幾千度か戦って来たのであるが、生命を全うせんがために戦ったのは、今日が始めてであった。」

と言ったというから、その激戦のほども察せられる。

不思議なことには、この日は宛かも、四年前、かの大ポンペイを討伐すべく、羅馬都城を進発した日と、同じ日であった。

胸を蝕む大功名心

それがシーザーの戦った最後の戦であった。

海内平定して、羅馬《ローマ》はシーザーの歓迎に忙しかった。曰く大赦、曰く行賞、曰く凱旋式、あらゆる賞讃《ほめことば》は、シーザーの身辺に降りかかった。元老院はシーザーを終身の大総統《ジクテーター》にあげ、その彫像は所々方々の殿堂に建てられ、貨幣にはシーザーの肖像が鑄られた。

羅馬の権力を双の掌にしかと握ったシーザーは、いよいよ政治家としての彼の最後の事業に着手した。憲法の改正、暦法の修正、刑法の改定を行って、彼が多年計画したる正義の政治を行わんとした。嘗て希臘《ギリシア》が、その燦然たる文化により、芸術と哲学とを世界に遺したるごとく、シーザーの天才によって統一されたる羅馬は、このシーザー法典の名において、世界のために、人類社会を統制する秩序ある政治組織の範を遺したのである。

かくしてシーザーは、功成り名就《と》げた人であった。終身の大総統として、その権威は君王を凌いだ。旧敵ポンペイの像の倒れていたのを見て、それを立て直したことは、さらに民衆の人望を増した。雄弁家シセロをして、

「シーザーはポンペイの像を興すことによって、すでに己の像を立ててしまった。」

と、嘆ぜしめた。シーザーの名は、羅馬市民の間に、神のごとき響をもつに至った。

しかるにこの得意の絶頂にある筈のシーザーの顔色には、何時からともなく、怏々として悦しまざる色が濃くなっていった。

何故であるか。

思えばシーザーの一生は、戦の一生であった。シルラ権を握ればシルラに抗し、ポンペイ覇を称すれば、ポンペイを倒した。彼の生涯は、敵手を倒覆《くつがえ》すために費され終《しま》ったと言ってもよい。そしていま、大ポンペイとその一党を亡ぼし尽し、天下彼の力を用うべき目標がなくなったとき、彼の胸中、一抹の寂寥《さみしさ》の湧き起るを覚えなかったであろうか。

いや、シーザーは、敵手を亡ぼしつくしたその刹那において、はやくも、それより怖るべき強敵と、取組まなければならなかったのである。

その強敵とは何ぞや？　自己の胸を蝕む大功名心がこれであった。

征戦幾十年、四海平定の大業を成就したのは、この胸中の大功名心に、満足を与えんが

ためであったのだ。そしていま、この功業が認められ、終身の大総統となった今日のこるところはただ一つ『帝王《インピラトール》』の栄冠を戴くことだけではないか。

シーザーが、アルバン祭からの帰途《かえりみち》、一隊の市民たちは、

「帝王《ていおう》万歳！」

と歓呼した。ところが一部の不平なる市民が、ブツブツと呟いて、その喝采を中止させたので、シーザーは、

「予《わし》の名は帝王《インピラトール》ではない、シーザーである。」

と言って、平然たる態度を装ったが、彼の顔には明らかに、何となく不快げな色が蔽われていた。

リュパーカリアの祭の日、シーザーは凱旋服を着て、威儀堂々と、黄金製《こがねづくり》の椅子の上に坐し、高台の上から、その祭を見ていたが、このとき腹心の部将アントニーは、祭列のなかから進み来って、月桂の王冠を彼の前に捧げた。

これを見て、各所にバラバラと拍手の音が起った。しかしその拍手は、少数のシーザー党のものだけに過ぎず、四辺には不平の色が多かった。シーザーは賢くも、徐に立って、

「羅馬の王たるものは、ジュピターの神のみである。」

と叫んで、その王冠をジュピターの神像にかむせると、こんどこそは市民が一斉に声高く喝采した。そしてシーザーの胸中には、苦い失望の汁のみが残された。

その後まもなく、処々に立てられていたシーザーの像が、何時か知らぬ間に、王冠で飾られてあった。しかるにその王冠を、護民官たちが捥取ると、市民たちは護民官を歓呼して、その背後を追って街を走りまわった。

かくして羅馬が、シーザーに『帝王《インピラトール》』の名を与うるを悦ばないことは、いよいよ明らかになった。市民は彼に、帝王《ていおう》以上の威権は与えても、帝王の名を惜んだのである。

それが彼の怏々として悦しまざる原因であった。

シーザーもまた、身に迫り来る危険を、予感していたらしかった。

「予の生命が欲しいというなら、何時でもいい、これを突出して予は待っている。」

と、咽喉を露《あら》出わして、友人に言っていた。しかし護衛兵を率ゆることを勧めるものがあると、シーザーは、

「年中死を懼れてビクビクしているよりも、いっそ一思いに潔く死んだ方がましだ。」

と言って、それを却けた。

そのうちに、シーザーの死すべき日は、刻一刻と近づきつつあった。

ポンペイの像の下に

シーザー暗殺の怖るべき陰謀を企てたのは、嘗ってシーザーに宥されて、奉行職《プリートル》にあ

げられた、カシアスその人であった。シーザーもまたその危険を、薄々は感じていたものであろう。或る人が、アントニーに陰謀があると告口したとき、シーザーは言った。

「あんなデブと肥った淫佚家は怖くない。恐ろしいのは、色蒼ざめた瘠ッポチだ。」

暗にカシアスを指したものである。またこうも言った。

「君たちはカシアスが何を企らんでいると思うか。何うも予は彼が気に喰わない。彼は色が蒼ざめている。」

しかしカシアスは、自分に人民の人望がないことを、よく自分で知っていた。そこで彼は、手を代え品を変え、高潔の聞え高かりしブルータスを、その一党に引入れようと企てた。ブルータスはシーザーの信任最も厚く、嘗つてブルータスの害心あることを告げたときも、シーザーは笑って、

「ブルータスは、予の肌膚《はだ》が枯れるのを待っているであろうよ。」

と言ったくらいだ。ブルータスもその恩義を深く心に銘していたから、彼の心は、いかなる誘惑にも動かなかった。が、ただ一つ、シーザーが帝王の野心を抱いているという疑いには、いたく心を動かされた。それはこのブルータスこそは、専制政治を打ち破って、羅馬《ローマ》に平民政治を打ち建てた、古ブルータスの子孫であって、専制打破はブルータス家の神聖なる使命であると、信ぜられていたからである。

その隙に乗じたのがカシアスであった。そしてブルータスを一党に引入れることによっ

て、シーザー暗殺の計画は成った。

時に紀元前四十四年、シーザー五十六歳の春三月十五日、彼が民衆的人気の絶頂に立っていたときである。

運命は知るべからずというが、寧ろ運命は避くべからざるものである。げに不思議なるは運命ではないか。シーザーが犠牲を神に捧げているとき、天には怪しき光が輝き渡って、唯事ならずと思われた。予言者はこれを占って言った。

「三月十五日には、シーザーの身に一大事がござろう。」

シーザーは笑って気にかけなかったが、いよいよ三月十五日が来て、元老院に往こうとすると、先の予言者がまた顔を現わした。

「おい三月十五日は来たが、何のこともないではないか。」

「けれども三月十五日はまだ過ぎませぬ。」

予言者はこう言って立ち去ったが、不幸にしてその言葉は当ったのである。

その前夜、シーザーの妻カルパニアは、血に塗れたシーザーの屍を抱いて、哭《なげ》き悲しむ夢を見て、フト眼を覚まし、不思議な胸騒ぎを感じた。それで、夜が明けると直ぐに、泣いて今日の外出《そとで》を、思い止まらせようと懇請した。

これにはシーザーの心も大いに動いた。妻カルパニアは、平常《ふだん》、そんな女らしい迷信の絶えてない婦人だったからである。シーザーは元老院に行くことを中止することに決心した。

そこにアルビナスという男がやって来た。カシアス陰謀団の一員である。

「元老院は今日、お召によって集会し、満場一致をもって、シーザー閣下に、伊太利《イタリー》外諸国の王号を奉ろうとしているではありませぬか。それを夢見が悪かった、カルパニア様が吉夢を見るまで、元老院の集会は中止だなどいうことが、何うして言えたものでございましょう。」

言葉巧みにおびき出したので、シーザーは再び意を決して、元老院に行くこととなった。

羅馬の群衆は、街頭に立って、彼等の偶像たるシーザーの英姿を眺めていた。シーザーは、寛濶なる羅馬衣裳に包まれて、静々と元老院に赴いた。その群衆を掻きわけて、密《そ》っとシーザーの手に、一片の紙を渡したのは、アルテミドラス。

「密っと自分で、急いでこの文を披き給え。大切のことが記されてあるぞ。御身にかかる一大事ぞよ。」

これはシーザーが、何時でも自分で手紙を披かず、秘書官に読ませる癖があったからである。

しかしシーザーは、途々請願者に遮られて、その文を披くひまもなく、そのままに登院した。それが彼の運命の最後であった。

この日の悲劇の舞台たる元老院議壇の正面には、ポンペイの像が立っていた。カシアスは念ずるごとくに、見上ぐれば、無心の像も微笑むかに思われた。

しかしシーザーの傍には、かの勇猛比なきアントニーが、影の形にそうごとく、つき従っている。カシアス目くばせすれば、狡児アルビナスは、アントニーの袖を引止めて、つまらぬ長談議で彼の入場を妨げた。

シーザーが座席に着くと、一同は起って敬礼した。つかつかと進み出たのはシンバーで、兄弟が配所から宥されんことを請願しはじめた。シーザーが坐ったままで拒けると、シンバー暗殺者の一隊は、シンバーに助言する風をして、何時の間にか、ぐるりとシーザーを取り巻いてしまった。

突如シンバーが、シーザーの外衣《マント》を、彼の頸から引き取った。

それが合図であった。

カスカが背後から躍りかかって、グザと白刃《しらは》をシーザーの頸に斬りつけた。豪気のシーザーさっと身を転じて、その刃を手に摑み、

「卑怯者！　カスカ！　何をする！」

カスカはそれと同音に叫んだ。

「かかれ！　兄弟よ。」

シーザーの前後左右には、抜きつれた六十の剣の林が、氷のように光っていた。

そして、その正面には、彼の心友ブルータスの白刃《はくじん》があった。

「ブルータス！　汝《おまえ》もか！」

一声叫んで、シーザーは、外衣《がいい》をもって頭を被い、さらに衣を全身に引き廻し、取り乱すことのないよう身を包んで、撞《どう》とばかりに床に殪れた。

素破《すわ》！　刺客等は躍りかかって、二十三太刀斬りつけた。思い出多き羅馬議政壇上を、一代の英傑の鮮血に染めつつ。

ポンペイの像は、黙々として、その上から瞰下ろしていた。

高士ブルータス

シーザーとブルータス

シーザー暗殺の陰謀を企てたのは、焦燥カシアスの佞弁であった。しかしその首領となったのは、高士ブルータスの徳望であった。シーザーに最初の刃を加えたのは、カスカの邪剣であった。しかし最後の止めを刺したのは、ブルータスの義刃であった。

「ブルータス、汝もか！」

英傑シーザーの最後の言葉は、千万無量の思いを籠めている。しからばブルータスとは、如何なる人であったか。

ブルータスの遠祖は、ジュニアス・ブルータス、時の暴君タークィンを追いだして、羅《ロー》馬《マ》の自由を保護し、功業なみなみでなかったので、羅馬の市民は銅像を議事堂に建てて、永遠に人民感謝の意《こころ》を表した。像は手に抜刀を提げた凜々しい立像で、よくその勇気と果断とを現わしている。

ブルータスはその血を享けて――少なくとも自らその血を享けたと信じていたので――彼は生れ落ちるとから、専制政治を打破することが、その生涯の使命であると思った。その性質は善良、加うるに学問と修養の力によって、荘重温和なる性情を磨き、政務に対する練達を加えて、当代一の徳望の士と仰がれていた。

当時の羅馬は、シーザーとポンペイの両雄が、互に覇を争う時代であった。世人は誰一人、ブルータスが、シーザー側につくであろうことに、疑を挿むものはなかった。彼の父を殺したのはポンペイの命令であって、言わばポンペイは、不倶戴天の親の仇だからである。

ところが、彼は、シーザーに与せずして、自らポンペイの陣屋に赴いた。

「私情をもって国事を謬ってはならぬ。親の仇というは私情だ。平民国に帝王を許すのは、黙すべからざる国事である。」

そこにブルータスの本色がある。後にシーザーを誅した動機もすでにこのところにかくれていた。

ポンペイは、思いがけないブルータスの到来を見て、且つは驚ろき且つは喜んで、多勢の人が見ているにも拘らず、そそくさと椅子から起ち上り、いきなりブルータスに抱きついて、

「ブルータスこそはわが軍の明星なるぞ！」

と、敬《うやうや》しく彼に敬礼した。しかしブルータスは、心中、父の仇敵《かたき》と言葉をかわすのも汚らわしいと考えたのか、路でポンペイに逢っても、敬礼一つしなかった。そこにやはりブルータスらしい厳粛さがあった。悪く言えば偏屈である。それほど恨んでいるならば、ポンペイに与せなくてもよさそうなものだのに、主義のためには私情を殺すという、後のシーザー暗殺は、やはり同じ性情から発したものである。

ブルータスは、ポンペイの軍に投じてからも、独り読書に余念がなかった。明日はいよいよ決戦という前夜、来らんとする激闘を思って、三軍の夢安からざるとき、彼はひとり孤燈の下に、哲学の筆を走らせていた。

時は夏のさなかで、暑気《あつさ》は焼くようであった。軍営は泥地の傍にあったので、臭気芬々と鼻を撲ったが、ブルータスは正午《ひる》前にチャンと香油を灑ぎ、頭髪を正しく梳ずり、質素な食事を終えていた。いかにもブルータスらしい身躾《みだしな》みである。

このファッサリアの一戦に、前にも述べた通り、ポンペイ軍は潰滅したので、ブルータスは裏門から落ちのびて、背後の沼の蘆葦《あし》のなかに潜み、夜に乗じてラリッサに遁れた。ここで彼は、一書をシーザーに送ると、シーザーは喜んで彼を迎え、自分の主な友人の列に加えた。伝うるところによると、戦前シーザーは、自分の将士に向って、

「決してブルータスを殺してはならぬぞ。若し降らば許して曳いてこい。若し降らないときは、殺すよりも逃がしてやれ。」

と、厳命していたということである。これはブルータスの高徳を慕っていたからであろう。シーザーは一体、他に何んな欠点があったにしろ、この一技一能を愛して、人を憎まないという美点をもっていた。たとえ主義の上では仇敵の人でも、尊敬すべき人物に対しては、人間としてその人を愛しなくてはいられぬ人であった。この点が、私情を殺して主義を貫こうとしたブルータスと、ちょうど正反対である。

ブルータスに高士の名は許されても、なお英傑をもって称しがたきは、そのためである。英傑の特徴たる、人情味を欠いているからだ。

ブルータスは常に言っていた。

「懇望にほだされる優しい心は、人によれば善い性情と褒めるけれども、大人物にとっては、これぞ最悪の恥辱である。」

また言った。

「他《ひと》に懇望されて、否と言うことのできぬ人は、青年時代を無為に過した人である。」

ブルータスはそんな性情《たち》の人であった。

或るときシーザーは、ブルータスの演説を始めて聴いて、その友に私語《ささや》いて言った。

「この青年は、何んな計画を胸に蓄えているか知らないが、何事にでも、彼は全力を注いで、それに熱中したら、人情も利害も考えない人物だ。」

よくブルータスを識る人の言葉といわねばならぬ。

ブルータスよ汝《なんじ》は眠ってる

シーザーは心からブルータスを愛した。あまりシーザーが、ブルータスを可愛がるので、

「ブルータスはシーザーの私生児《かくしご》だそうだ。」

と、蔭口を聞く人さえあった。果して然るか否か、今となっては詮索の限りではないが、少くともシーザーが、わが子のごとくブルータスを愛したのは、これで以ても判る。

そこに奉行《プリートル》選任問題が起った。

世人はこの奉行職には、カシアスかブルータスか、何ちらかが選ばれるだろうと想像していた。ブルータスは高徳の誉こそ高かったが、閲歴の見るべきものはなかった。カシアスは軍功はあったが、信望に欠けていた。

シーザーは二人の資格を比べて見た後、左右を顧みて言った。

「資格はカシアスの方が上じゃが、第一奉行の職は、ブルータスにしよう。」

そしてカシアスには、他の奉行職が与えられた。しかしカシアスは、第二奉行の職が与えられた恩よりも、第一奉行の職を失った怨の方が深かった。カシアスがシーザー暗殺を計画したのは、この私怨を晴らさんがためであったと伝えられている。

しかしこれでは少しカシアスが可哀そうだ。カシアスという男は一体、少年時代から、暴君や専制政治家に対して、憎しみの心をもちつづけて来た人間であった。小学校時代、級友に、シルラの子フォスタスという少年があって、父親の威光を鼻にかけ、一人で学校で威張っていた。それがグッと少年カシアスの癪に障った。そして突《つ》と起ち上るや、いきなりフォスタスの横ッ面を二つ三つ殴りつけた。

シルラの親族たちは怒って、この事件を調査し、直ぐに少年カシアスを告訴しようとしたが、ポンペイが仲に入って、この二少年を招びつけ、自分でそれを吟味した。

このときカシアスは、ポンペイの見ている前で叫んだ。

「おい、フォスタス、僕を怒らせたあの言葉を、も一度ここで言ってみたまえ。俺はポンペイの前で、も一度殴ってやるから！」

実に男らしい気象である。しかしその性情は、あまりに激烈に過ぎ、いささか浅慮短見のそしりを免れなかった。故に平民政治の羅馬《ローマ》では、何うしても人民の信望を繋ぐことはできなかった。あまりに癇癪持で、陰気で、そして猛烈であった。この点は温厚篤実なブルータスと正反対だった。

だからシーザー暗殺の一件についても、何うも、いいことは全部ブルータスの故にし、悪いことは全部カシアスに塗りつけられているような観がある。こうなると後世の歴史というものも案外に不公平なものだ。

要するに、ブルータスは、理性で考えた主義の上から、シーザーの専制政治に反対した。カシアスはその性情として、全身全霊をもって専制政治家を、媢《そね》み且つ憎んだのである。この点から、ブルータスは公義である、カシアスはむしろシーザーの一身に対する憎みであったといわれるのであろう。

かくしてカシアスは、シーザー暗殺の計画を立てたのであるが、友人を説いてまわると、誰もが異口同音に答えた。

「そうさね、ブルータスが首領《かしら》になることを承知するなら、加盟してもいいが。」

彼等はカシアスの辣腕はこれを尊敬していた。手腕においては、たしかにシーザーに次ぐべき人物である。しかしブルータスは、その行為を神聖にする正人義士であった。何んなことでも、ブルータスが加わってさえいれば、『ブルータスのやったことだから、きっと正しいことにちがいない』と、世のなかの人は考えるだろう――とは、衆人の期せずして考えていたところである。

そこで友人たちは、遠まわしにブルータスを説いた。

「君、シーザーに懐柔されちゃ不可んよ。シーザーは君を第一奉行に任命したが、あれは君の徳行を表彰するためではなくって、君の硬骨を曲げようと思ってやったことなんだ。」

しかしブルータスは取り合わなかった。

そのうち、奇怪なことが起りはじめた。かの昔し王政を覆した古ブルータスの立像の下には、こんな落書が現われた。

「嗚呼、ブルータス、いま何処にありや。」

「ブルータス出でずんば蒼生を奈何せん。」

それから、毎朝、ブルータスの坐る台席の前には、こんな文字が書かれてあった。

「ブルータスよ、汝《おまえ》は眠っているのか。汝は真個《ほんと》のブルータスではないのか。」

これが、ブルータスの心を動かした。古ブルータスの後裔であり、平民政治の守護者をもって自ら任ずる、彼の誇りを傷けられたからである。

才能ある人は、才能のために事を敗り、自誇《ほこり》ある人は、誇りの故に他《ひと》に乗ぜられる。

情か義か

そのころからブルータスの胸中には、一つの煩悶が起った。素よりシーザー暗殺のことなどは、念頭にもなかったけれども、彼の心は、情と義との二途に行き悩んだのである。

情を以てすれば、シーザーは、自分を子のように愛してくれる、懐しき恩人である。しかし義を以てすれば、彼は自ら帝王たらんことを望む専制政治家だ。義によって起てば、シーザーの信任を裏切って、命の恩人に裏切らねばならぬ。しかし情に負ければ、先祖以来、平民政治の守護者たる名誉は、汚されなくてはならぬ。

ブルータスは左右《とこう》の思い胸に往来して、何れとも決しかねた。そこに漂然と、カシアスがやって来た。

カシアスは元来、ブルータスの妹婿である。ファッサリアの戦後、カシアスの命乞いをシーザーにしてやったのもブルータスであるが、かの奉行職《プリートル》問題で、二人の間は不和になり、それ以来初めての訪問である。

復和《なかなおり》の挨拶を交換した後、カシアスは何気なく問うた。

「時に君、三月一日の元老院には出席するかね、当日シーザーの腹心のものは、シーザーを帝王《インピラトール》とする動議を提出するそうだが。」

するとブルータスは、慨然として答えた。

「予《わし》は出席しない。」

「しかし若し招びに来たら?」

「その時こそは、義務に殉ずる時だ。不正は黙することはできぬ。敢然起って反対する。いや羅馬《ローマ》の自由のためには、この一命を投げだしてもいいのだ。」

ブルータス、トンと胸を叩いて、意気昂然と答うれば、してやったりとカシアスは、いかにも感動したような語気で言った。

「実に立派な御精神、われらは愧《はずか》しい次第である。しかし羅馬人は君を、おめおめ死なせるようなことはあるまいよ。ブルータス君、君の奉行の台席に書いてあるあの文字を、君は一体何と読んでいるか。あの文字は、車夫馬丁の書いたものと思ってるのか。他の奉行に対して、羅馬市民の望むところは、せいぜい決闘戯《グラジエートル》を無代《ただ》で観せて貰うくらいなことであるが、君に対して市民の要《もと》めているのは、君の家の伝統たる圧制政治の顛覆なのだ。羅馬市民の望むところによって、君が一たび起ったるとき、彼等は君のために、恐らく水火に飛びこんでも、辞せないものだろうと僕は信ずるね。」

心の秘密はまだ打開けないが、今日の瀬踏はまず上々と、カシアスは胸のなかで微笑みながら、ブルータスの耳に毒汁を注いで、帰って行った。

それから間もなく、ブルータスは、秘密結社のうちの一人、リガリアスという男を訪ねて行くと、恰かもリガリアスは病床にあった。

「リガリアス君、この有為の日に、何だって、病気なんかになって寝てるんだ。」と、何時になくブルータスが笑談を言うと、リガリアスやおら身を起こして、枕にもたれながら、彼の手を執って言った。

「ブルータス君、君が若し、ブルータスたるに愧じぬような計画をもっていてくれるなら、リガリアスは病気でも寝てなんかいはしないんだぞ。」

この意味あり気なリガリアスの一言。ブルータスは思わず慄然とした。

かくしてブルータスの心が、ようやく動きはじめたのを見て、今は心安しとカシアスが、その秘密を語り明かせば、ブルータスもついにそれに同じて、自ら首領となることを諾した。それを聞いて、来り投ずる人も多かった。

かくして同志はすでに成ったが、ブルータスは、羅馬の名士貴族の安危、一にかかって自己の責任であることを考えては、その心労も大抵ではなかった。

昼の間、法廷に出て公務を見ているときは、心頭澄めるが如きブルータスであるが、夜は心の煩い一時に発するのか、或る時は夢に驚いてハッと飛び起き、或る時は椅子にもたれて、ただ深き物思いに沈んだ。それにまず気付いたのは、妻ポルシアの敏感なる愛であった。

ポルシアは有名な哲人政治家カトーの女で、世に賢婦人の名が高かった。夫の胸に一大事の秘密があることは、慧《ひと》くも覚ったけれども、女は口のさがなきもの、自分が万一それを明かされても、断じて他には洩らさぬだけの、堅固な意志があるか何うか、それを験して見るまでは決して夫の秘密を問うまいと、決心したのであった。

彼女は密っと短刀取出し、火影にジッと見詰めていたが、何思いけん、グザと自分の腿を一抉り、……そしてそのまま寝床のなかにもぐりこんだ。血は流れ、痛みは激しかったが、ポルシアはジッとそれを堪えていた。

あまり発熱《ねつ》が高く、妻の病勢が心配なので、ブルータスは憂わしげに、その枕元に立っていると、彼女は愛する夫の手を握って、始めて心底を打明けた。

「ブルータス様。貴君《あなた》はカトーの女を娶られましたとき、貴君の御心は、世の浅い夫婦の交りではなくて、この婦女と運命を共にしようという、有難い思召でありました。いま貴君の胸のなかには、一身に関わる一大事が秘んでいます。その御悩を私が、共に分つのでなくては、この溢るる愛情も何の役に立ちましょう。女ながらもカトーの娘、ブルータスの妻でござります。若しや事に当って心後れはせぬかと、自ら試みて、これ、この通りでございます。」

見れば妻ポルシアの腿には、鮮血淋漓たる傷がある――ブルータスは妻の殊勝な心に打たれて、手を天に挙げて神に禱った。

「願わくは神よ、かかる健気なる妻の夫として、愧じざるものとならしめ給え。」

そしてここにブルータスは、その国家の一大事を打ち明け、懇ろにポルシアを慰めた。

そのうちついに、例の三月十五日は来た。

三月十五日の悲劇

夜が明けると、ブルータスは、一口《ふり》の短剣を外衣の下にかくして、出て往った。ポルシアのほか、そのことを知るものはなかった。他の人々は、カシアスの家に集った。

こうして彼等は議事堂に行って、シーザーの現われるのを待っていたのであるが、胸のなかは気が気ではなかった。陽はすでに中天にかかって、時間は容赦なく過ぎて行くのに、シーザーの姿は見えなかった。

ひとりブルータスは、泰然と落着いていた。被告がブルータスの判決に不服を述べて、シーザーに上告しようと言うと、彼は静かに法廷を見廻して言った。

「シーザーは予を信じている。予の下した判決を、かれこれ言う筈はない。」

その落着き払った態度。誰がそれを、一時間のうちに迫った大陰謀を抱く人と、疑うものがあったろう。

そのうちレーナという元老院議官が、慇懃にブルータスとカシアスに挨拶して、低声《こごえ》で二人に耳打ちした。

「御両所の成功を祈りますぞ。遅れ給うな。事はもはや秘密ではないのですから。」

そしてサッサと通り過ぎた。彼等は思わずハッとした。すっかり事が発覚してしまったな、と、思ったからである。

其処に、ブルータスの家から、急使が飛んで来た。

「ポルシア様が御危篤であります。」

ブルータスはもう気が気でない。それもそうであろう。あれほど意志堅固なるポルシアながら、夫の一大事と思えばこそ、小さな物音にも破鐘のように、病の身を飛び起きて、扉《ドア》のところに駆け出し、しきりに安否を訊ねていたのが、ついに心の激動に堪えかねて、寝室に退くひまもなく、バタと床の上に昏倒したのであった。

しかしブルータスにとって、この一家の悲哀《かなしみ》も、国家の一大事にはかえられなかった。

そのときシーザーの輴《かご》が、群衆の歓呼の声をわけて、静々と議事堂に近づいて来た。シーザーが輴から降りると、例のレーナがつかつかと近寄って、しきりに何か低声で話しはじめた。しかもながい。シーザーは、フム、フムと点頭いている。前の奇怪な言葉といい、彼奴てッきり密告したな。

彼等は目と目を見合せて、無言のうちに点頭きあった。空しく待って捕えられるより、みんな自殺して相果てよう。

その長い外衣の下に、思わず短剣の柄を、きッと握りしめた。ひとりブルータス、

「逸まるな！」

口ではまさか言うことはできないから、わざと快活な面持で、他の人々に話しかけ、暗に彼等を励した。

そのうちシーザーは、何事もなく、レーナの傍をはなれて、議壇の上に登った。一同思わず吻っとした。やっぱり密告ではなかったのだ。

かくして三月十五日の一大悲劇は起ったのだ。

「シーザー暗殺さる！」

この一大悲報が羅馬《ローマ》の市《まち》に伝わると、全市はまるで鼎の湧くような有様となった。その

間をわけて、ブルータスの一党は、道すがら血まみれの手を示し、口々に人民の自由を唱えながら、進んだ。

公開場《フォーラム》に着いたとき、動揺混乱せる群衆を前にして、ブルータスは起ち上った。

「愛する羅馬の市民諸君！」

市民たちは、尊敬せるブルータスの姿を見て、ハッと静粛にかえった。

「ブルータスの人格を信じて、静かに聞いてくれ給え。そして冷静に判断して頂きたい。若しこのうちに、シーザーを愛する人があるならば、私はその人に言いたいのだ。私のシーザーを愛する情《こころ》は、何人にも劣らないのであると。しからば何故私はシーザーを殺したのか？　シーザーを愛するの情浅きにあらず、羅馬を愛する心が深かったからだ！

諸君はシーザーが生き存らえて、羅馬人が奴隷となるのを欲するか。或はまたシーザーが死んで、羅馬人が自由となるのを欲するか。

シーザーは私を愛してくれた。故に私は彼のために泣く。彼は幸運であった、故に私は悦んだ。彼は勇敢であった故に、私は彼を崇拝した。而して彼は野心を抱いたが故に、私は彼を刺したのである。

諸君のうちに、自ら奴隷となることを望むような、卑劣な人があるであろうか？　若しあらばそう言って頂きたい。私はその人に罪を犯したのだ。羅馬人たることを願わないような、野蛮な人があるであろうか？　あらばそう言って頂きたい。私はその人に罪を犯したのだ。誰か国を愛さないような、唾棄すべき人があるであろうか? あらばそう言って頂きたい。私はその人に罪を犯したのだ。」

いかにもブルータスらしい、理路井然、しかも秋霜烈日のごとき雄弁である。群衆は口々に、声をあげて叫んだ。

「ないぞ、ブルータス!」

「そんなものは一人もないぞ。」

そこでブルータスは語をついだ。

「よろしい。然らば諸君は、シーザーを刺したのを咎められないのだ。シーザーの死の顛末は、議事堂《カピトル》の記録に載せてある。彼の功蹟はもはや傷けられるようなことはあるまい。も一度私は繰り返えして言う。私は羅馬のために、涙を振って最愛の親友を刺したのだ。羅馬が若し私の死を望むときが来たならば、私は何時たりとも、その同じ短剣でもって、死ぬることを、辞せないものである。」

アントニーの大雄弁

ブルータスの演説中に、アントニーはシーザーの遺骸を護って、公開場《フォーラム》に現われていた。彼はブルータスの雄弁が、群衆を動かしたのを見た。そして喪服を着けた身を演壇に現わすと、最も敬虔な態度で語りはじめた。

「諸君！　私はシーザーを葬るために参ったのであって、彼を賞讃する心算は毛頭ない。熟々思うに、人が一たび死んでしまうと、悪事はながく伝わるけれども、功蹟は骨と共に埋められるのが常である。シーザーだってその通りだ。高潔なるブルータス君は、シーザーに野心があったと申されましたが、果して事実とすれば、誠に許すべからざる過失であって、その悲惨なる横死も、素より当然のことといわねばなりませぬ。」

ここまで諄々と、静かに物語っていたアントニーの演説は、ここらあたりから、次第に熱を帯びて来た。

「シーザーは私の心友であった。私に対しては、信義あつき公正な人であった。しかしブルータス君は、彼に野心があったと申されます。しかもブルータス君は、徳高き人である。シーザーは数多の捕虜《とりこ》を羅馬《ローマ》に曳き帰り、償金は悉く国庫に納めました。それでも彼は野心があったように見えたでしょうか。貧しき人々が泣き叫ぶのを聞いたとき、シーザーは涙を流して悲しみました。野心とはもっと苛酷なものである筈だ。しかしブルータス君は、シーザーに野心があったと言われる。そしてブルータス君は高徳の士である。

諸君も見られた通り、リュパーカリアの祭の日、私は三度まで彼に王冠を捧げました。それをシーザーは、三度とも拒けた。これでも野心があるのでしょうか。しかしブルータス君は、彼に野心があるといわれ、ブルータス君は徳高き人であります。

私はブルータス君を反駁しようとは思わない。ただ私の知っている事実だけを語るのだ。諸君は嘗ってシーザーを愛慕していた。それは決して謂れなきことではなかったのだ。然るに何ぞや、何故諸君は、彼を哀悼することを差控えるのであるか。御免下さい。私の心はシーザーと一緒に、柩のなかに入ってしまったのか、私はもう口が利けないのです。」

これ実に天下の大雄弁である。ブルータスが聴衆の理性に訴えたに対して、アントニーはこの激変に動き易くなった群衆心理を見てとって、自らの情熱をふりしぼり、それによって、大衆の感情に訴えようとしたのだ。

それは次第に群衆を動かしはじめた。

「なるほど、アントニーの言うことも尤もだな。」

「見ろ、可哀そうに、眼を泣きはらしているぜ。」

そんな呟きが、群衆のうちに起った。アントニーは語りつづけた。

「ほんの昨日まで、シーザーの一言は、天下万邦と対抗する力があったのだ。そのシーザーはいま、黙って此処に横っているが、物乞う乞食すら彼に礼拝しようとはしないのである。諸君、若し私の申したことが、諸君の感情や理性を搔き乱したならば、何うかお許し願いたい。ブルータス君やカシアス君にも相済まぬ。この方々は徳高く名誉ある人々であるから、こんな立派な方々を傷けるくらいなら、むしろ死屍に鞭ち、また私自身や諸君を傷けた方がいいのだ。しかしここにシーザーの遺言状がある。私はこれを彼の居間で発見《みつけ》たんだが、これは読みあげません。若しこの遺言《かきおき》の内容をちょっとでも洩らしたら、それこそ諸君は彼の死骸を抱いて、逝けるシーザーの傷口に接吻されるであろう。あの真紅な聖い血にハンケチを浸して、ながく彼の記念とせらるるでありましょう……が、私は読み上げません。」

群衆は囂々として騒ぎはじめた。

「遺言状！　遺言状だ！」

「遺言状を読め！」

アントニーはそれを手で制しながら再び口を開いた。

「いや、お許し下さい。それは読んではならないのです。諸君は木石ではない。すでに人間である以上、私が若しシーザーの遺言《ゆいごん》を読んだら、諸君は感激のあまり熱狂さるるにちがいない。諸君がシーザーの遺産の相続人だというようなことは、知らない方がいいんだ。若し知ったら、おお、何んなことになるかも知れない！」

群衆の心は焦ら立ちはじめた。『遺言状を読め！』という声は、ますます高くなった。それが高くなればなるほど、アントニーは躊躇した風を示した。

「いや、待って下さい。私はつい口を滑らせて、この話をしてしまったんだが、私の怖れるのは、あの名誉ある方々、シーザーを短剣で突き刺した高徳の方々に、若しや害を及ぼしはしないかということなのです。」

「構わん、彼奴等は謀叛人だ。」

「遺言状だ！　遺書だ！」

「では何うしても遺言状を読めと言われるのですね。仕方がない。ではシーザーの遺骸の周りに、輪をつくって頂きたい。この遺言状を作った人を、諸君にとくと見て戴きたいのだ。」

アントニーは静かに壇を下って、シーザーの遺骸の傍に立った。

「諸君、若し涙あらば、いまこそ流す用意をして戴きたい。諸君は何誰《どなた》も、この外衣を知っていられる筈だ。初めてシーザーがこれを着用したのは、忘れもしない夏の夕べ、陣営のなかで、ネルヴィー族を征服した日であった。

見給え、ここをカシアスの短剣が刺し通したのだ。ここは意地悪のカスカが刃のあと。そしてここを刺したのは、あの子のように愛していられたブルータスの剣だったのだ。彼がその呪われた刃を引き抜いたとき、シーザーの血は、まさかブルータスがと言いたげに、そのあとからドッと流れ出したのだ。

諸君も御存知の通り、ブルータスはシーザーの無二の心友だった。何んなに深くブルータスを愛していられたか！　これこそは最も不人情なる斬口《きりくち》ではないか。剛胆不敵のシーザーでさえ、ブルータスが剣をふりかざすのを見て、大盤石の心も砕けてしまったのです。そして外衣に顔を掩って、ポンペイの像の下に、鮮血を浴びてガバと倒れたのだ。諸君、大シーザーは斃れたのだ。それと同時に、私も諸君も、市民全体が瓦解したのだ。

おお、諸君、諸君は泣いている。物の哀を知るのは武士の情けである。諸君はシーザーの外衣が傷いたのを見ただけでも泣くのだ。ここを見給え、ここにその人御自身が、逆徒に切りさいなまれて倒れているのだ。」

アントニーは、血染の外衣をはねのけて、シーザーの無惨なる遺骸を示した。叫喚の声は四方に起った。そして、

「逆徒を殺せ！」

という声が囂々と湧いた。

「だが、諸君、逸まってはなりませぬぞ。私は諸君の心情を動かすために参ったのではない。また私はブルータス君の如き雄弁家ではない。ただ私はありのままに事実を述べるだけだ。若し私にブルータスの弁があったら、このアントニーは諸君の腕を扼さしめ、シーザーの傷一つ一つに舌を与え、無情の石たりとも奮い起させるのだが……。

まあ静に私の言うことを聞いて下さい。ではここにシーザーの印章を捺してある遺言状を読み上げよう。彼はまず羅馬市民に対し、一人について七十五ドラクマを贈っている。

そしてタイバー河畔の別邸と、その新設の庭園、果樹園、牧草地は、悉く諸君の共有の娯楽地として遺ったのだ。シーザーというのは、こういう人だったのだ。いまその大シーザーも歿してしまった。羅馬が再びかかる大英雄を生むのは、抑々何れの日であろうか。」

天下二分の形勢

アントニーの大雄弁は、完全に民衆を動かした。

「刺客たちを打殺せ！」

「シーザーの讐を返せ！」

口々に叫びながら、近くの店鋪《みせ》から椅子や卓子を持って来て、シーザーの遺骸を火葬にした。火焔《ほのお》が炎々と燃え上るや、群衆は四方八方からその薪の燃残《もえさし》を引っつかんで、シーザー暗殺者の家に火を放つべく、羅馬《ローマ》の街頭を縦横に駆け廻った。

ブルータスとその一党は、難を避けて羅馬府外に退き、そのあとには、アントニーが羅馬を支配した。

ああ、ブルータスとアントニー！　何という皮肉な対照であろう。ブルータスの神経質なばかりに厳粛で重苦しい面持に対して、アントニーはハーキュリースの彫刻に見るような、典雅なる貴公子振りであった。その気高い顔容《かんばせ》に、優美な髭鬚《ひげ》を蓄え、額は濶くて鼻は鷲の嘴のようであった。アントニーは、民衆の前に立つとき、いつでも寛濶な外衣を緩やかに羽織り、広刃の長刀を横たえていた。他の人ならば、兎角厭味に思われるこの態度も、アントニーには、しっくりと合っていた。

ブルータスが、厳粛そのもののように、法廷の卓子に向って、一言一句も疎かにしないとき、アントニーは軍隊のなかに入って、兵隊たちにもわざと馴れ馴れしく野鄙な言葉で、誰彼の差別なく話しかけて、兵衆の人気を集めるという性質《たち》の人であった。ブルータスは民衆に敬せられたけれども、愛されなかった。アントニーは愛されたけれども誰も彼を尊敬しようとは思わなかった。

そのアントニーが、大シーザー亡きあとの羅馬に君臨しようというのだ。一時の憤激によって、ブルータスを追い出した羅馬市民も、ようやく冷静になるに従って、アントニーに不満を抱きはじめたのも無理はない。

其処にオクタヴィアスが帰って来たので、形勢は再び一転した。

オクタヴィアスは、シーザーの姪の子で、シーザーは彼を養って自分の子となし、遺書のなかにも、彼を嗣子と定めてあった。まだ年少二十歳の若者ながら、後にオーガスタス皇帝を名乗るほどの人物だけあって、すでにその傑物の本色を現わした。すなわち自らオクタヴィアス・シーザーと名乗り、羅馬に帰り来るや、シーザーの遺書に記されてあった市民への遺贈《おくりもの》を、躊躇なく支払ったので、忽ちにして市民の人望を博し、アントニーに不満を抱いていた市民たちは、争ってオクタヴィアスの下に走った。

そのときブルータスは何をしていたか。彼は当時文明の都雅典《アテネ》にあって、恰かも浮世を離れた世捨人のように、悠々と文学の研究に耽りながら、その実は風雲に乗ずる備えをなしていたのだ。この間に大ポンペイの残党も、期せずして来り投じ、その兵力は侮るべからざるものとなった。

そのときブルータスは、羅馬の政局が、またもや一変したという報せを握った。実に大シーザー歿後の羅馬は、舵を失った船のように、ただ変り易き民衆の気分に支配されて、昨日は東、今日は西と、漂うのであった。

最初の報せはこうであった。

「オクタヴィアスは、首尾よくアントニーとの争に勝ち、彼を国外に放逐したが、余り勝に乗りすぎて、統領《コンソル》の高位を要求したので、元老院は彼を非難しはじめ、今まで忘れていたブルータスを思うものが多くなった。」

すると第二の報せが、矢継早に届いた。

「オクタヴィアスはこの形勢の急変に驚ろいて、直ちにアントニーと和睦し、軍隊を楯にとって、ブルータス一味の裁判を要求した。ブルータスの罪状というのは、羅馬の最高官職を帯びる羅馬府の一公人を、何等の裁判も開かず、また何等の宣告も与えずして、殺してしまったというのである。」

　第三の報せはこうであった。

「ブルータスとカシアスとは、欠席裁判に附せられ、有罪の宣告を与えられた。判事の席からブルータス呼出しの声が聞こえたとき、周囲の人民たちは呻吟《うめ》いた。貴族等は悲しげに首を垂れた。なかには、よよと啼く声さえ聞こえたが、党与三百名に対しては、死刑の宣告が与えられた。」

　ブルータス、もはや袖手傍観すべき時ではない。直ちに書をカシアスに送って、来り会すべきことを求めた。

「このたび我等の力を協せて事を挙げるのは、領土開拓の目的ではなくして、専制者を滅ぼし、羅馬を自由ならしめんがためである。幸にして勝つとも、我等両人、彼等に代ろうという野心ではなく、ただ同胞を救って、伊太利《イタリー》をよき支配者の下におかんがためである。」

　カシアス埃及《エジプト》より軍をかえして来り会するや、ここに天下二分の形勢は完全と成った。ブルータス・カシアスの提携に対する、オクタヴィアス・アントニーの聯合。

　いよいよ出征というとき、ブルータスは書を友に寄せて言った。

「わが軍の士気はまさに旺盛である。或は幸に勝つことを得て、羅馬の自由を恢復することができようか。たとえ不幸にして敗れて死するも、専制の奴隷たることだけは免れうるわけだ。今となっては何も思うことはない。ただ問題は、自由なる人として生くるか、自由なる人として死するか、この二つに一つだけである。」

まさにブルータスの胸中をよく現わすものというべきである。敵手アントニーのことについては、次のように附言した。

「あわれアントニーは、その愚挙のために、すでにその罰を受けているのである。折角大カトーと肩を並べるほどの才幹を持ちながら、オクタヴィアス輩の下風に立っているのが即ちそれである。たとえこの度の戦争に倒れずとも、彼等は必らずや、互に相戦うに至るであろう。」

この予言は果して当ったが、それは後の話である。

ブルータス妖怪に悩まさる

ブルータス将に亜細亜《アジア》より欧羅巴《ヨーロッパ》に打ち入らんとするときに当り、彼は一夜、怪むべき変化を見た。

ブルータスは一体、世にいう宵張りであった。その上に食を節し、慾を節し、睡眠も極度に約《つづ》めていた。今は戦も迫っていたので、晩餐を終えるとすぐ、三四時間トロトロと仮睡《まどろ》むと、夜半に起き上って、その重要な事務を見、宵を徹することにしていた。若し事務が早く片づくと、天明《よあけ》まで読書に耽った。その刻限になると、早くも将士たちが、命を承けに来るのであった。

その夜ブルータスは、ただ独り天幕のなかに坐っていた。燈影ほの暗く明滅し、四辺は寂として、草木も眠るかと思われた。彼は来し方行く末を考え、沈思瞑想に耽っていた。

このときである。フト物の気を感じたブルータスが目をあけて、扉《と》の方を見やると、雲つくばかりの妖怪が、黙然と佇んでいるのだ。

ブルータスは大胆にも呼びかけた。

「何物じゃ。人か、神か、魔か。何用あって参ったのか。」

「ブルータスよ、我は汝の禍の神なるぞ。」

「禍の神が何として参ったのだ。」

「フィリッピの野にて、また会おうがために。」

「可し、それではフィリッピでまた会おう。」

ブルータス従容として答うれば、妖怪は掻き消すごとくに消え失せた。

夢より醒めたごとく、四囲《あたり》を見廻したけれども、何のこともない。明くるを待って、カシアスにこの話をすると、カシアスは、多分疲れて夢でも見たんだろうと言って慰めたが、ブルータスの心は甚だ穏かでなかった。

その後、軍隊が乗船しようとすると、二羽の鷲が飛び来って、先鋒の旗竿に止まり、フイリッピの野に至るまで伴いて来た。ところが戦の前の日、何処ともなく飛び去って、ついに往くところを知らなかった。

このときオクタヴィアスは病に妨げられて、すこし後れて戦地に着いたが、両軍相対峙すれば、さしもに広きフィリッピの野も、殺気に満ち満ちて見えた。ブルータスはオクタヴィアスの軍と、カシアスはアントニーの軍と、相対して陣を布いた。

ブルータスの軍は、数においては稍々オクタヴィアスに劣っていたが、その金銀を鏤めた武具や、甲冑のあでやかさは、遥かに敵に立ち勝って見えた。

オクタヴィアスは陣中で、神々に供物を献げる代りに、兵士一人について五ドラクマずつを与えた。これを聞いてブルータスは、広い野原に盛んなる祭典をあげ、各兵卒に五十ドラクマと、各隊毎に数多の畜類を与えた。

羅馬《ローマ》より追われたる身なりと雖も、ブルータス、その名望は遥かに敵を凌いで、武器、軍資糧食も豊富に、部下の信望もまた極めて厚かったのである。

ところが茲に不思議なことには、カシアスの陣中では、不吉のことばかり続いて、人々の眉を顰めしめた。

祭典の日、カシアスの戴く花冠を、捧剣者が捧げるとき、間違えて逆に献げてしまった。観兵式の日、勝利神の像の捧持者が、カシアスの前で躓いて、パタリと地にその勝利像を落した。また、何処よりともなく猛鳥が飛び来って、陣中を徘徊《うろつ》きまわったこと、無数の蜂の群が塁上に現われたことなど、日頃エピキュロスの哲理に心酔していたカシアスも、流石に心落ち着かず、ましてや部下の兵たちは迷信を起こして、士気何となく沮喪《そそう》した。

そこでカシアスは、天下の遣り取りを、目睫に迫ったこの一戦に決することを好まず、ブルータスに勧めて言った。

「わが軍は兵数こそ劣っているが、軍資と糧食では遥かに敵に優っている。だからここで決戦するよりは、暫く敵の鋭鋒を避けて、好機の至るのを待とうではないか。」

しかしブルータスは聴かなかった。

「今となっては、一日も早く、羅馬の自由を恢復するか、さなくば人民の兵禍をはやく免れさせてやらねばならぬ。」

ブルータスの部下は、みんな決戦論者であったが、たった一人そのなかに、反対者があったので、カシアスが理由を訊ねると、その答はひどく露骨でまた不吉なものであった。

「戦を延ばして、別にこれという好いこともありませぬが、遅ければ遅いだけ、それだけ生き延びれるわけですからね。」

流石のカシアスも、この恥知らずの言葉を聞いて、今は猶予すべき時にあらずと、いよいよ明日交戦のことに決心した。

戦の前夜ブルータスは、いと快活に、哲学上の談話などして晩餐を済まし、心地よげに眠りに就いたが、カシアスの方は、親友たちとの会食も、平常《いつも》の調子を失って、物思わしげに沈み勝ちであった。食終って彼は、一友ミスサラの手を握って言った。

「わが運命は大ポンペイの轍を履んで、勝敗をこの一戦に決することになってしまったのだ。予は飽くまで勇戦するつもりでいるが、何となく気がかりなことがある。」

後にして思えば、これがミスサラとの最後の会見であった。

フィリッピの野の第一戦

夜は明けはなれた。旭日麗らかに輝き渡るとき、ブルータスとカシアスの陣営には、深紅の旗が翩翻と飜った。これぞ開戦の信号である。

両将は軍の中間にある空地で会見し、この日の作戦を打合せた後、カシアスは言った。

「ブルータス君。今日の戦こそは、是非とも勝利をえて、共に幸福なる余生を送りたいものだ。しかしままならぬは浮世の習い、或は再びお目にかかる由もないかも知れぬ。ついては君に聞きたいのは、若しや戦不利なるとき、君は遁れて再挙を計られるか、それとも潔よく討死なさるお意《つも》りであるか。」

ブルータスはしんみりと、これに答えた。

「予は年少、哲学の研究に耽っていたころ、嗚呼《おこ》がましくも叔父カトーの自殺を非難して、自ら運命を避け、幾多の障碍と戦おうとしないのは、卑怯千万であると論じていた。しかし今にして思えば、予は過っていた。天もし我等に福《さいわい》せずんば、思い残すところなく、運命に死のうと思う。重ねて運命を試す心算はない。過ぐる三月十五日、わが身はすでに国家に捧げているのだ。いままで生きながらえたのは、ただ自由と正義のためだったのだ。」

何ぞその言の悲壮なる。カシアス莞爾《にっこ》と笑って言った。

「さらばその決心を以て驀然《まっしぐら》に進もう。敵に勝たば生きながらうるも可し。敗るるももはや敵を怖るるを要せぬ身となろう。」（死ぬればもはや敵を怖るる要はないの意）

敵軍如何にと見てあれば、アントニーは沼地の傍《ほと》りに陣を占め、海上との交通を絶たんとて、余念なく塹壕を掘っている。オクタヴィアスは病に侵されて、天幕に臥している様子で、戦備も手薄と思われた。

「いざ、ここぞ。」

ブルータス自ら陣頭に馬を乗りまわして激しく下知すれば、勇み立ったる騎兵隊、装い美々しく駆け出だす。歩兵も負けじとその後に続いた。

ブルータスの軍は血気に逸っていた。まだ開戦の号令もないのに、ドシドシ進撃するものもあって、忽ちの乱戦となった。これらの猪武者連は、全軍と行動を共にせず、抜け駆けしてオクタヴィアスの本営を、行き過ぎるまで駆け抜けるという有様なので、オクタヴィアスは周章狼狽、這々の体で釣床に担がれて逃げ落ちたが、忽ち飛び来る投槍《ジャヴリン》に、釣床は真中を貫かれた。

「それ、オクタヴィアスを打取ったるぞ。」

声高らかに名乗りを揚げるものもあったが、これはブルータス側も慌てていたので、その間にオクタヴィアスは、巧みに蹤迹《そうせき》をくらましたのであった。

ブルータスは強《した》か敵を打ち破って、意気揚々と本陣に引上げ、さて小高い丘の上から、カシアス如何にと眺むれば、これは何事！　カシアスの陣営はすでに跡方もない。しかも打って変って、今は目馴れぬ甲冑、銀楯が、陽にきらめいているのであった。

「さてはカシアス敗れたるか。」

心もとなくブルータスは、友軍カシアスの救援にと急いだ。

然らばカシアスは何うしたのかというに、戦のはじめ、ブルータス軍が、進撃の命をも待たで不規律に吶喊し、しかも勝っては掠奪に余念なく、敵軍の包囲を怠っているのを眺めて、心にムッと憤りを含んだのであった。そして必要な指揮も碌々せずにいたところへ、急に敵の包囲を受け、一たまりもなく敗走したのであった。カシアス慌てて、自ら旗手の軍旗を握り、それを自分の前に突っ立てて、

「カシアス此処にあり、還せ！　還せ！」

と、夢中になって怒鳴ったが、護身兵すら止めることもできず、自分も一小丘に落ちの

びたのであった。

カシアスは丘の上に馬を停めて、後を振り向いて見たものの、生来の近眼のために、全局に亙る戦況を知ることができなかった。ただ見る一隊の人馬が馳せ近づくのをボンヤリ眺めて、さては敵の追撃よなと、部下をやって偵察させた。

敵の追撃と思ったのは、実はブルータスの救援隊だったのだ。偵察隊はブルータス軍に行き逢って、喜ぶまいことか、互いに鬨の声を揚げ、馬から飛び降りて握手するやら抱きつくやら、歓呼の声に酔っていたのであった。

これが間違のもとであった。近眼のカシアスはそれを、てっきり偵察隊が敵の捕虜になったものと思ったのだ。そして慨然ただ一言、

「あまりに生命を惜めばこうして眼前《まのあたり》、愛する部下の敵の手にかかるのを見なければならぬ。」

ピンダラス一人を伴って天幕に入り、静かに刃に伏して息絶えた。

あとから駆けつけたブルータスは、カシアスの死骸を見るとハッと驚き、慟哭して叫んだ。

「おお羅馬《ローマ》人の最終なるものよ。」

羅馬は再びかかる硬骨漢を生むことあるまじという意味である。

運命ついに幸せず

戦い終って約束の賞金を与え、散逸していたカシアスの軍を纏めた後、ブルータスは全軍に向って宣言した。

「次の戦に勝ったなら、その報酬として、テサロニカ、ラセデモン二市府の掠奪は、汝等の心に委せるぞ。」

これぞブルータスの生涯のうちで、唯一つの弁解しえざる言行である。尤もアントニーやオクタヴィアスは、際限もない掠奪を恣にしていたのであるから、ブルータスばかりを責めるのは酷であるが、彼等の目的は天下を取るにあり、掠奪はむしろその主義と一致したものであるが、ブルータスは道徳の士だ、主義として従来《これまで》は、掠奪を許さなかったのである。思うに今や急にカシアスの軍をも引受け、その紊乱せる士気を纏めるには、かかる非常手段もついに止むをえざる事情があったのであろう。

このとき敵の陣営の有様は何うかというに、糧食は欠乏するし、地の利は悪く、寒さは加わって、秋雨は降りしきる。野営の陣は沼と化し、士気は動もすると沮喪せんとした。しかも伊太利《イタリー》から多数の兵を載せて来た艦隊が、ブルータス方に破られて、撃ち洟らされたものは、帆を嚙って漸く命を繋いだという悲報が、陣営に届いたのであった。

「これは一大事だ。この戦敗がブルータスの耳に入らぬうち、はやく第二の決戦を試みなければならぬ。」

と、ひたすらに戦を急いだのであった。

この戦報がブルータス方には二十日も遅れて入ったというのは、ブルータスの運命もすでに窮ったといわねばならぬ。何故というに、ブルータスの陣営は小高い丘の上にあって、敵の襲撃にも安全であれば、雨に苦められることもなく、かてて糧食も充分であったから、戦は翌春に延ばした方が有利なわけで、若し海戦に勝ったという報せさえ握っていたら、かく決戦を急ぐような無謀はやらなかったであろう。

いや、実を言えばその戦報は、すでにブルータスの手に入っていたのだ。敵の陣営から降投したクロデアスというものが、ブルータスの陣にまかり出て、

「オクタヴィアスがかくも第二の決戦を急ぐのは、艦隊の敗報に接したからであります。何卒賢慮を廻らさせ給え。」

と、切言したのであった。然るに何故かブルータスはその言に重きをおかず、その男を引見さえしなかったのであった。これまさに運命の然らしむところというべきであろう。

この戦の前夜、先に現われた妖怪が、又もや姿を現わした。今度は物をも言わず、掻き消すがごとくに消え失せた。

午後三時、日はすでに傾きかけた頃になって、両軍はついに入乱れて戦いはじめた。ブ

ルータスの向うところ敵なく、先ず敵の左翼を破り、次に騎兵隊をもって蹂躪せしめ、散々に撃ち破った。戦いすでに決したかと思われたとき、ドッとあがる敵の喊声。敵は必死となって本陣に殺到して来た。あまりに左翼が延びすぎて、本陣が手薄になったところを乗ぜられたのだ。

「カシアスの仇を報ぜよ。」

と、ブルータスは懸命に呼ばわったが、風をくらって逸早く逃げ失せたのは、もとのカシアスの部下であった。ブルータスの敗れた第一の原因は、実にカシアス軍の士気が振わず、それが全軍に伝染したためであった。

戦いもはや決したりと思われたころ、馬を躍らせて一人の武者、

「われこそはブルータスなるぞ。ならば功名《てがら》に取って見よ。」

と、大音声に呼ばわるものがあった。敵兵は喜び勇んでこれを捕え、アントニーの許に曳いてゆくと、途々陣営のものたちは、目を丸くして罵りあった。

「ブルータスも到頭捕ったか。捕虜になっちゃあ、有徳の士も台なしだ。」

「生きて志士の名に背くのは、義の人とは思われんね。」

さてアントニーの面前に曳き出されたとき、その武者は始めて面を上げ、キッとその顔を見入った。その不敵の面魂。

「おお、貴殿は……?」

「いかにもアントニー殿、貴殿もブルータス将軍の為人は御存知でござろう。決して敵に捕虜となるような人物ではござらぬ。今は生死の程はわからねど、必らずやブルータスの名を愧めらるるようなことはない。我はブルータス将軍を落ち延びさせんと、わざと名を偽って捕えられたるもの、かくなる上は存分に、如何なる極刑にても処して頂きたい。」

従容《しょうよう》として言い放ったこの武者こそ、ルシリアスというブルータスの親友。人々は且つは驚き且つは憤ったが、アントニーは沈着《おちつ》いて部下のものを制した。

「憤るな兵たちよ。ルシリアス君を曳いて来たのは身共の幸。諸君は敵を捜して却って味方を得たのじゃ。ブルータスを若し真個に捕えて来たのなら、予は実はその処置に困るところであった。ルシリアス君の処置は、予に確信がある。こういう立派な方は、敵としてよりも、味方として取った方が遥かに勝る人である。」

そして自らルシリアスを抱いて、厚くこれを遇したということである。

壮烈なるその最期

戦敗れたるブルータスは、一つの渓流を渡ったが、そこには樹木蓊欝《おううつ》として、断崖の上にかかっていた。時すでに夜であったので、彼は畳《たたみ》席を敷いたような一洞窟のなかに入って坐った。

悵然として天を仰げば、燦々として空一面の星である。ブルータスは、

「ああ天帝《ジョーヴ》よ、この禍殃《わざわい》の主を罰したまえ。」

という、希臘《ギリシア》の古詩を口吟み、さては今日の戦に討死した将士の名を、一人々々数えては、浩嘆しかつ呻吟した。

ブルータスは思うよう、味方は敗北したけれども、旗下の兵の斃れたものは、さほど多くはあるまい、いま一度本陣の成り行きを見届けてはと。そこでスタチリアスが、敵軍のなかを突き脱けて、本陣を見届けるために出て行った。

「若し幸に本陣に達することができたら、炬火を掲げて合図しましょう。そして帰ってから本陣の様子は詳しく復命いたします。」

暫らくにして炬火は掲げられた。

「おお、スタチリアスは無事であったか。」

喜んだのも束の間、それから後スタチリアスは、何時までたっても帰って来なかった。

ブルータスは、悵然として嘆じた。

「スタチリアス若し生きてあらば、必らず還るにちがいない。帰って来ないのを見ると、敵の手中に落ちたのか。」

夜は漸く更けて、四辺に声なく、物凄い風のみが吹き荒んでいた。

ブルータスは坐ったまま、忠僕クリタスの方に頭を傾けて、何やらんその耳に囁いた。

彼は何とも答えず、唯泣き伏すのみであった。ついで捧剣者ダーダナスを、傍らに拉《つ》れて行って、暫らく密かに語ったが、最後にブルータスは、希臘語でもってヴォラムニアスに、介錯してくれと迫った。彼は固くそれを辞し、他の人々もそれを辞《ことわ》った。

　そのとき一人のものが、

「さア、もう此処にこうしている場合ではない。何とかして遁れねば。」

と言うと、ブルータスは起ち上って言った。

「そうよ、遁れねばならぬのじゃが、足でもって遁れるよりも、手でもってこの浮世を遁れるのが、分別というものだ。」

　やがて一人々々に握手し、極めて快活に口を開いて、

「私は諸君がこの通り、最後まで渝《かわ》られなかったことを、深く感謝しております。敗戦の運命については、ただ国家のために残念だと思うだけで、自分自身としては、却って戦勝者よりも幸福だと思っている。私は徳を尚んだものという名を後世に遺すことができるが、これだけは戦勝者が、何んな富と権勢を積んでも、購うことはできないのだ。却って後世の歴史は、彼等が正義善良の士を亡ぼして、国家を盗んだことを伝えるであろう。」

　語り終ってブルータスは、人々に各々落ち行くことを勧め、自分は文学書生時代からの親友ストラトに介錯を頼んだ。懇願もだしがたく、ストラトが、顔を背けながら、剣をもって立っていると、ブルータスはその剣尖《きっさき》目がけて突ッ懸り、胸を貫いて即死した。

ここに羅馬武士の典型といわれたブルータスも、あわれ四十三歳を一期として逝いた。アントニーはその死骸を発見するや、自分の一番華麗な紫袍をもってこれを蔽い、鄭重に葬った後、遺骨はその母セルウィラの許に送りとどけた。

ブルータスは実に、稀に見る高徳の士ではあったが、ただ惜むらくは、人情の機微を知らず、また人を見るの明智を欠いた。或は仇敵ポンペイに投じ、或は大恩シーザーを刺したるごとき、ブルータスとしては弁解の辞もあるであろうが、彼の非業の最期は、まさにその不自然なる行動の当然の結果といわねばならぬ。況んや敵としてシーザーを解せず、アントニーを解せず、味方としてカシアスを解せず、ポンペイを解せず、徳足って明なき人の最期もまた、憐れなりといわねばならぬ。

哲人プラトン

獄中毒杯を仰ぐ聖者

往《おう》さ来《き》るさの往来はげしき雅典《アテネ》の街頭に立って、ただ一人、道徳を説き真理を叫ぶ、醜い顔の乞食坊主があった。それが後に、世界の四聖の一人といわれる聖者ソクラテスであろうとは、そのころ誰も知らなかった。

予言者は故郷に容れられず。到頭、雅典の大公開場《アクロポリス》に、ソクラテスの罪状を定める日が来た。

「ソクラテスは雅典の神々を礼拝しないで、自分の創った新らしい神を拝する。そして濫りに新説を流布して、世の青年を惑わせる。」

それがソクラテスの罪状であった。

広大な広場には、名高い裁判官が、綺羅星のように並んでいた。そこに、七十歳の坂を越えて、もうよぼよぼになっているソクラテスが引き出された。

「まず被告の申し立てを聞こう。」

裁判官の声に応じて、ソクラテスは、自分の生死に直面していることを、少しも感じない人のように、あの枯れ果てた肉体の何処に、そんな力がひそんでいるかと疑われるほど、凛として隅々にまで響く声で叫んだ。

「諸君が仮に私を無罪にされたとしても、私は私の行く道を変えることはできない。私は依然として叫ぶであろう。雅典の人々よ、私は真に諸君を尊敬し、また愛する。しかし私は諸君に服従するよりも、神に服従するものである、と。

私は生命のあらん限り、力のあらんかぎり、この声を絶ちませぬ。同胞《はらから》よ、諸君は偉大な、そして賢明なる雅典の市民である。何すれぞ金銭と名誉の奴隷となって、知識と真理と、そして精神の発達に、少しも努力を払わないのか、と。」

かくしてソクラテスは死刑の宣告を受けた。

公判が終えて、人々はみなゾロゾロと引きあげて行く。その背後《うしろ》を、ソクラテスの声が、予言者の声のように追っかけた。

「今こそ別れるときは来た。われ等は各々定められた道を行くのだ。私は死の道に、諸君は生くる道に。……しかし何れが正しいか、それを知ってるものは誰だ！」

人々は慄然として、思わず足を停《とど》めた。

直にも死刑に処せられる筈のソクラテスは、執行の時期を一ケ月猶予された。恰度雅典にはデロスの祭があって、その神聖な船の航海している間は、罪人を殺すことはできぬという法律が、雅典にあったからである。

その間に、ソクラテスを愛する若い弟子たちは、百方肝胆《かんたん》を砕いて、老師を獄中から救い出す手段《てだて》を講じた。やっとその見込みがついて、若い弟子がそッとソクラテスに脱獄を勧めると、彼は毅然として答えた。

「予は五十年の間、民衆に向って、法律《おきて》に順従《したが》えということを説いて来た。いま自分がこの試練に逢ったが故に、その一生の誓を、弊履のごとく捨てよというのか。予はまたながい間、雅典市民としての光栄ある特権と自由とを享けて来た。いま死刑の宣告を受けたからとて、奴隷のように、この愛する雅典の市を見棄てよというのか。」

そのうちに、デロスの祭の船は、雅典の沖合に現われた。それが着く日は、すなわちソクラテスの生命を失う日である。

いま雅典は、一年一回のデロス祭に、老いたるも若きも、今日を晴と着飾って、浮れ騒ぎ歓んでいた。そのとき獄中には、ソクラテスが、毒杯を手に持って立っていたのだ。

弟子たちは、緊張と、悲愁《かなしみ》と、焦慮とに昂奮して、老師の顔を見上げていた。しかしソクラテスは、眉毛一つ動かさなかった。

ゴクリ、彼は一息に毒杯を呑み乾した。

堤の切れたように、弟子たちの瞳から涙が溢れた。啜泣きの声が、次第に大きくなって行った。ソクラテスは、無念そうに言った。

「予はこうした場合、女は泣くと思った。だから婦人に限って、この場にいるを許さなかったのだ。しかし男は死に面して平和だと聞いている。それだのに何事ぞ！　予の五十年の教は、あれはみな無駄だったのか。」

ソクラテスはつと立って部屋のなかを歩き出した。

「少し足がおかしくなった。」

彼は足を撫でてそう言った。そして獄丁の指図により、かねて備えてある死の床に横になった。まず足がしびれ、手がしびれ、そして毒が心臓にまわったとき、ソクラテスは死ぬるのだ。

「これで感じますか。」

獄丁は足をつねって見た。

「いいや、何とも感じない。」

ソクラテスは強いてかすかに笑った。その笑は淋しかった。そのうち腿の辺の肉が、冷めたくなって行った。

ふとソクラテスの口が動いた。

「クリト君、予は何時かアスクレピアスに鶏を一羽借りていた。あれを忘れないで、返して下さらんか。」

「はい承知しました。必ず返します。」

若い弟子は答えた。

「何かほかに御用はございませんか。」

彼は押して聞いたけれども、そのときは、もう何の返事もなかった。と、ソクラテスの身に痙攣が起った。

「臨終でございます。」

若い弟子たちは、この平和な死の前に立って、大きな海のようなものを感じた。それが現代《いま》に至るまで世を動かしている聖者の訓えなのだ。

プラトンとディオン

大聖ソクラテスの死に、プラトンが立ち会っていたか何うかは確かではない。しかしプラトンこそは、ソクラテスの多くの弟子のうちの最たるものであったことは、疑うことができぬ。彼の道徳の教を完成して、かの荘麗なる哲学をつくりあげ、世界の哲学の父といわれたのが、プラトンである。

プラトンは貴族の子であった。しかし早くからソクラテスに師事し、ソクラテスが毒杯を仰ぐや、自らセフィサスの傍りに、アカデマスという学園を開いて、その教を青年たちに講じはじめた。アカデマスこそは、今日の『学院《アカデミー》』の名はじめである。そして時々彼は海を渡って、国々に哲学を講じて歩いた。

これはプラトンが、シシリー島に巡遊していたときの話である。

シシリー島の都シラクサで、プラトンは一人の秀才を見つけた。その名をディオンといい、妹がダイオニシアス王の王妃であった関係から、従って宮廷に羽振もよく、王は内蔵《くらの》頭《かみ》に向って、

「ディオンが要るだけの金は、幾らでも出してやれよ。ただその金額《かねだか》だけ一々記しておいて、毎日朕に報告してくれればよい。」

と命じてあったほどであった。こうした権勢の地位にありながら、ディオンは人格高く、資性も聡明で、且つ胆力も人に優れていた。それにプラトンが、一生懸命学問を教えこんだので、その美質はいよいよ磨かれ、さらに光輝《ひかり》を放つに至ったのである。

「政治界に大事業をなすためには、ただ真理と正義だけではいかぬ。これに加うるに権勢と利運を以てしなければならぬ。」

とは、プラトンの言ったところであるが、プラトンはついに政治の理想のみを説いて、実際政治の衝には当らなかった。ただここに愛弟子ディオンがあって、老師の政治の理想を実現したものであるとも言える。

「俺の弟子なら、たとえ市場から肉を買って来る途中だって、俺はすぐに識別《みわけ》ることがで

きる。」

と、有名な角力家のヒッポマカスは言っているが、その人を見んと思わば弟子を見よ。ディオンは哲人プラトンの心を伝えた政治家であった。

さてディオンは、プラトンの哲理と人格に心酔すると同時に、何うにかしてダイオニシアス王にも、その講演を聴かせたいと思った。そして散々王を説いて、ついにプラトンは王宮に入り、王の前に教を垂れることになった。

問題は汎く人間の道徳に関するものであったが、進んで『沈勇』のことに至るや、プラトンは憚らず喝破した。

「暴君覇者などというものは、人間のうちでも、最も沈勇の乏しいものであります。」

王の顔色《がんしょく》はサッと変った。しかしプラトンは平気であった。そして進んで『正義』を論ずるや、敢然として、正人義人の境界の幸福なことと、不正不義の士の不幸なことを、滔々と弁じ立てたものだ。

王はますます不興であった。殊に家臣のものが、このプラトンの教えを、感服して聴いているのが、無性に癪にさわって来た。そこでプラトンの講義がまだ終らないうちに、突如突拍子もないことを訊ねた。

「君は一体、何用あってシシリー島に来られたのか。」

「聖人君子を求めて参ったものでござりまする。」

「ふム、それでは君の来られたのは、畢竟徒労《むだ》であったね。」

苦々しそうに王は言った。

この暴言は、ダイオニシアス王の一時の忿恨《いかり》にすぎないだろうと思っていたところが、案外にもそれは根深いものであった。プラトンが帰途、希臘《ギリシア》行の船に乗り込むと、ダイオニシアス王は、プラトンの船に同船していたスパルタ人のポリスという男に嘱《たの》んで、プラトンを奴隷に売らせてしまった。

「プラトンは予に、聖人君子は奴隷の境界にあっても、自由自主の境遇にあるときと同じく、光風霽月、幸福なものであると言っていた。だから奴隷に売ってやったって、別に不幸ではなかろうじゃないか。」

というのが王の言分であった。

かくしてプラトンはシシリー島を去ったが、其処にはまだ、彼の教を奉ずるディオンがいた。彼は王の前をも憚らず、自分の考えを吐露して、王を正道に導こうと努めた。

或るとき王が、先王ゲロンを嘲って、彼はシチリア人の『戯弄』(ゲロー)するところであると、妙な洒落を言ったとき、ディオンは苦々しげに王に言った。

「さりながら君には、そのゲロンの余徳によって、やっと王たるを得たもうたではありませぬか。しかし今後は何人も、君の余徳によって王たるものはありますまい。君には少しも徳を積もうというお心がないのですから。」

これだけ手厳しくやっつけられても、王はグウの音も出なかった。それはディオンの高徳を慕って、人民の信望悉くディオンに集っていることを、王自身よく知っていたためである。

義と徳こそは王の干城

そのうちダイオニシアス王は歿し、その子ダイオニシアス二世が即位したが、ディオンの権勢は少しも渝らなかった。二世王の最初の廟議に、群臣はただ王の鼻息を窺って、迎合をのみ事としているとき、ディオンはただ一人、最も大胆にして雄大なる国策を陳べた。ディオンが一たび口を開いて、百年の長計を建てたとき、他の人々の言うことは、まるで小児のごとくに思われた。

それが群臣の嫉妬心を挑発したのだ。彼等は事毎に佞弁をふるっては、王の耳にディオンの讒言を吹きこみはじめた。

「ディオンに御注意なされませ。彼は海軍の大拡張を行って、自ら海の主となり、その権力を利用して、自分の妹の生んだ先王の子を、王位につけようという企みでござりますぞ。」

彼等がディオンを忌み憎んだのは、も一つの理由があった。

新王位に即くや、この年若くして経験のない二世王を煽てて、奢侈逸楽に耽らしめ、その間に勝手な真似をしようというのが、群臣百官の計略であったのだ。ために新王の心は、その淫楽に鎔《とろ》かされて、恰かも鉄が火に柔らいだようになった。九十日の間、宮廷の饗宴は打ち続き、夜を徹し昼を通して飲みつづけたために、満廷の朝臣、一人として酒に酔うておらぬものはないという乱行であった。

然るにただ一人ディオンだけは、この乱行の仲間入りをしなかったので、彼等がディオンを煙たがったのは当然のことである。彼等はディオンの態度の荘重なのを傲慢だと呼び、彼が直言するのを無礼だと称し、彼が酒色を共にしないのを、俺達を軽蔑してるんだと憤慨した。

それにディオンの態度には、何処となく、人をして狎れ近づかしめない頑固なところがあった。これは生れつきで、つまり愛嬌がなかったのだろう。プラトンですら、ディオンがあまりに身を守るの峻烈すぎるのを警めて、

「始終和悦《にこやか》にしているということが、政治界では人望を得る要具なのだ。傲然たる峻烈の態度は、独居孤棲の友である。」

と、誨《おし》えていたくらい。この一種高慢に見えるディオンの態度が、ついに一身の破滅を来す原因となったことは、後に述ぶるところである。

ディオンは新王の乱行を、無学の罪に帰して、これに高等の学問を学ばせ、この悪癖を

矯正しようと思った。

　これは理由《わけ》のないことではなかった。新王は元来が、天性の悪王ではなかったので、ただその父王《ふおう》という人が、恐ろしく猜疑心の強い王であったため、その天性を歪められていた。

「自分の子が若し学を修め、才を磨き、聖者の訓えを受けて、道徳の何たるかを弁えるようになったなら、しまいには自分の王位を奪おうというような、謀を廻らすかも知れない。」

　というので、太子を一つの宮殿に幽閉したまま、何の教育も施さずに、成人させたものである。だから新王は太子時代、書物を読んだことも、学問を勉強したこともなく、退屈でしようがないから、自分で小さな兵車を作ったり、燭台や椅子や卓子をこさえて、独りで楽んでいたということである。思えば新王も気の毒な人であった。

　事実、父の一世ダイオニシアスは、極端に臆病な、猜疑深い性質で、毎日々々、若しや暗殺されはせぬかと、それればかり始終ビクビクしていたものである。理髪師に髭鬚を剃らせることすら怖ろしくて、侍臣に炭火で髭鬚を焼きとらせた。たとえ兄弟や王子といえども、自分の衣服《きもの》で王の室に入ることは許されなかった。まず番兵の厳密な検査を受け、一旦真っ裸になった上、王が特別に備えた衣服に着かえて、始めて室内に入ることを許したというほどである。だから王は、その臣僚が聡明なればなるほど、これを猜った。

こんな父王に、そんな気の毒な育て方をされた新王が、自然、無学無識であり、人の煽てに乗り易く、狂暴乱行となって現われたのは、むしろ当然といわねばならぬ。そこでディオンは、度々王の前に出て、そのことをダイオニシアス王に勧めた。

「何うかプラトン先生をお招きして、その教を受けさせられますように。幸にして先生の学問により、明智を開かせられたならば、君の幸福はいうまでもなく、また同時に人民の幸福でもござります。父君の宣うたように、陸軍と海軍とは決して政府を堅むる金剛の柵ではない。ただ王の正義と仁徳とから生れる人民の忠愛の情のみが、国家を護る干城となるのでござります。服装《みなり》の美わしさ、宮室の広大さにおいて、普通の人民の上に位する王者が、ただ徳のみにおいて人民の上にないというのは、大きな恥辱ではございませぬか。」

諄々と説かれてダイオニシアス王も、ついにプラトンを招聘することに心を決めた。

美々しい宮廷馬車に乗って

ディオンは度々、雅典《アテネ》なる旧師《きゅうし》プラトンの許に書を送り、ダイオニシアス王もまた親ら招聘の趣きを申し入れた。

「予は単なる空論哲学者と言われるのを愧じる。予の哲学は活きた実際の学問だ。」

かねて口癖のように言っていたプラトンは、若し幸にして君王の心を矯正することができるならば、これによって惹《ひ》いては一国の紊乱を救い、かねて人民の幸福を増すことができようかと考えた。そしていよいよ再び、アカデマスの草廬学園を立ち出でることとなった。

「プラトン来る！」

この報せを受けて、吃驚仰天したのは、これまで新王を誑かして、その乱行を募らせていた廷臣たちであった。若しプラトンの徳が二世王に及び、王が仁徳の君にでもなられようものなら、自分達の立つ瀬がないと考えて、散々にディオンの讒言を繰りかえした。

「ディオンは王の政府を顚覆するため、テオドタスやヘラクリデスと、謀議を凝しているそうであります。」

「ディオンはプラトンの来るのを待って、君主政治を変革し、王様を単なる合法的総督の地位に、下げようと計っているのであります。」

「王様が若し頑としてお聴きにならぬときは、ディオンは王政を廃して、シラクサ市民に共和政治を復活する決心であります。」

かくとも知らぬプラトンは、招きに応じて、シシリー島にやって来た。

プラトンが着いた日の歓迎振りは、壮観を尽くしたものであった。彼は美々しい宮廷馬車に乗せられて、海岸から王宮に送られた。ダイオニシアス王は自ら神々に犠牲を献げ、

「いまシラクサ政府に、大なる恩恵《めぐみ》を降しおかれましたことを感謝します。」

と言った。その夜は宮廷に大宴会が開かれたが、何時もに似ず節制が保たれ、満廷に礼儀が守られているのを見て、プラトン先生到着の日からすでにこうなら、今に大改革が行われるであろうと、市民たちも将来に明るい希望を持ちはじめた。

哲学の研究熱は、勃然としてシラクサ全市に興った。家々街々に、哲学を論ずる声が喧びすしく、王宮の室々には学生が満ち、みな熱心に哲理に耽りはじめた。

それから五六日して、シラクサの一大祭典があったが、このとき大宮司が何時もの通り犠牲を献げて、主君の専制政治の長久を祈ったとき、傍に坐っていたダイオニシアス王は、いきなり宮司を遮りとめて言った。

「これこれ宮司、われ等の頭上に、禍悪《わざわい》を呼び下してはならぬぞよ。」

これを聞いて眉を顰めたのは佞臣たち。わずか一週間ぐらいの教えで、こうも急に青年君主の精神を変革するようでは、若しながく逗留したならば、到底抜くべからざる大感化を及ぼすにちがいないと考えて、いよいよ組織的にディオンの讒謗をはじめたものだ。

「ディオンはプラトンの詭弁をもってダイオニシアス王の心を誑らかし、王をしてその政権を抛擲《ほうてき》させよう謀略《たくらみ》にちがいない。王がその王権を擲ったならば、ディオンは直ぐにそれを拾いあげて、自分の妹の生んだ王子を王にたてるつもりにちがいない。」

或るものは、いかにも憤慨したような真似をして、口角泡をとばせた。

「雅典はかつて強大なる艦隊と、多勢の陸軍を率いて、このシラクサを攻めに来たが、このシラクサの都城を攻略《せめと》ることができなくて、見る影もなく敗滅したではないか。然るにいまその雅典から、僅か一人の詭弁者を送って寄越したため、ダイオニシアス王の王権が、蹂躪されるとは何事だ。いまに見ろ、一万の槍兵より成る近衛兵は廃止になり、四百隻より成る海軍は解隊し、一万の騎兵、数万の歩兵は除隊となって、その代りに、宮中楼閣的な福祉をアカデミー学派に求め、幸福を来すの道を数学の研究に求めしめるに至るであろう。その間に、権勢と富有と快楽とは、ことごとくディオンの手に移り、その妹の生んだ王子に渡されるにちがいない。」

誰よりも予《わし》だけを愛せよ

衆口金を鎔《と》かすという。況んや、いかにプラトンの教えを受けたとはいえ、元来が我儘に育てられた青年君主、次第に奸臣たちの佞弁に耳を傾けはじめた。

そのうちに、ディオンがカルタゴの使節に送った書翰というのが、途中から奪われて、ここにディオンは思わぬ疑いを招くことになった。それには、

「諸君は必らず予《よ》の立会の下に、王の謁見を求むるよう注意しなければならぬ。予の参列の上でなければ、到底王は御承諾にはならないのだから。」

という意味のことが書いてあった。王はこの書面を見て、さてこそディオン、カルタゴ

に内通したなと誤解して、赫ッとばかりに憤りたった。そして佞臣フィリタスと相談の上、ただ二人で城壁の下の海岸を散歩しているとき、突然、例の書翰をつきつけて、ディオンの内通を責めさせた。ディオンは弁解しようとしたが、王は許さなかった。そして、その場で、海岸に停っている船にディオンを押し込め、伊太利《イタリー》に追放してしまったのである。

このことが一般に知れ渡ると、人々は囂々として、その残酷な処置を非難し、王宮のなかでも、ディオンの高徳を慕っている貴婦人たちは、声を放って哀哭《かなし》んだ。況んやシラクサ市民のうちには、王の暴虐に憤慨のあまり、一種の革命をさえ企てるものができてきた。

この形勢を見て、慄え上ったのはダイオニシアス王であった。直ぐにディオンに同情を寄せている人達のところに使をやって、

「ディオンは決して追放したわけではない。ただ彼があまりに剛情我慢である故に、しまいには予《わし》を激怒させて、それこそ取返しのつかぬ処置を執らねばならぬ破目になってはと思って、暫らく難を避けさせたのだ。」

そして王は、ディオンの親族に二隻の船を与えて、海外にあるディオンに仕送りをさせる手続を採った。

それと同時に、ダイオニシアス王の怖れたのは、プラトンであった。若しプラトンがデ

イオンの後を追って去り、事実を希臘《ギリシア》に流布でもされた日には、それこそ一大事であると心得、直ぐにプラトンを城内に移して、鄭重に待遇する一方、厳重な警衛を附けて彼を護った。

こうしてプラトンは、日夕この暴王と接することになった。

野獣や猛禽ですら、ながく飼っているうちには、自然に馴れ親んで来るものだという。況してや人である。最初のうちこそダイオニシアス王は、厳格なプラトンの教えを煙ッたく思っていたらしいが、毎日毎夜プラトンに会って、その教えを受けているうちに、自然と彼を敬い、且つは愛するようになって来た。

しかし暴君は何処までも暴君で、その愛すらも、やはり暴君らしい俤《おもかげ》があった。

「予はこの通り先生を敬愛しています。だから先生も予だけを愛して下さい。誰よりも予だけを一番愛して下さらねばなりませぬ。若し先生が、ディオンよりも予を愛して下さるならば、シラクサの政治は一切先生に任せ、事によっては、政府を先生に差上げてもよろしいのです。」

愚はすなわち愚であるが、そこには一点、稚気愛すべきところがあるではないか。

そのうち戦争が起ったので、ダイオニシアスは、この夏中には、決っとディオンを国に招び戻すからと約束して、プラトンをディオンの許に遣わした。こうして愛する師弟は、プラトンの故郷雅典《アテネ》に、抱《いだ》き合うことができたのである。

ディオンはシラクサきっての富豪《かねもち》であり、その故国の邸宅の壮麗《そうごん》さは、王者を凌ぐとまでいわれていたので、いま異郷雅典にあっても、決して生活に困るようなことはなかった。プラトンは雅典に帰って後、何とかディオンを引き立ててやろうと考え、ディオンから市民のために演劇会を寄附させたり、何くれとなく雅典市民の人望を博するように努めたので、ディオンはついにスパルタの市民権を得、異郷にあっても、幸福にその日を過すことができた。

或る日ディオンが、プテオドラスという権勢家を訪ねて行ったとき、門前には車馬群れ、人衆混み合って、容易に入ることができなかった。同行の友人が、それをブウブウ言うと、ディオンは笑を含んで言った。

「何とてプテオドラスを怒ることができようぞ。われらとても、シラクサにおいては、この通りであったのだ。」

あわれシラクサにあれば、権勢ならぶところなき身の、われらはその言《ことば》のうちに、ディオンの胸中、一抹の哀愁《かなしみ》を酌まねばならぬ。

師弟なればこそ

さてダイオニシアス王は、プラトンを還しはしたものの、忘れ難きは老師の面影であった。そこでプラトンの代りに、沢山の学者を宮廷に集めて、しきりに学問を講ぜしめた。なにしろ王は、世界一の大哲学者の直弟子だという自慢が鼻にかかっているので、その学者たちと、大いに哲学の議論を闘わしては見たものの、附焼刃の悲しさには、何時でも小学者たちに言い負かされた。

さア、ダイオニシアス王、口惜しくて堪らない。嗚呼、こんなことならプラトン先生在城中に、もっと一生懸命勉強しておくんだった、と。

そこでしばしば書を送っては、プラトンの来遊を願ったが、プラトンもダイオニシアス王には懲り懲りしているから、何うしても承知しない。ついに王は、一つの策略を考えついた。

彼は数隻の軍艦に、若干の臣下《けらい》を乗りこませ、一書を呈してプラトンに送った。

「若しプラトン先生が、シシリー島に来ることを承知して下さらないならば、ディオンのことは、それ限りと断念《あきら》めて貰わねばならぬ。しかし若し御来着の上は、ディオンには何事によらず、望むがままのことをして執らせよう。」

実にや師弟なればこそ、プラトンはここにホーマーの句を口吟《げ》んで、

「重ねてカリブデスの虎口を冒すべく」

三たびシッラの海峡に向って、纜《ともづな》を解いたのであった。

老哲学者プラトンを載せた船が、シラクサ港の沖合に見えたとき、ダイオニシアス王は

掌を打って悦んだ。シシリー島民の喜悦《よろこび》も勿論のことである。ダイオニシアスの信任も絶大で、プラトンだけは、王の面前に出るにも、身体を検める必要なしという特典さえ得た。

王はプラトンに対して、幾度か莫大の金を贈ろうとしたが、その都度、老哲人はかたくそれを辞退した。それをアリスチッパスという人が見ていて、嘲って言ったということが伝えられている。

「王は恩を施すについて、万全の策をとってござるわ。あれでは金輪際、内帑を空乏させる心配はない。何故といって、幾何《いくら》でも沢山欲しそうな奴には少《すこ》しかやらないで、到底取りそうもない人には、莫大の金を贈ろうというのだからね。」

さてプラトンは、最初の挨拶が済むと、そろそろディオンの話をはじめた。王は何とか遁辞を構えて、延び延びにしていたが、その胸中には、一種の嫉妬心がムラムラと湧き起っていた。

「プラトンの愛するのは予《わし》ではない。ディオンだ！」

実にダイオニシアス王は、痴漢の情婦を愛するごとくに、この老哲学者を愛していたものと思われる。

プラトンも軽々しくは王の違約を責めようとはせず、王との間は、平常の通りとちがわなかったが、その間に、一脈の冷水が流れはじめたのは余儀もない。

或る日プラトンの弟子のヘリコンというものが、日蝕を予言して、その日になると果して日蝕があったので、王は大いにその学識を賞め、これに莫大な褒美をとらせたことがあった。このときアリスチッパスは、傍らの一哲学者を顧みて呟いた。

「予《わし》も実は、あれに譲らぬ一大事を予言することができるんだがね。」

「何です、それは。」

「それは遠からずして、ダイオニシアス王とプラトンとの間に、争が起るということだ。」

果して王は、プラトンを王宮の園内の離房《はなれ》から移して、親衛兵のいる一室に移した。親衛兵たちは、哲学者の反対派だったので、プラトンを虐待した。

プラトンの身辺危きこと、風前の燈火のごとしと聞いて、タレンツム総督アルキタスは、直ぐに一隻の軍艦を遣わし、プラトンの返還を迫るとともに、使節《つかい》をダイオニシアスに遣わして強談判を行わせた。

「予《よ》はもとプラトン先生の安全を保障して、シシリー島にお伴れしたものであるから、力にかけても、その責任を果さねばならぬ。」

ダイオニシアスは、胸中に鬱勃たる敵意を押しかくして、幾度か盛宴を設け、プラトンとの別れを惜んでいたが、いよいよプラトン去るという前夜の宴会で、到頭本音を吹いて言った。

「先生が国にお帰りになったなら、さぞや哲学者の間に、予《わし》の幾多の罪過《あやまち》を数えて、予を非難なさるでございましょうね。」

するとプラトンは、莞爾として答えた。

「私のアカデマスの学園は、研究すべき問題が豊富でございますから、王のことを云々するほど、話題に窮するようなことはありますまい。」

暴君の妹よりも叛臣の妻たらん

プラトンが雅典に帰って来て、その話をすると、ディオンは赫ッとなって怒った。その上、自分の妻に加えられた暴虐の報をうるとともに、ついに彼は、戈を執って起つ決心をしなければならなかった。ディオンの妻は王の妹であったが、王は彼女を強迫して、嬖人《へいじん》テモクラチスに嫁入りさせたからである。

この点では、ダイオニシアスは先王以上の暴君、その妹もまた先王の妹に劣るものであったと言わねばならぬ。何故というに、先王の妹の夫ポリクセナスが、王に叛いて敗れ、外国に逃亡したとき、先王がその妹をよんで責めたてると、彼女は従容として言い放った。

「兄上、若し私が夫の亡命を知っていたならば、私は必らずや夫と共に亡命して、夫と悲運を共にしていた筈であります。兄上は私が、そう為ないような不貞の妻、そう為得ないような薄弱な女であると、思っておいでありますか。実のところ私は、何も知らなかったのですが、若し知っていたなら、暴君ダイオニシアスの妹と呼ばれるよりも、叛臣ポリクセナスの妻と言われる方を、遥かに名誉と心得ます。」

先王ダイオニシアス一世も、妹の健気なこの言葉には、ホトホト感服したということである。

さてディオンは、二艘の帆船を仕立てて、ダイオニシアス討伐に向うにあたり、同志のものを激励して言った。

「世に専制政府ほど基礎の薄弱なものはない。予《よ》は諸君を、普通の兵士として伴うのではなく、これだけの将校として諸君を煩わすのである。われら一度びシラクサに至らば、市民ならびにシシリー島の民衆は、直ちに叛いてわれらを迎えるであろうから、兵卒はすなわち彼処にあるのだ。」

時は夏の最中で、エテジア風という北東の微風が吹き、月はあたかも満月であった。ディオンがアポロの神に盛大な献祭《まつり》を行って、いよいよ祈禱のときになると、突然四囲が暗くなった。月蝕である。同志のものが眉をひそめると、ディオンは笑を含んで言った。

「勇めよ諸君、いま月のごとくに輝く権勢は、すなわちダイオニシアス王である。その月の光が突然蝕まれたのは、われらにとってこの上ない吉兆ではないか。」

この即座の機転に励まされて、全軍は意気軒昂、船は満帆に風を孕んで、いよいよシシリー島に向った。

時あたかもダイオニシアス王は、八十隻の戦艦を率いて、伊太利《イタリー》に進発した留守であったので、ディオンの軍は、シシリー全島歓呼のうちに、無人の境を行くごとく、忽ちにして都城シラクサに迫った。

シラクサ城内の廷臣たちは、直ぐに一名の飛脚を伊太利なる王のところに遣わし、ディオン侵入の報を伝えようとした。ところがこの飛脚、伊太利半島を韋駄天のように、北へと走る途中、パッタリと知人に行き逢った。しかもその友人から肉を一片貰ったので、それを例の書翰と一緒に革帯に結いつけ、なおも夜に日をついで走り続けた。その夜も大半《おおかた》は歩き、流石に草臥《くたび》れたのか、森のなかにチョッと横になったのであるが、そこにその肉の臭を嗅ぎつけて、忍び寄ったのは一匹の狼。肉片だけならいいが、一緒に密書の入っている革嚢まで、啣えて行ってしまった。

さア吃驚したのはその飛脚で、このまま王の前に出たならば、きッと殺されるにちがいないと思ってそのまま逐電してしまった。そしてディオン侵入の報は、十数日を遅れたのである。

ディオンの軍シラクサ府に近づくや、かねて彼の徳を慕っていた市民の主立った人々は、みな白い衣服を着、粛然としてディオンを門に出迎えた。市民たちは猛然起って、ダイオニシアスの一党を襲撃し、殊に所謂る密偵なるものは、悉く捜し出して屠ってしまった。

ディオンはシラクサ府内に入るや、先ず喇叭を吹奏して市民に静粛を命じ、次第にかの有名なる日時計の下に近づいて行った。道の両側における市民たちは、家の前に卓子と杯とを備え、ディオンの姿が見えると、彼を喝采し、花を献げて歓呼した。

市の中央にある高い日時計は、ダイオニシアス王が多大の労苦と費用をかけて築造したものである。その上に起って、ディオンは声高らかに宣言した。

「予《われ》は圧制政府を倒さんがために来ったものである。この日より、シラクサ市民ならびにシシリー人民の自由は恢復された！」

かくして戦は、城内に籠る王軍と、市内に武器を執るディオン軍との戦となった。

全世界の眼は汝にあり

ダイオニシアス王は、到底自らの権勢を取り戻すことのできぬのを知って、市民軍に使節を送り、欺《いつわ》って和を講ぜんとした。その条件というのは、以後人民の租税を減らし、兵役の負担を全く免除しようというのであった。これは言うまでもなく、市民の甘心を買って、ディオンを追払おうという策略であった。

ディオンはその提議を受けると、従容として使節に言った。

「談判の先決条件は、ダイオニシアスの退位である。王が位を辞するまでは、談判無用と心得られたい。しかし若し一旦退位されたならば、近親のことであるから、なるたけその罪は宥すよう御周旋もしようし、正当なことならば、敢て一臂の助力もいとわぬものである。」

そのころシラクサの市内に、ソシスという無頼漢《ならずもの》があった。乱暴者で名だたる男ではあったが、市民には可愛がられていた。ところが一日この男が、市民の大勢集っているところで、いきなり立ち上って怒鳴り散らした。

「諸君は何という馬鹿者だ。酒色に耽溺して、人民を圧制することを忘れている暴君を追い出して、その代りに始終醒《めざ》めていて、狡智を弄する油断のならぬ圧制家を、迎え入れようというのであるか。」

こう放言して、ディオン反対の気勢を揚げたソシスは、その翌日になると、まるで真ッ裸で、頭に傷を受け、血だらけになって、何者かに逐われるようにシラクサの市街《まち》を走りまわった。

「見てくれ、みんな、ディオンの部下に傷《や》られてしまった！」

市民は嗷々として、ディオンの部下の惨虐を罵り、たとえ反対者だとはいっても、血を流してまで、市民の口に蓋をするとは、あまりに残忍だ、圧制だ、と、叫びはじめたとき、急ぎ馬を走らせて駆けつけたのはディオン、

「静まり給え、諸君。このソシスの兄というのは、王の近衛軍の兵隊だ。われわれの間に紛争を起さすための謀略《はかりごと》に相違ない。」

そこで医者を呼んで、よくその傷を調べさせて見ると、一撃の下に斬り下ろした傷ではなくて、下から幾度も切った傷であることが判った。そのうち一人の市民が、ソシスの現われた辺の窪石の下に、一挺の剃刀がかくしてあったのを発見《みつけだ》したので、この謀計《はかりごと》も水泡に帰した。

シラクサ市民のなかには、ディオンの威権赫々たるを嫉み、人民を煽動して、一時ディオンを市外に抛り出し、自ら将軍となって、シラクサ城の攻撃をやったものもあったが、そのあまりに臆病にして、城内の兵の一撃に合うや、刃を交えぬうちに敗走して、婦女子の嘲弄をさえ受けるところとなった。そしてディオンが再び市街に姿を現わすや、市民は再び起って、救主《すくいぬし》よ、守護神よ、と、歓呼して彼を迎えた。

ディオンの部下のうちには、かかる悪性の煽動家を憎むのあまり、こんな陰険で人の能を嫉む不良の徒は、国家の疫病のようなもので、その害は暴君にも譲らぬものであるから、よろしく兵たちの希望のままに、彼等の存分にさせた方がいいと勧めたが、ディオンは彼等を宥めて言った。

「他の将軍たちは、専ら軍事ばかりおやりであるが、予はプラトンの学園にあって、久しく学んだものであるから、忿怒に克つ道を聊か心得ているつもりである。己に徳ある人々を厚遇するのは当然のことであって、あえて誇りとするには足りぬ。己に害を加うる人々を容《ゆる》してこそ、まことに忿怒に克つというべきではないか。予はただ戦術や品行の点で、人に勝るものと言われたくないのだ。むしろ正義と寛大において、彼等に勝るものとなりたいのだ。それでこそ真の勝者ではないか。彼等は事実、友を売り、能を嫉み、禍心を抱くものかも知れぬ。さりとてこのディオンも、憤恨《うらみ》を逞うして、その名誉を汚してよかろうか。」

かくしてディオンはついに、ダイオニシアス王を追い、人民の自由を恢復して、百事は望むところのごとく成功した。しかし彼はその幸福《しあわせ》の美果を、第一に刈ろうとはしなかった。将士たちが、戦勝に鼓腹し、鯨飲馬食しているのを、悦《うれ》しそうに眺めながら、自分は節倹質素な生活をして、偉大なる戦勝者といわんよりも、むしろアカデマスの学園で、プラトンと食膳を共にしているもののごとくであった。

ディオンの名声は遠く伊太利《イタリー》、希臘《ギリシア》までも響き渡った。プラトンは彼に一書を送って、

「自重せよ、わが愛するディオン。全世界の眼《おんみ》は足下に注がれている。」

と言った。惜しいかなディオンは、その後まもなく刺客の手にかかって咽喉を斬られ、犠牲が壇上に屠らるるがごとくに斃れてしまった。そしてプラトンは却って、その愛弟子よりも生きながらえ、八十歳の長寿を保って死んだ。

智謀テミストクレス

雅典《アテネ》の将来は海上にあり

テミストクレスの父親は、雅典の賤しい市民であった。その上、母は外国人であったので、少年時代から、正しい市民とは認められなかった。それが彼は残念で堪らなかった。

「何うか立派な人物になって、父母の如何にかかわらず、世人から尊敬されるようにならなければならない。」

この心が彼の一生を支配した。

少年時代、市《まち》のなかにある大体操学校に入ることができず、自然他のものから軽侮されるのが、口惜しくて、彼は自分で近所の少年《こども》を集めて角力を始め、それに事よせて、市内《まちうち》の正市民の少年を誘い、一緒に角力を取ったり遊んだりして、幾分か身分の賤しいことを紛らした。

テミストクレスは、何ちらかといえば早熟の方であった。少年《しょうねん》としても頗る大人びた少年であった。他の少年《こども》が遊んでいる間も、自分はセッセと演説の原稿を書いていた。しかもそれが、学友を弾劾したり、または弁護したりする演説ばかりなので、学校の先生も常々言っていた。

「君は決して平凡な人間じゃない。よく行けば国家の福祉《さいわい》となるが、一つ間違えば、社会《よのなか》の呪詛《のろい》となるかも知れぬ。注意したまえ。」

詩歌や音楽などは好きでなかったが、東西古今の歴史を談じ、政治や経済の事務を論じさせると、大人も舌を捲くばかりであった。

彼は自ら豪語していた。

「僕は笛を吹くことはできない。琴を弾くことも知らない。しかしこの微々たる一小国を僕に任せれば、これを雄大なる国家となし、その威を天下に輝かさせることは知っているのだ。」

テミストクレスの志は、少年時代から、政治家にあった。少年血気の迸るところ、時に不羈放縦に流れることもあったが、この志だけは代えなかった。

「駻馬にしてはじめて、調練して駿馬となれるのだ。」

と、彼は自らその少壮時代の豪放を弁護しているが、一番それを心配したのは父親であった。父は或る日、海岸に壊れ朽ちている旧船を指さして警めた。

「あれ見よ、テミストクレス、政治家などというものは、用がなくなると、あの通りに、人民に捨てられるのだ。」

不思議にも、それは、後年に至って、ハタと思い当ることがあった。しかしテミストクレスの志は、そんなことでは動かなかった。

年をとるに従って、彼の長所はますます発揮された。頭脳の明晰なのと、策略に富んでいるのと、行動の活潑機敏なのとで、早くから政治界に頭角を現わした。

政治家としてテミストクレスの偉かったのは、天下の形勢を見るの明識と、事を断ずるの果敢とであった。

「雅典の将来は海上にあり。」

それを早くも見抜いていたのが、テミストクレスの識見であった。波斯《ペルシア》と希臘《ギリシア》とのあいだに戦争は到底避け難い。その場合、希臘の盟主としての雅典の採るべきは、ただ海上において彼と対抗するよりほかないのだ。そのために、彼は早くも、二つの大計画を建てていた。一つは軍艦を建造すること、も一つは軍港をこさえること。

三十四歳のとき、テミストクレスは、すでに最高執行官《アルコン・エポニモス》に選ばれていた。今の総理大臣に当る。いよいよ年来の宿望たる雅典の海軍振興策を、実現するときが来たのだ。彼は急ぎ、ピレウスに築港してこれを軍港となし、一方軍艦の建造を急いで、三年の間に七十隻の艦隊をつくった。

「テミストクレスという男は、雅典人から楯と槍とを奪い取って、これを櫓と櫂とに追いやってしまった。」

というのは、その当時の辛辣なる批評家の言葉である。

雅典にこの準備ありと知ってか知らずか、果して波斯王ダリアスは、希臘遠征の準備を整え、まず使者《つかい》を希臘の諸邦《くにぐに》に送ってよこした。

「吾に汝の水と土とを献ぜよ。」

若し汝の土地を献じなければ、一挙にして汝を撃ち滅ぼさん、という意味である。テミストクレスは、不礼の使者《ししゃ》、斬るべしと叫んで、来れ戦わんの意気を示した。このとき痛快なのは、武断国スパルタで、いきなり波斯の使者を井戸に投《ほう》りこんでしまって、さて皮肉な微笑を洩しながら言った。

「水と土が欲しいというなら、これでは何うだ！」

いかにもスパルタらしい遣り口、言い方ではある。

マラトンの鬨の声

ここに波斯《ペルシア》王ダリアスは、歩兵十万、騎兵一万、軍艦六百隻の大遠征軍を組織して、途々ナクソス、デロス、エウボイアなどを討ち平らげ、勢猛《いきおいもう》に雅典《アテネ》の西北マラトンの原にと上陸し来った。

敵は慓悍をもって聞こゆる波斯の騎兵。広いマラトンの平原で戦えば、必らず敵騎の鉄蹄に蹴散らされるは必定と、雅典軍は、狭い、嶮しい、入りこんだ、ウラニアの渓間に陣を取って波斯侵略軍を待ち構えた。

このときテミストクレスは、十司令官の一人であり、後に彼の一生の政敵となったアリスチデスもその一人であったが、この十司令官のなかに、ひとりミルチアデスというのは、特に戦術に長じ、智勇すぐれた大将であったので、テミストクレス等の十司令官は、自らミルチアデスに一切の指揮権を委ね、雅典軍の総司令官とした。

さても波斯軍は、勢いはげしくこのウラニアの渓間に殺到し来った。ミルチアデスは、待っていましたとばかり、敵を充分手許に引き寄せておいて、高いところから、一時に矢や投槍《ジャヴリン》を雨のごとくに射かけて敵陣を乱し、その乱れた機に乗じて、どっとばかりに突いて出た。谷間は狭く、騎兵は用いられず、流石の巨軍も、雅典軍の逆襲に、少しひるんで見えた時、ここぞとますます鋭く追い捲ったので、流石勇猛天下に鳴った波斯軍も、この一戦に一たまりもなく敗走してしまったのである。

マラトンの一戦に、首尾よく波斯遠征軍を撃退した雅典の市民たちは、まるで有頂天になってしまった。寄ると触ると、ミルチアデスの将略勇武を賞め讃え、街頭《まち》は歓呼の声で一杯であった。しかるにひとりテミストクレスは、怏々として楽まず、終夜眠らずに考えこんでばかりいて、賑やかな宴会にもトンと顔を見せなくなった。友人たちが怪しんで、

その理由《わけ》を聞くと、

「ミルチアデスの凱旋は、予《よ》をして寝《いぬ》る能わざらしめたのだ。」

他の人々は、波斯もはや怖るるに足らずと、安心しきっているときに、テミストクレスは、勝って始めて波斯の怖るべきを知ったのである。

「幸にしてマラトンに勝つは勝ったが、敵は名だたる波斯の大国だ。決してこのまま遠征の手をひくものではない。そのとき我等は、とても野戦でこれを防ぎ続けることはできぬ。何うしても海上で防戦するよりほかないのであるが、前の戦争で、わずか七十隻のわが艦隊は、何の役に立つだろう。海を蔽う六百隻の艨艟《もうどう》に圧せられて、港内深く遁げこむよりほかなかったではないか。これでは不可ぬ。少なくとも二百隻の軍艦がなくては。」

しかし戦勝に酔った雅典の市民たちは、太平楽をならべて、テミストクレスの言葉に耳を傾けようともしなかった。そこで智謀に富むテミストクレスは、早速一つの策略を考えついた。

そのころ雅典人は、ラウリアムの銀山から生ずる利益を、自分たちの間に分配する習慣であったが、ここにテミストクレスは一つの動議を出した。

「これからはその金幣《かね》でもって戦艦をつくり、以てエギナ島の横暴を防ごうではないか。」

エギナというのは、そのころ海外貿易における雅典の好敵手で、貿易上のことから、両国はしばしば争わなければならなかったのであるが、その度毎に雅典はエギナ軍艦のために苦められた苦い経験を持っていた。国家の長計は判らなくても、目前の利害に鋭敏なのは、雅典人の特徴である。そこでテミストクレスは、雅典の貿易保護を名として、海軍拡張を行わせようとしたのである。

そのときミルチアデスはすでに死し、テミストクレスとアリスチデスとが、互いに権を争っていた。アリスチデスという人は、雅典の名門であり、しかも正直廉潔、真面目一方の堅実肌な人であったので、人民の信望はこの人に集まっていた。惜いことに、天下の形勢を見るの明識がなく、その意見は着実に過ぎて保守に傾いた。勿論テミストクレスの海軍大拡張案には、不賛成であった。

そこでテミストクレスは、最後の決心をしなければならなかった。

「アリスチデスは実に立派な政治家であるが、国家の大事には代えられぬ。」

と、ついに政敵アリスチデスを、蠣殻投票に問うことになった。

蠣殻投票というのは、雅典独特の制度で、市民は蠣の殻に、この人がいては国家のため不利益であると思う人の名を書きつけて投票をし、投票箱を開いたとき、その名を多く記された人は、如何なる人物にかかわらず、何等の理由を言わずして、十年の間国外に放逐するという制度である。

蠣殻投票の日、アリスチデスが市場《まち》を歩いていると、見知らぬ一人の賤しい男が、往来で彼の袖をひきとめた。

「旦那済まねえが、俺は無筆で字がかけねえから、ちょいと書いてくんねえかね。」

「何と書こう。」

「アリスチデス。」

アリスチデスは、屹っとその男の顔を見て、静かに聞いた。

「何うして君はその人を放逐しようと思うのか。」

「なアに、別に理由《わけ》はないがね、余りみんなアリスチデス、アリスチデスと言って賞めるのを聞くのが、うるさくて困るからさ。」

アリスチデスは苦笑して、自分の名を蠣殻に書いてやった。

如何にもアリスチデスらしい立派な遣り方である。しかし投票の結果、アリスチデスはついに国外に追放されることになった。かくしてテミストクレスは、例の海軍拡張案を通過して、急いで軍艦を建造し、軍港を完成することとなったのである。

テルモピレの血の雨

波斯《ペルシア》王ダリアスが、希臘《ギリシア》遠征に失敗してから、早くも十年の歳月は、夢のように流れ去った。その間に波斯では、ダリアスが死んで、その子の英雄王クセルクセスが後を継いでいた。そして彼は、再び海陸の巨軍を率いて、希臘半島へと攻め寄せてきたのである。

これぞ希臘民族の興亡に関わる一大事であった。テミストクレスは直ちにコリントに同盟会議を開き、スパルタを盟主に推して、諸邦《しょほう》の聯合により、希臘共同の敵に当ることを決した。勿論雅典《アテネ》としては、スパルタの勢力を、中部希臘に振わせたくないのは山々であったが、この聯合を堅くするには、スパルタを盟主に戴くよりほかなかったのである。

すでにして波斯の大軍は、潮のごとく希臘半島に流れこんだ。その勢は秋の木の葉を捲くように、忽ち天嶮テルモピレに迫り来った。テルモピレというのは、一方が海、一方は断崖、その間わずかに一車を通ずる狭路あるのみという、実に屈竟の要害であった。

この天嶮に拠り、僅か三百の手兵をもって、希臘全土を死守しているのが、スパルタの勇将レオニダスであった。

波斯王が斥候を放って、希臘軍の動静を偵察させると、斥候は帰って来て、クセルクセス王に報告した。

「敵は狭路に築いた壁にかくれて、よくは見えませぬが、悠々と長い髪を梳っているように見受けました。」

「なに、かかる危急の場合に、閑気《のんき》らしく髪などを梳っているとや？」

傍にいたデマラトスは、これに答えた。

「スパルタ人は、戦死を覚悟したときは、死んでも見苦しくないよう、予め髪を解いて、梳る習慣でございます。さては死を以てここを守る決心と見えまする。」

「死を以て守るというか……。あればかりの小勢でもって、何うしてこの大軍と戦うことができるのだ。」

波斯王はそれを信じなかった。しかしデマラトスは断言した。

「陛下、すべての成行が、臣《わたくし》の言上する通りでなかったならば、そのときこそ臣は虚言者《うそつき》として、甘んじて罰を受けるでございましょう。」

まことにデマラトスの言った通りであった。レオニダスの率ゆる軍兵こそは、武勇の国スパルタの精鋭。その三百人が、一人々々の勇者であった。戦のはじめに、トラキスの一兵が走り来って、

「敵の大軍は矢を射ること雨のごとく、そのために太陽も暗くなるばかりでございます。」

と報告すると、勇士ジェネケスは、莞爾として答えた。

「それはますます好い具合だ。われわれは日陰で戦うことができる！」

かくして流石に猛き波斯の不死隊も、一騎打となっては、ついにこの三百の勇者の敵ではなかった。

二人並んでは歩けないような狭路では、波斯の大軍も用をなさず、テルモピレの守りはますます堅かったのである。

しかるに何事ぞ、希臘方に一人の憎むべき売国奴が現われた。そしてこのテルモピレの山上に、一条の間道があることを内通したのである。攻めあぐんだクセルクセスは、得た

りと一千の不死隊を遣わし、声をひそめ足音しのんで、間道を通ったのであった。

「敵襲来！」

「敵軍背後に現わる。」

レオニダス三百の手兵は、流石に色めき渡ったけれども、もうこうなっては、この要害を見捨てるか、或は飽くまで踏み止まって防戦するか、二つに一つより他に途はなかった。勇将レオニダス、悲壮の面持を眉に集めて、三百の勇士を見廻した。

「わが出陣の際受けたる命令は、ただテルモピレを死守せよ！　それだけであった。一歩でも退いたら、国命に背くことになるのだぞ！」

三百の勇士に何の異存があろう。かくして勇将レオニダス最期の時はいよいよ来たのである。

如何に死力を尽して戦うとも、素より鉄石《てっせき》の身にあらねば、かく背腹に敵をうけては、三百の勇士、一人傷つき、二人倒れるうちに、波斯軍は、さながら怒濤の巌を嚙むがごとく襲いかかる。槍が折れたものは、短剣を揮って、近づき寄る敵兵を斃した。剣が飛べば、赤手をもって敵兵に躍りつき、その咽喉をしめ、歯で頸に嚙みついた。しかし波斯軍は、新手の勢を増すばかりであった。

かくしてレオニダス以下三百の勇者は、文字通り、一人のこらず壮烈な戦死をとげた。今でもテルモピレには一基の石碑が建っている。

「旅人よ、スパルタに往いて言え
　我等は国命を守りてここに死せりと。」
秋風蕭々として、いまもなおその悲壮なる最期を弔っている。
　　雅典《アテネ》市民涙をのんで去る
　さて一方波斯《ペルシア》の艦隊は、舳艫相銜んで南下し、はやくも希臘《ギリシア》近海を威圧した。これに対して、オレオス水道に待ち構えた希臘同盟艦隊は、わずか二百八十隻。その総司令長官は、スパルタのエウリピデスであった。
　元来、スパルタの軍艦はたった十隻しかないのに、雅典《アテネ》は百二十七隻、殆んど同盟艦隊の半ばを持っておる上に、これを率ゆるは、海上の雄テミストクレスであるから、勿論彼が総司令長官となるのが順当であった。しかし彼は、この危機に際して、わずか総司令長官というような名義上の問題から、聯合艦隊のなかに不和が起ってはならぬと思い、激昂する雅典の将士を宥めて、
「この一戦こそは希臘にとっては必死の戦だ。幸にして諸君がこの戦いに勇奮し、男らしく戦ってくれるならば、自然今度からの戦争には、彼等自ら進んで、予を総司令長官に推すであろう。これは大切な戦いじゃぞ。」

と、潔よくエウリピデスに総司令長官の名を譲ったのであった。しかし勿論、艦隊を動かす実権は、テミストクレスにあった。

波斯艦隊迫るの烽火はすでにあがった。然るに何事ぞ、聯合司令官たちの間には、早くも、このオレオス水道を捨てて、コリント海峡を守ろうという声が高くなったのだ。これはコリント海峡さえ守れば、自分達の郷国《くに》は安全であるし、それに若しゃ海戦に敗れても、コリント海峡なら、陸に上ることができるから、同じ死ぬなら故国の近くで死にたい！　というのが、司令官たちの腹であった。

なかにも頑強にこれを主張したのは、神聖艦の艦長アーキテレスで、しまいには水兵に支給する金がないから、艦隊を脱退するとまで言い張った。これを聞いて、嚇っと怒ったテミストクレス、直ぐに一策を案じて、雅典人をその艦に躍りこませ、散々乱暴を働かせた上、晩餐の食事までも奪わせてしまったものである。そしてアーキテレスが、ぷんぷんしているところに、テミストクレスは素知らぬ顔で、一つの筐を彼に贈り、上には一人前の食料、下には一タレント（二千五百円）の銀を納めて、

「何うか今夜はこれを食べて、明朝はこれで水兵たちに支給してやって戴きたい。それでも予に応じないというならば、仕方がない、君は敵から賄賂を貰って退走したんだと、雅典市民に訴えますぞ。それでもいいか。」

そこでやっとオレオス水道を死守することに一決したのであった。

テミストクレスが、オレオス水道を死守したことは、実に策を得たものであった。敵は海を圧する大艦隊、しかも主力のフェニキア艦隊は、得意の半月形の陣形によって、勢猛に攻め寄せたのであったが、水路は狭し、進退は自由ならず、忽ちにしてテミストクレスの策戦に陥り、陣形みだして水道外に、敗走したのであった。

加うるにその夜は、怖ろしい大暴風雨《おおあらし》となって、湾内にあった希臘同盟艦隊は、幸にして難を遁れたけれども、海上の波斯艦隊は散々に揉み立てられ、舵を損じるやら櫂を折られるやら、少なからざる損害を受けた上に、エウボイア島を迂回した二百隻の遊撃艦隊は、躍り狂う風と波とのために、海岸の岩に打ち上げられて、一隻のこらず破壊されてしまったのである。

暴風雨が収まれば、湾内には陽が麗らかに輝いていた。とても勝てぬと思っていた波斯艦隊を破ったので、みなみな艦上に集って、思わず吻っとしているとき、波を蹴立て、矢を射るように帰って来たのは、わが一隻の報知艦、

「陸上の戦争は何うだったか?」

「は、テルモピレの天険もついに破れて、いまや波斯の巨軍は、大河の決するように、希臘半島に押し寄せております。」

ああ、何事ぞ! ようやく海に勝を占めて、吻っと一息吐くまもなく、またも陸にはこの悲報だ。テルモピレが破れては、一瀉千里、雅典まで防ぐべきところはない。テミスト

クレスはこの報を得て、瞬間に、驚くべき決断をしなければならなかった。彼は大急ぎで雅典に帰るや、涙を揮って市民たちに訴えた。

「もはやかくなる上は、残念ながら、我々はこの雅典の市府《まち》を捨てて、海に防戦するよりほか策がない。いまさら都市《みやこ》に未練をのこせば、徒らに敵軍に乗ぜられるだけである。妻子は一先ずサラミス、エギナの二市にあずけて、血気の若者は残らず海に出で、力を一にして外敵に当らなければならない。」

しかし雅典の市民たちは、この期に及んでも、彼等の崇むる神々の宮祠《みや》を棄て、祖先の墳墓を去るに忍びなかった。それほどならばむしろ雅典を枕に、みんな死のうではないかというのが、市民たちの願いであった。その決心も健気である。しかしその間にも波斯の大軍は、日一日と雅典に迫りつつあるのだ。テミストクレスは、もはや人力をもって民心を動かす能わざるを知り、神を利用して民に決意せしめようと考えた。

そのころから、ミネルヴァの神殿に毎日奉献される供物が、何故か一つも納受されなくなった。奥殿にあるという神龍は、何時の間にやら姿を消してしまった。そこでテミストクレスは神官をして言わしめたのである。

「ミネルヴァの神はすでに雅典の市府を去り給うたのじゃ。これはその民を誘うて、海上に導き給わんがためである。」

さらに霊験あらたかの聞え高きアポロの神殿に、うかがいを立てて見ると、その御神託はこうであった。

「望みなし、逃げよ、逃げよ、疾く去れ！　わが愛する雅典のために心を尽すも、今は他に方策《てだて》はない。汝等はただ木の壁に拠れ！」

テミストクレスは、人民にこれを説明して、木の壁というのは、即ち船のことであると言った。そしてまた、

「アポロの神が、サラミスを、神聖なるサラミスと言って、怖るべきサラミスとも、悲しむべきサラミスとも言わないのは、即ちサラミスが、希臘に幸福を齎らす基となるからである。」

と称して、ついに民心を動かしたのである。

雅典の市民たちが、彼等の愛する故国の土を去って、海に泛ぶときの光景こそは、真に腸《はらわた》を断たしむるものであった。何たる悲惨ぞや！　年老いたるものは、後に遺されねばならなかった。飼いならした家畜すらも、一片の涙なきをえなかったであろう。主人に別れを悲んで、海岸まで慕い来り、悲しげに吠えるのであった。

ペリクレスの父の畜犬《かいいぬ》は、後にのこさるるに忍びず、ザンブと海に飛びこんで、船に添うて泳いだが、やっとサラミスに着いたときは、疲れきってそこに斃れてしまった。いまサイノセヌというのは、この忠犬の葬られたところである。

司令官会議の大激論

「ああ、いよいよ雅典《アテネ》最後の運命を決すべき時は来たぞ。若しこのサラミスの一戦に敗れたなら、雅典の名は永久に歴史から取除かれるのだ。死んでもこの戦には勝たねばならぬ。」

テミストクレスは、悲壮な決心を眉宇に浮べて、自分の艦に帰って行った。しかるに何事ぞ！　同盟艦隊に帰って見ると、またも司令官の間には、コリント海峡に退却し、陸軍と力を協せて戦った方がいいという説が、盛んになっているではないか。テミストクレスは必死にそれと争ったが、多数の決議には力なく、悄然として自分の艦に帰って行った。

そのテミストクレスの姿を見て、突然甲板の上から、

「君、今日の軍議の模様は何うだったね？」

という声。振り向いて見れば、それは親友のムネシフィロスという老人であった。テミストクレスは、腕組をしたままでブッキラ棒に答えた。

「いよいよ退却に決まった。」

「そうか、若しそう決まってしまったのなら、君はもはや、祖国のために戦うことは、できなくなったんだね。」

テミストクレスは、この沈痛な一語に刺戟されたか、思わずハッと腕組を解いた。いかにも雅典の興亡にかかわる危機一髪のときである。よしや軍議一たび決したりとも、自説は死んでも固守しなければならぬ。彼は再び小舟を飛ばして、エウリピデスの旗艦に乗りつけた。

「エウリピデス君、執念《しつこ》いようだが、若し希臘《ギリシア》艦隊が、一旦サラミスから退却するということになったら、雅典《アテネ》をはじめ、エギナもメガラも、決して行動を共にすることはできないと思う。そうしたら同盟艦隊は四分五裂だ。君、君は、君の手に委せられたこの堂々たる同盟艦隊を、かくも不名誉に解散させて、それで総司令長官としての責任がすむと思うか。」

言葉も鋭く詰めよったので、流石のエウリピデスも止むなく、再度の司令官会議を開くことになった。そしてここに有名なる艦上の大論争が始まったのである。

会議が開かれると、エウリピデスはまず口を開いて、テミストクレスの単刀直入な猛進策を排斥して言った。

「テミストクレス君、君も知ってるだろうが、オリンピック競技では、他の人より先に走り出すものは、鞭《う》たれる定めじゃないか。」

テミストクレスはそれに冷然と答えた。

「しかし人に後れるものは、勝利の月桂冠を頂くことはできない!」

この一言に、エウリピデス、思わずムッとして、手に持った将師の章《しるし》たる棒を振りあげる。しかしテミストクレスは少しも騒がず、

「それで撃つというのか。諾《よ》し、撃とうというなら撃って貰おう。しかし予の言うことは聞いてくれ！」

何という毅然たる態度であろう。エウリピデスも今更面目なく、振上げた手をおろせば、テミストクレスは舌頭に満腔の熱誠を籠めて、サラミス退却の不可なるを説き始めた。エギナやメガラの司令官たちは、それに感動して、テミストクレスに賛成した。しかし他の司令官たちは、なおも自説を言いはって聴かない。なかにもコリントの司令官は面憎い顔をして、

「君の郷国《くに》はもう焼けて、灰になってしまったじゃないか。市城《まち》をもたないものが、まだ国を護っているものに対して、そんなことを対等に主張する権利はないよ。」

そのときテミストクレスは、慨然として、海に浮ぶ二百の軍艦を指しながら、叫んだ。

「見よ！　わが雅典は彼処にあるのだ！　われらが市城を棄てたのは、これらの建造物《たてもの》に未練をのこして、波斯《ペルシア》の奴隷となるを欲しなかったからだ。たとえ国はなくとも、この二百隻の軍艦あるうちは、優に希臘の最強市府《しふ》たるをうるのだぞ。」

なおも反対するものがあると、彼は声あららげて怒鳴った。

「君はまるで烏賊みたような男だ。剣は佩びても、精神《たましい》がない。それでもまだ戦争《たたかい》を論じ

ようとするのか?」

さらにコリントの司令官が、希臘全体のことを思わず、ただコリントの利益ばかりを計るのを痛撃して、

「われら雅典人は、断じてコリントの地峡に退却しない。しかし諸君が何処までも此処で戦わないというなら、もはや致し方ない。諸君は諸君でコリントに退け、われらはわれらの有するすべての艦をもって伊太利《イタリー》に赴き、そこに新雅典を興すのだ。しかし諸君、君たちは吾々なくして、果して諸君の国を防ぐことができるかね。よく考えてくれ給え。」

この断乎たる決心に、彼等は思わず色を失った。雅典艦隊一たび去らば、同盟艦隊は藻抜の殼だ。かくて司令官会議も、大分動かされて見えたので、テミストクレスはまたもここに、一つの苦肉策を案じ出した。

テミストクレスの家に、シシナスという波斯の捕虜があった。至って正直者なので、テミストクレスはその男を、子供の家庭教師などさせておいたのであったが、彼はこのときシシナスを、波斯王の許に遣わして、ひそかに王に言上せしめた。

「ただいま希臘艦隊は、大いに波斯軍の威容に恐れて、みな遁走《にげだ》そうとしています。テミストクレスは、実はひそかに大王に心を寄せているので、逸早くこれをお知らせするのです。逃げ出さないうちに、早く退路を絶つ方法をとられた方が、いいと思います。」

果してこの苦肉策は成功した。波斯王は直ちに艦隊のなかから二百隻を割いて、全海峡

を封鎖した。こうなっては、コリントに退却しようにも、もはや逃げることはできない。

恰かもこのとき、先に蠣殻投票で国を追われたところの、かの清廉の大政治家アリスチデスは波斯艦隊の出動を見て、大いに驚ろき、密かに自ら政敵テミストクレスの幕下に赴いた。

追われたりと雖も、テミストクレスと肩を比《なら》ぶる大政治家である。先の恨みも忘れたように、政敵の前に立って、ニッコリと微笑った。

「テミストクレス君、僕は君と一緒に、何ちらが果してよく国に尽すものであるか、その競争するために来たんだよ!」

実に立派な態度である。しかしテミストクレスの方は、元来が策略の人とて、そう直明にはいかなかった。故意《わざ》といかにも困ったような顔をして、

「いや、実はね、君、軍議がもうコリント退却説に傾いてしまったのだ。お互に国に尽そうたって、もう駄目かも知れないよ。」

「なに、コリントに退却する? 今更退却しようたって、それこそもう駄目だぞ。此処に来る途中で、予は見て来た。波斯海軍は悉く、わが逃路《にげみち》を塞いでるのだ。」

そこでテミストクレスは、やっと安心して、先の政敵、今の僚友アリスチデスの手を握って、自分の苦肉策を詳しく打明け、

「逃路を塞がれたということを知ったら、いかに彼等と雖も、もはや決戦に反対すること

はできないだろう。君のような信望のある人が、そのことを言ってくれれば、彼等も早く決心がつくに違いない。さア、早くなかに入って、皆のものに話してくれ。」

と、引っぱるようにして、アリスチデスを会議室に案内した。司令官会議も、アリスチデスの話を聞いては、もはや決戦の臍を固めるよりほかなかった。

かくして晴れの大海戦は、いよいよサラミスに戦われることになったのである。

サラミス湾頭濤高し

紀元前四百八十年九月二十日、東の空に日はしずしずと昇った。時にわが四代懿徳天皇の御代、支那では聖者孔子が、大著「春秋」の筆をおき、七十三歳を以て逝いた前年のことである。

サラミス島の丘の上には、雅典《アテネ》の老幼婦女たちが、そのあたりの屋根の上にのぼり、心戦かしながら、今日の海戦いかにと、一心に海を凝視していた。もし味方の不利に陥ったなら、彼等は一人のこらず波斯《ペルシア》の捕虜となり、奴隷とならねばならないのだ。

エイガロスの山の上には、波斯王クセルクセスが、海に突き出た岩の上に、銀の脚ついたる椅子を据えて、一日に戦場を見おろしていた。一艦の進退、一合の小戦も、悉く大王の眼の前にある。この晴の合戦に挺《ぬき》んでて、花々しい功蹟《てがら》をたて、大王の恩賞に与ろうと、人々はみな勇み立った。

これぞ世界の歴史に名高きサラミスの大海戦。やがて、海天に響く勇ましい軍歌の声とともに、その幕はサッと切って落された。

進撃の号令とともに、希臘《ギリシア》同盟艦隊は、まず右翼を先頭にして、サラミス湾を乗り出した。それ小癪なり、洩らさず撃って沈めよと、波斯艦隊は、列を乱して争い進み、忽ち希臘艦隊の左翼を包もうとする。かねて期したるテミストクレス、何とて敵の包囲を待とう。戦線を左へと延ばして、反って敵の側面を挟んだ。

折しも海風激しく吹き荒れ、波濤《なみ》は高く舷をたたいて、さなきだに陣列を乱していた波斯艦隊は、前後左右に衝突して、殊のほかの混乱に陥った。それに艦船《ふね》の造りが低《ひ》く造りで、水上に出た部分の高くない希臘艦隊は、この高浪をくらっても、さして不便を来さなかったが、波斯の艦船は、艫も甲板も高く且つ重く、操縦が困難であったので、そこをすかさず、軽快なる希臘艦隊に、風上から鋭く攻めたてられて、ついに波斯艦隊の右翼は散々に崩れた。

「それ、敵の艦隊は崩れたぞ。いざ進め。」

息をもつかさず攻めたてれば、このときまで、大いに奮戦していた波斯艦隊の左翼も、右翼の敗れに浮足たって、さしもの大艦隊も総崩れとなり、ついに先を争って敗走したのであった。

かくしてテミストクレスはついに勝った。このとき日はすでに没していたけれども、幸なるかな、折からの宵月夜。これに乗じて希臘艦隊は、さらに追撃を続け、敵をファロン湾内深く追いこめて、快よげに凱歌を奏しながらサラミス湾に還って来るではないか。見よ！今日の激戦に、乱れ狂ったサラミス湾頭の浪は、はや全く静まって、白銀のような月光は、波に浮べる檣の破片や櫂や器具を、物凄く照すのである。

エイガロス巌頭に、この有様を眺めていた波斯王クセルクセスは、嚇っとばかりに怒り心頭に発した。

「おお、言いがいなきわが海軍よな。よし、然らばこれより砂や土を投げこんで、あの海峡を埋めてくれよう。その上を践んで、陸兵をサラミス島に進め、恨み重なる雅典の者共を、一人のこらず殺してやるんだ。」

そうなったら事だ。智謀溢るるテミストクレスは、このときすでに胸中対策があったのであるが、態と素知らぬ顔で、アリスチデスの気を引いて見た。

「ね、アリスチデス君、僕はこの勢に乗じてヘレスポント海峡に航《はし》り、彼処の船橋を切断して、波斯王の退路を断ってやろうと思うんだが、君の意見は何うだね。」

真面目くさって言えば、正直なアリスチデス、案の定これに反対した。

「いや、それは不可ない。これまでの波斯軍は、ただその強大を恃んで、奢侈逸楽に耽っていたからよかったようなものの、若し彼等が、袋の鼠となったと知ったなら、それこそ死力を尽して戦うに相違ない。考えても見給え。あの雲霞のような大軍に、自棄になって希臘じゅうを、暴れ廻られたら堪ったものではない。僕の考ではその船橋を毀すより、むしろ一つ船橋を架けてやって、一日もはやく欧羅巴《ヨーロッパ》から、波斯軍を引き上げさせたいくらいなものだ。」

これこそ実はテミストクレスの思う壺なのだ。しかし飽くまで策略のテミストクレスは、態と、アリスチデスの意見を聴いて始めて覚ったような顔をして、

「やあ、なるほど君の方が深慮遠謀だ。しかし波斯軍を退却さすんなら、退却さすように、一日も早くその計謀《はかりごと》を廻らさなければならぬ。」

というのでここに始めて、自分の秘策を披露した。そして、捕虜のなかにいた波斯王の侍臣を態と赦して還らしめ、その国王にこういう意味のことを言上させた。

「いま希臘軍は、勝に乗じて、ヘレスポントの帰路を絶とうとしています。そうなると大王の安危も気づかわれるので、かねて大王に心を寄せているテミストクレスは、何かと同盟艦隊の進発をおくらせるよう尽力中でありますから、大王におかせられても、一日も早く亜細亜《アジア》に軍を引き上げられますよう、切にお勧め申し上げます。」

計略《はかりごと》とも知らぬクセルクセスは、これを聞いて大いに驚き、ただ一軍を残したのみで、怱忙と希臘を退却《ひきあ》げて行った。

しかるに波斯侵入軍の殿軍として、希臘に残ったところのマルドニオス将軍は、まだ諦

められなかったものか、いろいろと甘言をもって雅典を誘い、これを占領しようとしたけれども、雅典は断乎としてそれをはねつけて、

「我等の自由は、世界の如何なる宝も、これを購うことはできない。我等の神殿を破壊したところの波斯は、太陽がその軌道を運《めぐ》っている間は、永遠に我等の敵である。」

と宣言した。ために雅典は、再び痛憤の涙をのんで、サラミス島に難を避け、都市を敵の蹂躙に任せなければならなかったのであった。

しかしこの窮地に立っても、雅典市民はまだ膝を屈しなかった。

「市府は亡びても、われらは飽くまで希臘の自由のために戦おう!」

その決心は動かなかった。その意気の盛んなる、前の執政官《アルコン》リキデスが、民会において波斯との和睦を唱えたとき、民衆はリキデスを囲んで、石を投げつけこれを殺し、また婦人たちはリキデスの家に乱入して、その妻女を引出し、寄ってたかって石を抛って彼等を殺してしまったほどであった。

マルドニオスは家を焼き、田野を荒らし、暴状至らざるところがなかったが、ついにその酬いを得るときが来た。プラテーエの一戦、発矢《はっし》と投げた希臘人怨みの石礫は過たず、彼の前額《ひたい》の真ン中に中って、さしもの驍勇マルドニオスも、跨ったる白馬より撞と落ち、乱軍のうちに斃れたのであった。

希臘軍はこれに勢を得て、長駆波斯軍を追い、ついに国外に追い払った。

第二はテミストクレス

さてテミストクレスは、同盟を裏切って波斯《ペルシア》に帰服した島々を懲罰すると称し、雅典《アテネ》だけの艦隊を率いて、まずアンドロス島に迫った。彼は最初これに科料金を要求して、「わが艦上には、威力厳然たる二柱の神がある。一を勧告といい、一を強迫という。卿等はその何れにても、欲するところを択べ！」

アンドロスこれを斥けたので、テミストクレスは攻めかかって、難なく島人を征服し、その目的を達した。これを聞いて、パロス、カリストスその他の島々も、艦影を見ないうちに慄え上り、言わるるままに徴発に応じた。いまやテミストクレスの威権は、希臘《ギリシア》海を圧するさまであった。

このときが、テミストクレスの威権の頂上であったろう。従軍の将士コリントの地峡に引上げて、誰が最も功蹟があったかを、この地の祭壇に投票したとき、誰しも自惚れがあるのか、第一位には必らず自分の名を書いたが、第二位には決まってテミストクレスを置いた。

スパルタに招かれたるときのごとき、その将エウリピデスに武勇の賞牌を与えたるスパルタ人は、テミストクレスには智謀雄略の賞牌を贈った。そしてテミストクレスがスパル夕を去らんとするや、彼に橄欖の冠をかむらせ、市内における最も美しい馬車を供して、三百名の壮士に命じ、彼を国境まで護衛せしめた。

次のオリンピック競技に、テミストクレスが来場して見ると、無数の観客たちは、もはや賞品を争う競争者などには見《め》もくれず、ただ終日《いちにちじゅう》テミストクレスを眺めて暮らす始末であった。外人や知らぬ人がいると、

「あれがテミストクレスですよ！」

と、彼を指して、口を極めて彼を讃嘆し、歓呼し、喝采して、まるで夢中であった。彼が友人に向って、

「予は今日はじめて、祖国希臘に尽した功に、酬いられたように思う。」

と、述懐したのは、このときであった。まさに得意の絶頂である。

一日《あるひ》海岸を散歩していると、打上げられた幾多の死骸のなかには、金鎖や黄金の腕輪をつけたものが大分あった。しかしテミストクレスは、そ知らぬ顔で通り過ぎ、友人を顧みて言った。

「君はあれを取ってもいいんだよ。君はテミストクレスではないんだから、構わないさ。」

それがテミストクレスの誇りであった。或るセリファス人が、テミストクレスに対って、

「貴君は自分の力で偉くなったのではない。雅典という国が偉かったからだ。」

と言ったとき、テミストクレスは答えて言った。

「さようさ、予も若しセリファスに生れたならば、テミストクレスにはなれなかっただろうね。しかし君が若し雅典人だったら、雅典はこう偉くはなれなかったであろうよ。」

テミストクレスの子供が、散々母親に駄々をこねて、その母親からテミストクレスに何かをねだって貰ったときに、彼は微笑を含んで妻に言った。

「この子は希臘中で一番偉い人物だよ。なぜって、希臘に号令するものは雅典であり、雅典に号令するものはこの予じゃ。ところが御身は予に号令し、その御身にこの子は号令しているではないか。」

今に見ろ、立派な人物になって、俺《わし》を軽蔑していた奴等を見返してやるから！　という、少年時代の志は、かくして遂げられたのである。

しかしその間にも、彼の父親が、荒磯に棄てられた小舟を指して、

「あれ見よ、あれが政治家の運命だよ。」

と警めた、その運命は刻々と、彼の身辺に近づきつつあったのである。

一体、雅典のような民主国においては、一人の人が、ながく権勢を握ることを好まないものである。況んやテミストクレスは乱世の雄。国破れたればこそ、英雄を憶え、世すでに平らかにして、人が休息《やすみ》を思うとき、テミストクレスのような、進取的で、覇気に富み、縦横の策謀を胸にたくわえたる人物は、何となく危険く思われて来たのだ。そして、

むしろ、保守的で温厚著実な、アリスチデスの徳望を、欲するようになって来たのだ。あながち雅典市民のみを責めることはできまい。時勢が変ったのである。

雅典を中心とする海上同盟の議が起ったとき、テミストクレスは策を建てて、

「今日こそは雅典が、希臘の覇権を握る絶好の機会である。よろしく武力をもって、北方諸邦を威圧しなければならぬ。」

と称えたのに対し、アリスチデスは保守的政策を把って、動かなかった。

「この上武力を彼等の上に振うのは穏当でない。もはや雅典の威力は十分に発揮されたのであるから、来るものは敢て拒まないが、強いて討つにも及ばないではないか。」

雅典市民は、アリスチデスの保守説に傾いた。そしてついに、アリスチデスを主脳とするデロス同盟が成り、各国その富の程度によって、公平に負担を定められることになった。

このころから、テミストクレスの権勢は、降り坂になったのである。

しかし雅典は、かくして希臘海上の覇権を握り、競争相手のスパルタは、デロス同盟から全く除けものにされてしまった。一方アリスチデスを主長とする雅典は、この同盟を利用して、しきりに波斯の艦隊と戦ってこれを破り、全く海上権を波斯から奪ってしまった。デロス同盟における雅典は、いまや盟主から覇者に移って、その威天下を風靡するの観があった。

このときテミストクレスは、国人に用いられず、悶々の歳月を送っていた。さりながら、テミストクレスたるもの、何ぞ心を病むの必要があろう。雅典の覇権樹立は、たとえ彼の政敵アリスチデスの手によって完成したとはいえども、彼の理想としたる雅典の黄金時代は、かくしてついに来たのではないか。

築城の人質となる

デロス同盟の組織とともに、雅典《アテネ》の戦後経営として、最も重大なる事業は、雅典市の築城問題であった。

一体雅典の城壁というのは、従前から大して堅固なものではなかったが、その上二度の波斯《ペルシア》の襲来を受けて、いまでは僅かに城壁の一部分が残っているばかり、到底天下に覇を唱うべき大雅典の、根拠たるべきものではなかった。進取的政策を採るテミストクレスは、まずその築城の急を市民に説き、市民もまたこれに聴いて、いよいよ堅固なる城壁の築造にとりかかったのである。

然るに雅典の築城問題は、意外にも、希臘《ギリシア》諸邦の物議の種になった。

殊に、かねがね雅典の勢威隆々たるを猜《そ》ねんでいたコリントやエギナは、すわこそ希臘諸国の一大事とばかり、密かに使をつかわして、雅典の競争者スパルタを煽てはじめた。

「雅典は今でこそ、スパルタを希臘の覇主として、その命を奉じているように見えますけれどあの城壁が出来あがったが最後、忽ち野心を逞うして、己の欲するままに振舞うにちがいありませぬ。何とかして早く中止させなければ、後悔臍を噛んでも、追っつかないことになりますぞ。」

これは強がち猜疑心ばかりではなかった。現に計画者のテミストクレスが、その心算でいるのだ。この密告を聞いたスパルタは、心甚だ平らかならず、直ちに同盟会議の名によって、雅典に抗議を申しこんだ。

「波斯軍来寇当時のことを考えて見ると、とても中部希臘で敵を防ぐことのできないことは、貴国もその苦い経験で、よく御承知のことと思う。たとえ雅典に城壁を築いても、これに拠って敵を防ぎ止めることはできないのだ。却ってその城壁が敵の手に渡っては、彼の根拠となって、味方の不利となるではないか。」

なるほど、うまい口実を見つけたもので、一応筋の通った抗議である。これに何う受答えしたらいいか、流石の雅典も少なからず間誤ついたが、ひとり智謀のテミストクレスは、こんな抗議なんか、かねて予期していたものか、ニッコと微笑って少しも驚かず、計略を当路の人々に授けて、自ら進んでスパルタへの使者《つかい》の役を引受けた。

「いでや雅典の使節《つかい》が来たら、うんと油を取ってやろう。」

と、スパルタ政府が力味かえっているところに、飄然と現われたテミストクレス、到着の挨拶にちょっと顔を見せたきり、あとはウンともスンとも梨の礫。力味かえったスパルタ政府もいささか拍子抜けの態で、しきりに談判開始の催促をするが、テミストクレスは、何の彼のと口実を設けて、殊更に談判の開始を延ばす工夫をした。これぞまず敵の機鋒を挫く外交術の秘訣である。

その間に雅典では、夜に日を継いで工事を急ぐ。老幼男女の別ちなく、市民総出で石を運び土を盛り、これぞ一国の大事ぞと、必死に築城の功を急いだので、なかには祖先の墓石を担ぎだして、その材に供したものもあるくらい、城壁は次第に形をなして来た。

さアこうなっては、スパルタ政府も気が気でない。躍起になって督促する。流石のテミストクレスも、もはやこの矢の催促を、柳に風と受け流す術もなくなったものか、やっと談判の席に現われたが、今度は急に、訓令の不充分を口実にして、

「これでは到底正式の談判に取りかかることはできない。何うか第二の使節を喚んで、それが来てから一つ、明確な談判を開こうではないか。」

と言いはり、またも幾日かを待たしてしまった。

さて第二の使節もいよいよスパルタに到着する。いざ談判開始となり、焦れきったスパルタ委員が、言葉も鋭く雅典築城のことを攻撃すると、テミストクレスは何喰わぬ顔で、

「え、雅典の築城と申されるか？　それは何かの誤聞《まちがい》でござろう。雅典では築城するような計画は毛頭ござらぬ。」

と、空嘯《そらうそぶ》いたものである。実に人を馬鹿にした話で、こんなことは、正直一方のアリスチデスには、とてもできない芸当だ。人各々用うるにところがあるものである。

しかし如何にスパルタ政府に人なしと言っても、まさかこんな逃げ口上で、ごまかされるわけはない。事実を挙げ、証拠を示し、言葉喧しく責め立てると、こんどはテミストクレス、わざと憤慨したような顔をして、逆捩《さかね》じをくわせた。

「よろしい、諸君の言われることも、全く道理がないとは申さない。しかし貴国がそれほどまでに雅典を疑うのであるならば、なぜまた単なる風聞のみによって、そういうことを言われるのであるか。世に風聞ほど当てにならぬものはない。何うしても我輩の言が信じられないというのであるならば、まず貴国の高官を雅典に送って、事の虚実を確めたがいいではないか。その間われら使節《しせつ》は、此処に人質となって止まっていよう。若し我輩の言ったことが間違っていたら、存分に処置して貰おうではないか。」

昂然として言い放ったので、テミストクレスの舌の裏に謀計ありとは露知らず、それほどまでに言うならばと、スパルタはうかと数名の高官を雅典に送った。雅典ではそれを待っていたのだ。かねてテミストクレスと打ち合せておいた通り、そのスパルタの使節をいきなり抑留して、テミストクレス等雅典の使節に対する人質にしてしまった。

ここにおいて、わが事成れりと北叟笑《ほくそえ》んだテミストクレスは、初めて彼の仮面を脱いだ。その態度もがらりと変った。

「諸君はしきりに雅典築城のことを喧しく言われるが、何故に雅典は築城して悪いのだ。いかに雅典だとて、三度まで自分の市を、敵に明渡すことはできないではないか。波斯来寇後の今日に至って、築城はもはや雅典の避くべからざる必要条件である。」

さては一ぱい謀られたるかと、スパルタは地団太踏んで口惜しがったが、今となっては代りの人質を雅典に代《と》られておる上に、雅典の築城もその間に、ドンドン竣工してしまったのだから、泣いてもわめいても追っつかない。

「そんならそれと何故はやく、そう言ってくれなかったのだ。」

と、愚痴をこぼすやら、結局は、

「貴国がそこまで考えているのなら、是非もないことである。我国はただ一寸、忠告しようと思ったまでのことだ。」

とお茶を濁して、体の好い捕虜交換をして、ついにこの築城談判を終ったのであった。この築城こそは、雅典の城壁とピレウスの築港とを連ねた大規模なもので、なかには桟橋あり、船渠あり、倉庫あり、雅典はここに一躍して、当時の世界に比肩するもののない、大商港兼大軍港となったのであった。

雅典の築城とピレウスの築港は、かの雅典を今日あらしめた海軍拡張とともに、テミストクレス大経綸の双美というべきものである。

女車に他目《ひとめ》を憚りつつ

実にやテミストクレスとアリスチデスとは、当時雅典《アテネ》の二大双璧と謳われた大人物であった。一が智謀に長《たけ》たれば、他は廉義においてこれに勝った。一が胆略によって事を成せば、他は徳望によって事を保った。この二人者あってはじめて、雅典の覇権は成ったのである。

雅典の市民がこの二英傑を、何ういう風に見ていたかということは、次の一挿話によっても明らかである。

或るときテミストクレスは、公開場《フォーラム》において、民衆に告げて言うのに、

「諸君、我輩は、この際、大いにわが国の権益を増し、その勢力を揮うべき、一大秘策について、諸君に御相談申上げなければならない。然しながらその秘策たるや、事の性質上、絶対にこれを民衆に公開することのできないことを、遺憾とするのである。」

すると民衆は、口を揃えて叫んだ。

「諾し、ではそのことを、アリスチデスに相談して見て呉れ。彼が可いと言ったら、君はそれを断行してもいい！」

そこでテミストクレスは、アリスチデスの耳に口を寄せて、

「実はパガセに集合している希臘《ギリシア》聯合艦隊を、みんな焼いてしまおうと思うのだ。」

と言うと、アリスチデスは深く点頭いて、民衆の前に立った。

「テミストクレス君の献策は、実に天下の妙案である。と同時に、最も不信不義なるものである。」

かくしてテミストクレスの秘策は用いられなかった。

世に両雄ならび立たずという。曾つて希臘全土が、強敵波斯《ペルシア》の鉄蹄のために、未曾有の大国難に遭遇したるとき、彼等の柱と頼んだのは、テミストクレスの智謀と胆略であった。そして雅典はアリスチデスの徳義と信望とを顧みず、彼を国外に追放したのであった。然るにいまや時勢は一転した。希臘の望むところは、もはや戦争ではなく平和となった。発展ではなく守成となった。それと同時に彼等は、曾つてアリスチデスに加えたと同じ災を、いまやテミストクレスに降そうとするのである。

テミストクレスは言った。

「雅典人が我輩を尊敬しているというのは嘘だ。彼等はただ、暴風雨が起ったり、危険が身に迫ったりする場合、急いで我輩の楡の木の蔭に、来り投ずるだけのことである。そして天気が快くなると、忘れたように、その楡の葉を摘んだり、枝を斬ったりしようとするのだ。」

まことにその通りである。テミストクレスは、人民の迫害がようやく身に迫ったことを感知すると、彼は民衆の攻撃に対して、自らこう放言した。

「君等は同じ人の手から、しばしば恩を蒙るのに飽きたのだな！」

テミストクレスがついに蠣殻投票によって、十年追放の刑を蒙ったのは、決して彼に何等の失策があったわけではない。ただ雅典の市民たちは、彼のあまりに偉大なるを、辛棒できなくなったのである。それは彼等が、超凡抜群の人々に対して屢々加えたところの、慣用手段に外ならぬ。彼を罰するというよりも、むしろ彼等の胸に巣くう嫉妬の神を、なだめるためであったのだ。

しかもテミストクレスの場合においては、不運は矢継早に、踵を接して彼を追っかけた。ああ、曾ては赫々たる威権その身を包みし身の、罪なくして配所の月を見る。——それだけでも充分ではないか。しかるに、悲運の神は、まだ彼を宥そうとはしなかったのだ。偶々スパルタのパウサニアスというものが、波斯に内通して、希臘の覇王たらんとする陰謀を企て、それが曝露するや、雅典はテミストクレスがそれに関係があると誤解して、彼を召喚裁判せんとしたのである。そのときテミストクレスは、

「予《よ》は元来、人を統御するために生れて来たものである。他に服従することの絶対できない人間なのだ。然るに何を苦んでか、敵国に自れを売り、それと共に希臘を売って、波斯の奴隷となるを須いよう。そんなことは、断じて不可能のことである。」

と答えたけれども、そのときはやくもテミストクレス召捕の兵は、彼の亡命の謫居に迫

っていたのであった。

彼は身をもってコルキラ島に逃れた。しかし其処にはスパルタの番兵が待っていた。スパルタは例の築城人質事件以来、テミストクレスを悪魔のごとく憎んでいたのだ。

彼はさらにエピロスに走った。それから、モロミアにかくれ、ついに小亜細亜《アジア》の西海岸にのがれたが、此処もまた彼の身を置くところではなかった。

彼のために一敗地に塗れた波斯王は、二百タレント（五十万円）の賞金を、テミストクレスの首にかけていたのである！

ああ、曾つては希臘の名は彼の冠であり、希臘は彼の魂であった。しかるに今や、希臘の天下広しと雖も、この六尺の身をおくところすらないのである。世に英雄の末路ほど傷ましいものはない、雅典、スパルタ、波斯の三大勢力に追窮されて、果して彼は、何処《いずこ》にか隠家を求めようとするのであろう。

或る夜テミストクレスは、亡命の隠家で、一つの奇《ふしぎ》な夢を見た。それは、蛇が彼の腹から匍って頸まで来たが、忽ち代って鷲となり、彼を擁《いだ》いて天空高く翔け飛んだ。すると久《しば》らくして鷲は、静かに彼を金の杖の上に置いて、何処ともなく去って了った、——という夢である。

この夢の話を、ニコゲネスという旧友に相談すると、彼は深くテミストクレスの悲運に同情して、憮然として言ったのであった。

「そうか、それでは君の行くところは、波斯の都スサよりほかにないのだ。私が一臂の力をかしてあげよう。

そしてニコゲネスは、彼を女車に載せて、希臘の妃と称し、人の眼にとまらぬように、波斯の都スサに送ったのである。波斯というところは狂に近いほど婦人《ふじん》を守るに厳格であって、婦人《おんな》が外出したり旅行したりするときには、何時でも、四方を厳封した馬車か駕籠に乗せる習慣であったので、テミストクレスの身をかくすには、屈強の手段だったのである。

嗚呼、かつてはサラミスに波斯の大艦隊を粉砕し『波斯は永遠にわれらの敵である』と絶叫したる身が、スサに入るときは、波斯征討の大旆《たいはい》を飜えし、揚々肥馬に鞭って、旗鼓堂々と乗りこむものと思ったのに、憐れにも女車に他目《ひとめ》を憚って、ただ一人悄々と、この地にやって来ようとは、テミストクレス、夢にも思わなかったであろう。

運命とはいいながら、さても数奇を極めたテミストクレスの一生ではあった。

波斯王顧問毒杯を仰ぐ

孤影悄然として、波斯《ペルシア》の国都スサに入ったテミストクレスは、最初にアータバナス将軍の幕下に赴いて、波斯王に関わる一大事について、謁見いたしたいと申し入れた。すると

将軍は、

「しかし人の習慣《ならわし》は国々によって異なるものである。希臘《ギリシア》では自由を貴ぶとのことであるが、わが波斯では、王をもって世界を護る神の化身であるといたしてある。若し貴殿が、わが国の習慣《しゅうかん》に従って、王の足下に平伏の礼をとるというならば、直接の謁見もかなうかも知れないが、それが嫌だと言うならば、他の人に由って、貴殿の用事を奏上させるより他はない。」

まことに道理ある言辞《ことば》である。テミストクレスは、

「いや、よく判りました。私は元来、王の名声と威権とを大ならしめんがために参ったものであり、郷に入って郷に従うのは、人の礼であると存じますが故に、何とて波斯の習《しゅう》慣《かん》に、従わぬことがござりましょう。」

「しかし貴殿の謁見を王陛下に奏上するについては、何人《だれ》であると申し上げたらよろしかろうか。お言辞によれば、常人《ただびと》ではないとお見受けいたしますが……」

するとテミストクレスは、毅然として言い放った。

「そのことは、大王の御前において、申し上げるより他ありませぬ。この大事を、何人《なんぴと》と雖も、大王より前に知ろうとするのは、大王を蔑にいたすものではないか。」

かくしてテミストクレスは、無名の一希臘人として、波斯王の前に導かれた。約束の通り、彼は叩頭して王を拝したが、彼はただ粛然と起ったままで、一言も吐かなかった。

「何者であるか。名を聞いて見い。」

王は通訳官に命じた。テミストクレスは始めて口を開いた。

「王よ、われこそは、希臘を追われたる漂浪の孤客、テミストクレスと申すものにござります。かつては波斯人と戦って、聊かこれを悩ましました身ではありますが、私の望みは、ただ、希臘をして国難から免れさせようというだけでありました。故にサラミスの一戦に勝利をえましてよりは、直ちに兵を停めて、敢て王の軍を追撃いたそうとしなかった。これ聊か王陛下のために尽くさんと、願うたがためであります。いまとなって私が、波斯に禍心のないことは、かくまで希臘から追求されているのでも、明らかでござりましょう。王陛下、幸にしてこの旧怨を論じられませぬならば、私は喜んで和解いたしましょう。しかしながら、王がなおその憤怒《いかり》を忘るることができぬと仰言るならば、私は謹んでこの身を、王陛下の寛仁大度が奈辺まで及ぶかを、験すべき料となしましょう。」

言辞は飽くまで慇懃を極めているけれども、言外の意味は実に大胆不敵ではないか。

――いかに、クセルクセス大王よ。過ぐる戦に、お前さんを散々打ち悩ましたのは、この俺様なのだよ。さア、煮てでも焼いてでも、勝手にしてお呉れ。それともこの仇敵《あだがたき》を、隠匿《かくま》おうというほどの度量がお前さんにはあるかね？　俺はその度量を試験《ため》してやりに来たんだよ――と、言わんばかり。王はただ黙して答えなかった。

やがて夜が明けると、波斯王の侍臣は、再びテミストクレスを連れに来た。そのときには、もう、彼が誰であるかということは、宮廷のうちに知れ渡っているから、守衛兵のごときは急に態度をかえて、ハッタと彼を睨みつけ、悪言を放って彼を罵った。

「咄《とつ》！　この奸獪《かんかい》なる希臘の蛇め、汝をここに導いたのは、大王を護る神のおかげじゃぞ！」

しかしテミストクレス、何でこのくらいのことに驚こう。自ら虎の顎《あぎと》に身を投じたのはもとより一死を覚悟の上である。平然として室々を通り抜け、前日の通り、王の前に平伏した。

然るに意外、王は殊のほかの上機嫌で、

「テミストクレスよ。朕《よ》は卿《きみ》に二百タレントの金を借りている喃《のう》。」

「は？」

意外の言葉にテミストクレスが、思わず眼を瞠って、王の顔をみつめると、王は微笑を含んで言葉を続けた。

「朕はさきに、テミストクレスの首を持って来たものには、誰にもあれ、二百タレントの賞金を取らせようと布告したのじゃが、その首を卿は、いま自分で持参したからには、たしかにその賞金は卿のものじゃろうが。」

そして種々の物語があった後、若し希臘について、策の献ずべきものがあるならば、腹蔵なく申し陳べよとの言葉であった。テミストクレス答えて曰く、

「音に聞く波斯の絨毯も、捲けばこれ普通《ただ》の布、ただ一たびこれを展けば、花鳥人物、燦として目を眩耀いたすものでござりまする。人の談論もまたその通り、一たび口を開けば、条理井然たるものがなくてはならぬと存じます。何卒しばらくの時間をお与え下さいますように。」

波斯王はこの巧妙《たくみ》な比喩に思わず微笑んで、彼に一年の猶予を許した。

かくして波斯王は、日を経るに従って、テミストクレスの智謀に魅了された。王の寵幸ただならず、何事にもあれ、テミストクレスの言葉とさえいえば、聴かれないことはないほどであった。敵国にあって彼は、いまや国王の最高顧問のごとくに、隠然たる勢力を振ったのであった。

後代の王の治世となって、両国の間が次第に平和となり、波斯が希臘から名士を聘することも度々あるようになったが、そのときは何時でも、

「テミストクレスのように優遇いたしますから。」

というのが、通り言葉になったほどであった。

然るにそれより間もなく、埃及《エジプト》が波斯に叛いて乱を起こしたとき、雅典《アテネ》は艦隊を送って、埃及を援けた。波斯王このときこそ、テミストクレスの武略を用うべき時であると、直ちに彼をば雅典討伐の艦隊司令官に任命した。

ああ、この命令ほど、テミストクレスを煩悶させたものはなかった。王の命に従わん

か、彼はわが子のごとくに育て来った本国の艦隊を撃って、自分の理想であったところの雅典の雄飛を妨げなければならぬ。従わざらんか、深き怨を棄てて彼を優遇した寛大なる王の信任を裏切って、天下再び身を容るるところなきに至るであろう。テミストクレスは、熱湯をのむような思いを重ねた後、ついにこの煩悶を脱すべき唯一の途を発見したのである。

彼は朋友知己を集めて盛宴をはり、十分にこれを歓待した。そして宴果て、客散じたる後、一盃の毒薬を仰いで、六尺の身をおくところなき、この塵世《ちりのよ》を去ったのである。智謀テミストクレスといわれた身にも、その最後の策謀は、ただ一つ――『死』そのものよりほかになかったと見える。

怪傑アルキビアデス

年少気を負う美少年

雅典《アテネ》の或る邸宅《やしき》の裏庭で、二人の少年が相撲を取っていた。その一人、殊に眉目秀麗な少年が、あわや負けそうになると、いきなり相手の手を口に持っていって、ウンと嚙んだ。

「あ、痛いッ、嚙んだな、こいつ、女みたいに。」

「なにをッ、僕は獅子のように嚙んだんだ。」

その美少年は昂然として答えた。これぞ後年、希臘《ギリシア》政界の彗星として、天下万民を驚倒させたアルキビアデスであった。

アルキビアデスの一生は、実に千変万化、端倪すべからざる矛盾と変化を現わしている。これは彼の運命が数奇であったことの当然の結果であろう。ただその生涯のなかに、変らぬものが三つあった。一つは彼の目覚めるばかりの美貌であった。彼は美少年から美青年になり、そして美丈夫となった。二は彼の烈々として燃える功名心であった。そして三は、その傍若無人なる覇気であった。

少年時代、アルキビアデスが友達と一緒に、街頭で遊んでいると、そこに一台の荷馬車が、荷物を満載して通りかかった。恰度アルキビアデスが骰子を投げる番であったので、彼はいきなり荷馬車に向って怒鳴りつけた。

「停れッ、邪魔になる！」

馭者はその言葉を耳にもかけず、馬を走らせた。嚇ッとした少年アルキビアデスは、いきなり大道に大の字なりに転がって、叫んだ。

「さア、通ろうと思うなら、この上を通れ。」

馭者は驚ろいて手綱を控えた。四囲の人々は駭いて、この不羈の美少年を、抱き起こしに飛んで行った。

彼は少年時代から、才気煥発、豊かなる天分に恵まれていた。文学、雄弁、軍事、政治、経済、何事についても、彼は儕輩に卓越《ぬき》んでていた。詩歌管絃の道にも長けていたが、笛だけは何うしても習おうとしなかった。

「琵琶や竪琴《ハープ》を弾くのはいいが、笛はいけないよ。笛を吹くときの、あの顔《かお》を歪めた醜い面を見ろ。親友でさえ識別がつかないじゃないか。それに琴瑟《こと》を弾奏するときには、自分で一緒に歌えるが、笛を吹くときには、口を塞がれて、物を言うことができない。だから、談論の道を知らないテーベ少年こそ、笛を学んだらいいだろう。智慧の神ミネルヴァ、詩歌の神アポロを守護神にもつ雅典少年は、決して笛なんか吹いてはならぬ。」

家柄はよし金はあり、その上美青年で才人と来ているから、はやくから彼は雅典じゅうの人気者であった。位ある貴族も、名ある学者も、争って彼に交際を求め、ひたすら彼に媚び諛らおうとした。彼が動《と》もすれば、世のなかを小馬鹿にしたような態度に出たのは、一つはあまりワイワイ騒がれたからである。彼は時として長上《めうえ》のものをすら、傲然と眼下に見降すような態度をとった。

当時雅典の政権を一手に握って、威権ならぶところなかりしペリクレスの邸を訪ねて行った青年アルキビアデス――生憎とペリクレスは、恰度自分の年来の治績を、雅典市民に報告するので、その準備に忙しいから、会っている暇はないと断った。

このときアルキビアデスは、傲然として言い放ったものである。

「それよりも、治績の報告なんか、しなくてもいいような工夫を、なさった方がいいじゃありませんか。」

少年時代、読誦法の勉強をしていたころ、ホーマーの一書を教師に求めると、教師は、

「ホーマーは持っているが、それは私の訂正《なお》した本ですよ。」

と言った。すると少年アルキビアデスは、いきなり先生をきめつけた。

「なんですって、それでも先生は、小児《こども》に句読を授けておられるのですか。ホーマーの文

章を訂正することのできる人なら、堂々たる大人の師になれるではありませんか。」

思うに東西古今、アルキビアデスほど、あらゆる方面の才能に恵まれていた人は少なかった。こうした人は、動もすれば浮華軽佻に流れ易い。アルキビアデスにも、稍々その傾がないでもなかった。しかし彼は、一個の片々たる才子たるべく、あまりにその天才は大きすぎた。それほど眼中人なかりしアルキビアデスにも、心から敬服していた人が一人だけあった。

それは古今の聖者ソクラテスであった。

そのころの雅典は、哲学隆興の時代であった。世に哲学者と称するものは、掃いて棄てるほどあった。そのなかにただ一人、ソクラテスだけは、傑出した聖賢であるということを、はやくも看破《みぬ》いていたのが、アルキビアデスであった。ソクラテスもまた、この眉目秀麗にして、気を負う才人アルキビアデスの胸裏にも一種高尚なる気質《きだて》と、超凡なる品性とが、自然に備わっていることを、察知していたのであった。

かくしてソクラテスとアルキビアデスとの師弟の情は、日に日に濃かになっていった。アルキビアデスは、自れに媚びる富豪《かねもち》や貴人の訪問を断って、暇さえあればソクラテスと往来していた。他の人に対しては、傍若無人なアルキビアデスも、ひとりソクラテスだけとは、食事を共にし、運動を一にし、同じ幕舎のなかに起臥した。

クレマンテスという学者はこれを評して言った。

「ソクラテスはアルキビアデスの耳だけを確かと執えて、身体の他の部分は、雅典人の弄ぶに任せて、知らない風をしている。」

これはアルキビアデスが、耳に聖賢の言葉を聴きながら、行動《おこない》は豪放不羈、時に粗暴放埒に流れることのあるのを、言ったものである。

ソクラテスとアルキビアデスは、共に一兵卒として戦線に立ったこともあった。二人とも抜群の武勇を現わしたが、或るときアルキビアデスが手傷を負って、すでに命も危かったとき、ソクラテスは身を挺してこれを庇い、彼の武器が敵の手に落ちるのを防いだ。またデリアムの敗戦のとき、ソクラテスが徒歩で逃げ後れているのを見るや、アルキビアデスは急ぎ馬を駆って、ソクラテスの殿りし、無事に恩師を退却させた。

政界に雄飛せんとす

人を人とも思わぬアルキビアデスは、また、任俠で、親分肌なところがあった。

或る人が金につまって、二進も三進も行かなくなった揚句、アルキビアデスのところに助けを求めに来ると、彼はこの見ず知らずの男を晩餐に招いて、手厚く饗応《もてな》した後、「ではね、明日は租税請負人の入札があるから、是非君も出頭して、その入札に加わり給え。」

と、事もなげに言ったものである。その男は吃驚りした。租税請負といえば、何タレント（何万円）という金がかかる。こんな一文無しに、何うしてその入札できようぞ。いろいろと辞ったが、アルキビアデス何うしても聴かない。終いには、

「何うしても入札に行かないなら、殴っちまうぞ。」

と脅しつけて、到頭その文無し先生を入札にやった。

翌日開票して見ると、果して入札は、その男に落ちていた。さア怒ったのは請負人たちで、何処の風来坊とも判らぬ奴に、自分達の縄張りを荒らされたんじゃ、堪ったものではない。此奴きっと碌な保証人もあるまいと、保証人の指名をその男に迫って、ギュウギュウの目に合わそうとした。

「さ、その保証人のことですが……」

と、その男がモジモジ、赤面して尻ごみしはじめたとき、背後に立っていたアルキビアデスが、いきなり大声で怒鳴った。

「その保証人は俺《わし》じゃ。この男は俺の親友だよ。」

こんどは請負人たちが困る番であった。彼等の遣口は、次年度の利益で、前年度の請負金を払うという仕組であったので、他《ひと》の手に落ちたんでは、忽ち困りきってしまう。そこで止むなくアルキビアデスに泣きついて、到頭一タレント（二千五百円）だけその男に遣って、その落札を譲って貰うことにした。

こうしてこの文無し先生は、濡手に粟の一タレントを、握ることができたのであった。

アルキビアデスはまた、ヒポニカスという富豪《かねもち》の頰ッぺたを、いやというほど、平手で殴りつけたというので、問題を惹起したことがあった。尤もこれは、喧嘩をしたんでも何でもない、ただ賭をして負けた者が、殴られるという約束だったのだ。しかしあんまりこの問題が喧しくなったので、アルキビアデスは自らヒポニカスの邸を訪ねて行った。そして座敷に通されるといきなり双膚をパッと脱いで、

「さアこの前の腹癒せに、思う存分叩いておくれ！」

と叫んだものである。流石の富豪《ふごう》ヒポニカス、この意気に感じたものか、自分の娘を好青年アルキビアデスに嫁《めあわ》せた。

アルキビアデスは、競技につかう馬や車には、万金を擲って吝まなかった。古来王侯といえども、オリンピック競技に、一時に七輛の競争馬車を出したものは、彼を措いて外にはなかった。しかも一等と、二等と、三等の賞品を、一人で取ってしまったというから、その豪胆のほども驚ろかれる。

彼はまた、一匹の巨きな犬を飼っていたが、その房々した尾は美わしく地に垂れて、価三十ミナ（約千二百円）と称せられていた。ところがアルキビアデス、何を思ったか、鋏を執ってその美しい尾を、チョキチョキみんな切ってしまったのである。

「乱暴なことをするものだ。アルキビアデスという奴も、ほんとに馬鹿な奴さ。」

と、雅典《アテネ》の市民たちは、寄ると触ると、その噂で持ちきりであった。そこで一人の友達が、そのことをアルキビアデスに話すと、彼は微笑って答えた。

「そうかい、そいつはいい具合だったね。俺はまた雅典人が、そんな馬鹿な噂に夢中になってそれより悪い俺の風聞を立てないように、と思って、実はやっつけたんだよ。」

実に世を愚にすること、アルキビアデスの如く甚しきはなかったであろう。

彼が始めて民衆に人望をうるに至ったのは、人民に金を撒いてからであると言われている。尤もこれも、故意《わざ》とやったのではなかった。一日アルキビアデスが市街を通っていると、大勢ワイワイ騒いでいるので、何事かと行人に訊ねて見ると、

「なアに、お施しがあるんでさあ。」

「あ、そうか、それは面白いな。」

気軽なアルキビアデスは、自分もそのなかに入って、金を施しはじめた。民衆は彼の姿を見て、手を拍ち声を揚げて、彼の名を喝采した。

「よう、色男の神様！」

「有難いぞ、人気者！」

といったようなわけである。そこで彼もいささか得意になったものと見え、有頂天で金を撒いていると、その外衣の下に抱えていた鶉が、あまりの騒ぎに驚いて、バタバタと飛び立ったものである。群衆は喜ぶまいことか、やんやと手を拍ち、前よりも一層大きな喝

采を、彼に浴せかけたのであった。

それ以来アルキビアデスは、民衆の人気者になった。

アルキビアデスは、政治界に入るについて、すこぶる有利な地位にあった。実に彼は、政治家として名を現わすべく、あらゆる条件を備えていたと、言うことができるであろう。第一に彼は、出生《うまれ》が貴かった。第二に彼は莫大の富を持っていた。その上に彼は、幾度か戦場に功名を立て、しかも財を散ずることの好きな彼の邸には、政友や食客が堂に満ちていた。彼の智謀胆略、識見はいわずもがな、彼はまた稀代の雄弁家であった。かのデモステネスですら、

「アルキビアデスは、その当時、雅典最大の雄弁家であった。」

と嘆じたほどであった。

かくしてアルキビアデスが、一たび起って政治界に身を投ずるや、年歯《とし》なお若かりしにも拘らず、忽ちにして頭角を現わし、他の政客論客たちを圧倒して、見るまに政界の大立物になってしまった。その勢威において、僅かに彼と比肩しうるものは、老将ニキアスだけであった。

そのときニキアスは、齢もすでに老熟し、すでに天下の名将と称せられた人物である。しばしばスパルタと戦って勝ち、武名嘖々たるものであった。この老いたる名将ニキアスと、若き怪傑アルキビアデスとの政争は、まず対スパルタ問題から起ったのであった。

ニキアスは平和論者、アルキビアデスは主戦論者だったからである。

ここで少しく、当時の雅典とスパルタとの関係を、簡単に話しておかねばならぬ。

武断のスパルタと文化の雅典《アテネ》

一口に希臘《ギリシア》時代というけれども、これを政治的に見るならば、実は雅典とスパルタとの争覇戦であったということができる。

雅典はアッチカ州にあって、中部希臘の盟主であった。スパルタはラコニア州にあって、ペロポンネソス半島の覇主であった。しかも両国は民族を異にし、人情風俗習慣に至るまで、まるで正反対であった。一がその燦たる文化を以て誇れば、他はその剛なる武断をもって鳴っていた。雅典に優雅、活潑、利敏、進取という風の特質があれば、スパルタには剛健、質素、廉潔、保守というような長所があった。そして雅典の民主主義に対して、スパルタは国家主義を奉じていた。

スパルタの男児教育は、由来剛健をもって鳴っている。母がその子の出陣に際して、

「汝はこの楯を持って帰るか、或はこの楯に載せられて帰れ。」

と戒めたというのは、有名な話である。楯を持って凱旋するにあらずんば、名誉の戦死を遂げて、楯に載せられて帰れという意味である。

また或るものが、戦に臨んで、自分の剣の短いことを苦にしていたとき、一友は言下に答えて言った。

「自ら長くせよ。」

勇奮して一歩敵に踏み入り、自ら剣の短きを補えという意味である。武断のスパルタでは、殊にこうした寸鉄殺人的な言葉を尚んだ。今でもこういう言葉を、ラコニア式といっている。スパルタはラコニア州にあったからである。

これに反して、雅典は共和国であって、特に人民の権利を尊重し、自ら『自由の市』を以て誇としていた。その故にスパルタにおいては、むしろ寡言を好む風があったのに対し、雅典では、民主政治を行う必要上、いやしくも政治家を志すものは、雄弁を第一に練磨しなければならなかった。後に古今の大雄弁家デモステネスを生んだのも、こういう国柄であったためである。

また武断国スパルタでは、他の国とあまり交際すれば、自然柔弱な風に感染して不可ぬというので、なるべく市外に人を出さないようにしていたが、雅典ではこれと反対に、力めて海外の発展をはかり、従って貿易は最も盛んであった。スパルタ人が金銭を卑むのに反して、雅典では金銭を重んじ、人民の権利義務すら、財産を基礎とする風であった。

これほど、裏と表のように正反対な国は珍らしい。しかもこの二国が、希臘半島に並び立って、互に覇業を力めていたのであるから、両国の間に争が起るのはむしろ当然である。かのテミストクレスの時代、波斯が大軍を率いて攻め寄せたときこそ、二国は力を併せて外敵に当ったが、その間にもなお内輪争いが絶えなかったことは、前にも述べた通りである。況んや波斯の難が遠ざかるに従い、この覇権争いが、ペリクレス時代を通じ、さらにアルキビアデス時代に至って、白熱化したのも、無理もないことといわねばならぬ。

さてアルキビアデスが、雅典の主戦派を代表して、スパルタ討たざるべからずと絶叫しているとき、政敵ニキアスの方は、どんどんその平和政策を進めて、ついにスパルタの使節を雅典に招き、ここに両国の和睦を協議するという、段取りにまで運んだのであった。しかもスパルタの使節は、雅典に到着すると直ぐ、

「われらは一切の問題を、公明正大に、対等の地位に立って、協定する全権を、本国政府から享けて来たものである。」

と宣言して、大いに雅典市民の人気を博したのであった。若しこれによって、両国の和睦が成立したならば、アルキビアデスはじめ主戦派の立場は、全く根底から覆えされざるを得ない。ここにアルキビアデスは一策を案じて、夜暗ひそかにスパルタの使節を訪ねた。

「さてスパルタの諸君、貴君《きみ》方は一体、明日の会議において、何を言おうと思ってるのか知らないが、よほど要慎しなくては不可ませぬぞ。元老院というところは、何時でも外国の使節に対しては、巧言令色、実に温和な態度を示すのが常であるけれども、いまや雅典

の人民は、野心と計画に満ちている。若し人民にして、諸君が全権を委ねられているということを知ったならば、彼等は諸君を強迫して、無理な条件に服従させなければ止まないにちがいない。だから若し諸君にして、対等の条件で和を結ぼうと思うならば、決して、素振りにも、全権を委任されてあるというような風を、現わしてはいけない。あんな不得策な宣言は、一刻も早く撤回した方が、貴君方のお為でしょうなあ。」

と、言葉巧みに説きたてたものである。

さてその翌日、人民は公開場《フォーラム》に集会し、いよいよスパルタ使節との談判が、開かれることとなった。このときアルキビアデスは、知らぬ顔でいと慇懃に、使節に向って訊ねた。

「さて諸君は、如何なる資格で参られましたか。」

「私共は全権として来たのではござらぬ。」

その瞬間に、アルキビアデスの態度は、ガラリと変った。いきなり委員席に起ち上って、前夜のことはまるで忘れたように、憤りの形状もの凄く、ハッタとスパルタの使節を睨めつけ、大声あげて怒鳴りつけた。

「咄《やあ》! この両舌漢! 昨日は全権であるといい、今日はまた全権でないという。こんな二枚舌を使う使節を対手にして、何うして真面目な談判が行われようか!」

元老院は憤激し、人民は嚇怒し、スパルタの使節は散々の態で、雅典から追っ払われてしまった。そしてアルキビアデスは、全会一致をもって、大将軍《ボイオタルコス》に任じられたのであった。

この権謀術数こそは、アルキビアデスの特性である。これ彼が怪傑といわれても、真の英雄とは言われない所以であり、あたら有り余る才能を抱きながら、ただ一つ徳操を欠いたために、ついに大業を就げえなかった理由である。能あるものは能に倒る。まさに戒心すべきところである。

国内に獅子を養うな

ここにアルキビアデスは、直ちにアルゴス、エレア、マンチネアを糾合して、雅典《アテネ》との一大同盟を結ばしめ、スパルタの本拠たるペロポンネソス半島を四分五裂せしめた。彼が疾風迅雷の勢で、わずか一日の間に、巨軍をマンチネアに集め、戦場をはるか雅典の彼方に移した手際は、さてこそ一代の怪傑よなと感服せしめた。

彼はさらにアルゴスをすすめて、市府を守る長城を築かしめ、これを全く雅典の勢力の下においた。さらにパトレにもこれをすすめたとき、一二三の人々は二の足を踏んで言った。

「城壁を築いたら、そこで雅典がパトレを併合してしまおうというんではないだろうか。」

アルキビアデスは平然として答えた。

「そうかも知れない。しかし雅典は脚の方から徐々《そろそろ》と来るんだが、スパルタは頭から、ガブリと一口に嚙ってしまうだろうよ。」

一方アルキビアデスは、雅典の青年を煽てて、その雅典雄飛熱を煽ることを忘れなかった。彼等が神殿に立って誓った言葉は、

「われらは誓う。大麦と小麦、葡萄と橄欖こそは、われらが雅典の国境である。」

というのであった。その意味は、かかる天産の豊富な土地は、ことごとく雅典の領土としなければ止まぬ、という決心であった。

アルキビアデスの民望は、まさに人気の頂上にあった。若し彼がこのとき、さらに重厚なる徳を積んで、徐ろに民衆の指導を怠らなかったならば、彼の雄志も、後に物語るように、空しく挫折することはなかったであろう。惜しい哉、彼の盛時におけるあまりの眩惑的な華々しさは、人民の胸のなかに知らず識らず、何となく彼を危険視するの心を植えつけ、ついに政敵をして乗ずるの隙を与えたのであった。

アルキビアデスの政治的行動こそは、実に華麗を極めたものであった。彼が公に人に会うときは、何時でも紫色の外衣を着て、裾をながく曳き、まるで婦人のように見えた。船艦に乗るときは、木床の上に蒲団を敷いたのでは痛いというので、甲板を切り抜いて、上から寝台を吊りおろさせた。彼の楯は華かに金飾したもので、表には雅典の紋章を描かず、恋愛の神キューピッドが、手に電鞭を握った絵をつけていた。

故に当時の諷刺詩人アリストファネスは、アルキビアデスを咏じて言った。

「彼等は愛しつ、憎みつ、しかも、

彼なくてはいられぬのだ。」

一句よくアルキビアデスに対する雅典民衆の心持を言い現わしている。そして曰く、

「汝が国の内に、獅子をな養いそ、

若し養わば、そが鬚をなひきそ。」

アルケストラサスは、アルキビアデスの傍若無人な行動を批評して言った。

「希臘は第二のアルキビアデスを容るることはできない！」

アルキビアデスが、或る演説会において、暴風のごとき民衆の歓呼喝采を博し、得意満面、家路へと帰るさ、フと途に行き逢ったのは、かの怪哲ティモンであった。ティモンというのは、世を罵り、人を憎むを以て、当時有名な哲学者であったが、アルキビアデスの顔を見ると、その手を把って言った。

「わが貴公子よ。飽くまで大胆に行って、人民を籠絡したまえ。君はいつか決っと、この軽薄な人民に災害を蒙らせて、これを打ち懲らす人物なのだ。好漢希わくは自愛したまえ。」

一語よくアルキビアデスと雅典とを罵倒し尽して余すところがない。なぜなら、アルキビアデスが失脚し、惹いて雅典が衰微したのは、ひとりアルキビアデスに持操がなかった

ためばかりではなく、実に雅典市民の軽佻浮薄によるものであるからだ。

雅典市民の野望は、ペリクレス時代から、すでにシシリー島にあった。ペリクレス一たび世を去るや、雅典はその同盟者を援けるという口実の下に、始終すこしずつの兵をシシリー島に送っていたのであるが、アルキビアデスは、この機に乗じてしきりに雅典人の功名心を煽りはじめたものだ。

「何うせやるなら、そうチビチビせずと、一度にドッと大艦隊を送って、シシリー島を占領してしまったら何んなものだ。」

雅典人のシシリー征服慾は、次第に燃え上りはじめた。政敵ニキアスは、勿論、その容易の業にあらざるを説いて、人民を警めていたけれども、アルキビアデスにとっては、これはむしろ彼の計画の起点であって、彼の胸中すでに、それに幾百千倍する大計画を夢想していたのである。何ぞや。すなわち、まずカルタゴとリビアを征服して、さらに進んでは、伊太利《イタリー》とペロポンネソスを討略しようという大企画であって、シシリー島のごとき、ただ軍需品を貯蔵する一倉庫ぐらいにしか、考えていなかったのである。

雅典の青年たちは、直ちにこの雄大なる計画に賛成した。彼等は大勢、運動場や公園のなかに集まっては、シシリー島の形、カルタゴとリビアの位置などを、砂上に描いて、その大望を語りあいはじめた。それがついに雅典全体を動かしたのである。

かくしてシシリー遠征のことは、ついに決せられた。ニキアスは、大いに意に反しながらも、アルキビアデスと並んで、その遠征軍指揮官に任ぜられた。彼は極力その職を辞そうと思ったけれども、雅典人は、奔放なるアルキビアデス一人を遣るのを危険《あぶな》っかしく思い、慎重なるニキアスを一緒につけて、その軽挙妄動を制止しようというのであった。

遠征将軍は死刑囚

いまや百四十隻の船艦は港に浮び、六千四百の精鋭は、出征の準備に忙しかった。まさにアルキビアデス得意の絶頂であった。しかるに皮肉なる運命の神は、この得意の絶頂に立つアルキビアデスを、真ッ逆様に、絶望の深淵へと突きおとしたのである。

何であるか。いざ出征という間際に至って、アルキビアデスは、瀆神不敬の廉により、告訴されたのである。

もとより政敵の陰謀にちがいない。この機に乗じて政敵は暗中を飛躍し、雄弁家は市民を煽動して、形勢はなはだ不穏となった。ただひとり、この時に至っても、アルキビアデスを捨てなかったのは、六千四百の精鋭であった。遠征に赴く水兵と陸兵とは、交々起って宣言した。

「われらは、アルキビアデスを大将に戴くにあらざれば、断じて出征しない！」

アルゴスと、マンチネアの応援兵一千も、公然起って断言した。

「われらがこの路長き遠征に従うのは、聊《いささ》かアルキビアデス将軍の徳に報いんがために過ぎない。アルキビアデスが免職されるならば、われらは直ぐに帰国してしまう！」

思わぬ事態の急変に、彼の政敵や、煽動者たちも狼狽し、急に演説遣いを壇上に送って、演壇で民衆に言わしめた。

「すでに水陸の兵は集まり、同盟国の応援兵さえ到着してあるのに、いまさら、かかる大遠征の大将師に任ぜられた人の裁判を開いて、空しく出征の時日を延ばさせるなどとは、狂気の沙汰だ。裁判なんかは、凱旋後十分やったらよいではないか。」

これはいま軍隊に騒がれては困るから、一まず裁判延期ということにしておき、アルキビアデスが留守の間に、も一度暗中飛躍を試みて、彼を陥れようという政敵の腹であった。それを看破ったから、アルキビアデスも黙ってはいられない。自ら人民の公開場《フォーラム》に現われて、民衆に訴えた。

「かかる中傷、誣告《ぶこく》を蒙ったる身を以って、大軍を率いて遠征に赴くは、我輩の甚だ屑《いさぎよ》しとせざるところである。この告発されたる罪状は、若しこれを言い解くこと能わざる場合は、その罪或は死に該《あた》るほどの重罪である。かかる重き罪の嫌疑を被ったままで、何うして安心して十分の活動ができよう。これに反し、我身の無辜を証明してしまいさえすれば、もはや一身の名誉を、誣告人の掌に握られる憂もなく、快活に戦争に従事することができるのだ。」

しかしこの論争において、彼はついに勝つことができなかった。そしてアルキビアデスは、瀆神不敬の嫌疑を被ったまま、出征することになったのである。従うものは戦艦百四十隻、佩剣者五千一百人、箭手《せんしゅ》一千三百名、一切の軍需および兵糧も、これに相当するものであった。

遠征軍はまず伊太利《イタリー》の海岸、レギウムに上陸して、此処で作戦計画を立て、ここからシシリー島に進発して、瞬くうちにカタナを略取した。

しかし彼のシシリー遠征は、このカタナ占領だけで終った。このとき早くも本国から、召喚の命令が下ったからである。

果して腹黒き政敵たちは、彼の留守中を幸いに、暗中飛躍をはじめたのであった。出征前に提起された誣告というのは、わずかに二三の奴隷や外人が持ち出した、微々たる嫌疑に過ぎなかったにも拘らず、一たびアルキビアデスの遠征艦隊が、ピレウス港に纜《ともづな》を解き、その船影が沖合に消え失せるや否や、政敵たちは急に勢を得て、俄かに猛然とアルキビアデスの攻撃をはじめた。そしてアルキビアデスに好意を寄せるものは、誰彼の差別なく、ドシドシ獄に投じてしまったのである。

その実、アルキビアデスを訴えたところの連中も、彼を真個に有罪と決定するような、確たる証拠は一つも挙げることができなかったのだ。例えば、

「何うしてお前は、その神像を傷けたものを、それと認めることができたのか。」

と訊ねられたとき、誣告者は真実《まこと》しやかに、

「月の光でハッキリとその姿を認めました。」

と答えたが、暦を繰って見ると、その晩は新月であって、月光などはなかったのであった。以下それと同じようなものであった。

しかし民衆は、このときすでに、煽動政治家の飛躍によって、所謂『瀆神事件』なるものに、熱狂しきっていた。世に堕落せる民衆政治ほど怖ろしいものはない。このとき雅典は、完全にその醜い姿を曝露した。彼等は影を見て吠える群犬となってしまっていた。こうなっては盗難があったかどうかの事実は、もはや問題ではないのだ。ただ誰かが、彼奴は怪しい、と、ただ一言いえばいいのだ。一犬虚を吠えて万犬実を伝う。内心に確たる信念を持たない彼等は、ただ自らの妄執が描き出す想像によって叫び、ついにアルキビアデスの召喚を決定したのであった。

かくして一戦艦はただちに、シシリー島に派遣せられた。アルキビアデス召喚のためである。尤も雅典《アテネ》政府は喚問使に向って、厳重に内命していた。

「アルキビアデスに対しては、決して暴力を用いてはならぬ。捕縛などとは以てのほかだ。態度は飽くまで穏和しく、ただチョッと雅典に帰って、その身の明証《あかり》を立てて頂きたいと、頭をさげて頼むのだぞ。」

さすがに彼等も、敵国内において、軍隊に暴動の起るのを怖れたのであった。事実、若

しアルキビアデスにして断乎たる態度に出たならば、軍隊内に暴動をおこす如きは、易々たるものであったろうと思われる。しかし彼は、黙って召喚の命令に応じた。

アルキビアデス一たび去って、遠征軍はまるで魂の抜けた藻抜の殻となった。彼等はニキアスの下に、気のないながい戦争を、ウツラウツラと続けるばかりであった。

一方抜目のないアルキビアデスは、早くも雅典人の禍心を看破って、わざと召喚の艦には乗りこまず、サッサと自分の持船に乗って帰路についたが、ツウリイ沖にさしかかると、急に停船を命じてそこに上陸し、そのまま身を匿してしまった。

このとき一人の外人が、アルキビアデスに向って、君は自分の本国を信じないのか、と、訊ねたとき、彼は慨然として答えたということである。

「他の件《こと》なら信用もしようよ。しかし自分の生命に関わる件については、予《わし》は自分の母親でも、信用することはできないね。雅典人という奴は、一度誤解すれば、白球の代りに、平気で黒球を投票するんだからね。」

アルキビアデスが帰国の命令に服しないのを見るや、雅典政府は、これ法廷を蔑視して、出頭せざるものなりとなし、欠席裁判によって、彼に死刑の宣告を与えると同時に、彼の財産はこれを悉く没収し、国内の司祭と女司祭に対しては、彼を詛うべしとの命令が下された。

この報せを受取ったアルキビアデスは、客舎に憮然と天を仰いで言った。

「死刑だというのか? ようし、我輩は自分で、我輩がまだ活きていることを、彼等に見せてやらねばならぬ。」

そして彼は奮然と、雅典の競争国、スパルタに走ったのであった。

カメレオンよりも変色す

「我輩は、前にスパルタの敵となって、彼等に幾多の損害を与えた。これから一つ彼等の味方となって、その損害を弁償してやるんだ。」

こう言い放って、大胆不敵にも、敵国スパルタに乗りこんだアルキビアデスは、いよいよ怪傑の本性を、露わしたものといわねばならぬ。

雅典《アテネ》人多しと雖も、怖るべきものアルキビアデス一人《いちにん》のみ、と、言われた彼である。そのアルキビアデスが、単身スパルタに来るというので、スパルタ城内は大変な騒ぎであった。彼がスパルタ入りについて、若干の護衛兵を要求すると、それにも容易く承知した。アルキビアデスは、まるで国賓待遇で、スパルタに乗りこんだものである。

しかも彼がスパルタに着いて、スパルタ政府に対する最初の献策というのは、シシリー島にある、雅典軍の討伐方策だったのである!

嗚呼、いかにも彼の郷国《きょうこく》は、彼に対して冷酷無情であった。罪はたしかに雅典にある。さはさりながら、その冷酷に対して、この売国を敢てするとは、そも何たる事であろう！　思え、波斯《ペルシア》の客となったテミストクレスは、雅典艦隊討滅の命が下ったとき、毒杯を仰いで自ら死んだではないか。しかるにアルキビアデスは、頼まれもしないのに自ら進んで、敵の手を借り、自れの遠征軍を討滅しようというのだ。

ここに至ってアルキビアデス、怪傑というよりも、むしろ怪魔といわねばなるまい。

殊に我等の注意しなければならぬことは、一たびスパルタに行って以来は、彼の生活がガラリと変ってしまったことである。スパルタにおけるアルキビアデスが、頭髪《かみ》を短かく刈りこんで、洗浴には一切冷水をもちい、粗食をくらい、黒羹を飲んで、しかも平然としているところを見たものは、嗚呼これが今まで雅典では、美味珍膳に飽き、身には香油を塗り、紫衣をまとうて、美人に取りまかれながら、酒杯を手にしていたアルキビアデスと、同じアルキビアデスであろうかと、眼をこすって疑わざるをえなかった。

実《げに》や世にアルキビアデスほど、人心収攬に、特別の才術をもっていた男はないといわれた。彼が周囲の事情に応じて、巧みに色彩を変ずるのは、カメレオンよりも捷いと称せられた。カメレオンという動物は、赤、黄、紫、青、黒、緑、何色にでもその身の色を変ずるけれども、ただ白色だけには何うしても変れないという。しかるにアルキビアデスに限っては、仏様のような善人から、一瞬にして、極重悪人にでも、何にでもその意のままに変ることができたのだ。

かつて故国にありしとき、朝にソクラテスと食事を共にし、哲学を論じ道徳を説いた身が、その晩にはチャンと、市中の無頼漢と手を携えて、淫猥な唄を歌いながら、杯を手にしたのがアルキビアデスである。スパルタにあれば体操や角力を事とし、雅典にあれば奢侈にして懶惰であり、トラキアに行けば誰よりも酒を飲み、テッサリアでは常に馬に乗り、波斯に投ずればその豪奢において、かの波斯人を凌ぐと言われたのは、むしろ彼の本性であったと思われる。スパルタにおける彼の剛健振を見た人は、ひそかに嘆じて言ったと伝えられる。

「これぞ古代希臘《ギリシア》の勇者アキレスの子にあらずして、むしろアキレスその人である。これこそは、スパルタ建国の剛健王リコルゴスの理想に叶った人である。」

かくしてアルキビアデスは、スパルタにおいても、忽ちにして隆々たる勢力を揮いはじめた。しかし何人も、こういう勢力が、なが続きすることを希うことはできないであろう。間もなくスパルタ国人の嫉むところとなって、ついには自分の生命さえ危険くなった。

そして彼は何うしたと思う？　これは不可ない、と感じた瞬間、アルキビアデスははやくも、漂然として、波斯総督の前に現われたのだ。そして忽ちにして総督を丸めこみ、その許に身を置くこととなったのである。

変通自在といおうか、円滑無礙《えんかつむげ》と称しようか。実にアルキビアデスの五体には、不思議な魅力が備っていた。たとえいかほど、彼を媢み、彼を憎む人であっても、一度彼を眼の前に見て、しばらく彼と会談していると、何となく気分が愉快になって、何うしても彼の味方とならずにはいられないというのが、アルキビアデスの特色であった。

これぞ実に彼が、怪傑をもって称せられる所以である。

それはさておき、一方、このアルキビアデスを追っ払った本国の雅典は、その後何うなったかというに、実にや彼なきあとの雅典ほど、世にも惨憺たるものはなかった。アルキビアデス贔負の人から見たら、態ア見やがれ、と、唾を吐きかけたいほどの有様であった。戦には破れるし、国勢は失墜するし、青年の意気は振わず、ただ気息奄々として、僅かに余命を保つばかり、往年希臘の覇者をもって、自ら任じた気魄は、何処にも見出されなかった。ただ一つ残るのは、僅かな誤解からして、これほどの稀代の大才を、国外に追い払った、その後悔の情だけであった。

軽薄なる雅典は、ここにはじめて、その酬いを得たのであった。

加うるにそのころ雅典では、国内に政治的変革があって、共和政府は倒れ、そのあとに、逆転的専制政治が樹立されたのであった。彼等はその最後の誇としていたところの『自由の民』という資格さえ、奪われ去ったのであった。

この振わざる雅典の惨情を見て、ここに奮起したのは、サモス島にある雅典遠征軍であった。彼等は考えた。事ここに至っては、暴虐なる本国の専制政治を倒し、雅典市民の自由を恢復するものは、わがアルキビアデスを措いてほかにはない、と。密かに使をやって、彼をその大将と仰ごうとしたのである。

ああ、七転び八起きとは、実にアルキビアデスの生涯を、言った言葉であろうか。いまは国家の追放人であり、天涯の孤客たる彼も、一躍すれば大軍の将師と立てられて、旗鼓堂々故国の自由を恢復するために、帰国すべき身になったのだ。

若しもアルキビアデスにして、普通尋常の人物であったならば、二つ返事でその要求に応じたであろうと思われる。しかし彼の胸には、少しばかり骨があった。こういう風にして他《ひと》に擁立され、そして一生、その人々の鼻息を窺うに甘んずるには、彼はあまりに自誇《プライド》が高すぎた。彼は却って将士の盲動と猪突を警め、彼等を訓して言ったのであった。

「若しこの際われわれが、軍を率いて雅典に帰ったならば、雅典市内は到底内乱を免れないであろう。その隙にスパルタが手を延ばして、雅典の覇権を侵すのは火を睹《み》るよりも瞭らかである。ここは一つ慎重に考えて、万全の策を執らなければ不可んぞ。」

まさにアルキビアデスの言った通りであった。これらすべての惨禍から、雅典を救ったところのものは、実に彼ひとりの努力であった。ここにおいてアルキビアデス、再び人間の本道に立ち帰ったものと思われる。

すでにして雅典の圧制政治家は除かれた。雅典人は再び、その自由を恢復した。ここにおいてか市民たちは、こんどこそ真剣に、アルキビアデスの帰国を切望しはじめたのである。しかしこのときに至っても、彼は市民の要求に聴かなかった。

「人民の恩恵《おかげ》によって帰国するというごときは、断じて男児のことではない。考えても見ろ、一旦死刑の宣告を受けたものが、空拳でおめおめと帰れると思うか。何かの功績《てがら》を建てて、頭に光栄を戴いてからでなくては、我輩は断じて帰らないぞ！」

そして若干の船艦を率いて、サモス島を出発したのである。

故国に飾る紫帆の錦

あたかもよし、サモス島を出帆して間もなく、アルキビアデスは、雅典《アテネ》スパルタの両国艦隊、まさに会戦せんとすという報せを受けとった。諾し、とばかりに、満帆風を孕んで、急航する先はヘレスポント。

着いて見ると、両国艦隊はまさに海戦酣《たけな》わであった。しかも今までの勝負は全くの互角。其処に突如と姿を現わしたのは、アルキビアデスの率ゆる十八隻の船艦である。

敵か？　味方か？

双方とも、しばしがほどは思い惑った。それによって戦の勝敗は決するのだ。このとき颯ッとばかりに、アルキビアデスの旗艦の檣《マスト》にあがったのは、雅典の国旗であった。

かくしてスパルタ艦隊は潰走し、アルキビアデスは陸地にまでこれを追いつめて、敵艦三十隻を捕獲した。雅典はそれを喜んで、ここに一大記念塔を建立した。

この戦いが終ると、アルキビアデスは直ちに兵士を集めて、一場の演説を試みた。

「兵士たちよ、汝等はこれより、或は陸に、或は海に、戦わねばならない。時としては、石墻《いしがき》とも戦わねばならないのだ。戦争は、あらゆるところに戦って、しかもあらゆるものに勝たねばならぬ。さなくば金銀《かね》を獲ることはできないのだぞ。」

かくしてアルキビアデスの艦隊は、一天にわかに掻き曇り、大雷雨沛然として至るなかを、スパルタ提督ミンダラスの艦隊の停泊している、シジカス港前に密航して、大いにこれを打ち破った。敵将ミンダラスは勇ましく戦って、そしてついに戦死した。

そのときのスパルタの敗報は、例の通り簡潔を極めたもので、いまでも歴史に伝えられている。

「望みは絶ゆ。ミンダラスは戦死し、残兵は餓う。われら為すところを知らず。」

アルキビアデスの兵たちは、その百戦百勝を誇って、自ら天下無敵なりと信じ、他の隊のものとは、一緒に舎営することをさえ、屑しとしなかった。

「彼奴らは往々敗けたことがあるからな!」

それが彼等の軽蔑の言葉であった。

ついでアルキビアデスは、カルセドンを攻囲し、さらに軍資金を調達すべくヘレスポントに航して、こんどはセリンブリアの市府《まち》を攻めた。

このとき城内にはすでに内通者があって、夜半に炬火をもって信号《あいず》するという、約束になっていたのであった。ところが、この内通者のなかに一人だけ、急に後悔したものがあったので、他の連中は、グズグズしていたら露顕してしまうと、定刻よりも早く、炬火を揚げてしまったのであった。

これが間違いのもとであった。

それとも知らぬアルキビアデス、烈々たる炬火の焔が、暗夜の空に輝くのを見て、今ぞ、とばかり勇み立った。

「続け！」

と、暗夜に鞭を一あてすれば、それに続くはわずか三十名の兵。城門は果して開かれてあった。

「占めたッ。」

とばかり、城内に躍り入れば、ああ豈はからんや、槍ぶすま造って待ち構えたのは、武装した城兵ではないか。

若しアルキビアデス、踏み止ったならば、遁れる途はさらになかった。逃げようか？

しかし彼は、その期に至っても、百戦百勝の名を汚すに忍びなかった。彼は城兵の槍ぶすまのなかに、平然として突っ立ち上り、先ず喇叭手に喇叭を吹かせて静粛を命じ、さらに部下のうちで、大音自慢の奴をさし招いて、大音声で呼ばわらせた。

「セリンブリアの城兵たちよ！　雅典に弓一本引いたなら、それが最後と覚悟しろ、和睦するんなら許してやろう。心得違いをして、後で臍を噛むなよ！」

ああ、何たる大胆不敵な行動であろう。城兵どもは度胆を抜かれた。これはてッきり雅典の大軍が、後から続いているものと考え、城内の非戦論は急に勢力を得た。ああでもない、こうでもない、と、小田原評定をしているうちに、雅典の軍兵は全軍セリンブリアの市府に入ってしまった。

かくしてアルキビアデスの沈勇は、わずか三十名の騎馬兵をもって、この堅城を抜いたのである。しかし彼も、セリンブリアを欺くことを欲せず、軍隊に堅く命令して、市府の劫掠《ぶんどり》は断然許さなかった。そして僅かに若干《そこばく》の金額を徴収して、このセリンブリアを引き上げた。

ついでアルキビアデスは、カルセドンを降し、ビザンチウムを征し終って、いまや常勝将軍の名は、希臘近海にかくれるところもなかった。ここにおいてアルキビアデスも漸く故国を見るの心を起したのは、むしろ当然であろう。それよりも寧ろ、この数々の大勝利の栄冠を戴く自が英姿を、かの雅典の市民どもに、見せてやりたいと思ったのである。

かくしてアルキビアデスは、ついに雅典に向って纜を解いた。青史はながく、その凱旋を伝えている。従う船艦は二百隻を下らず、何の船艦も、敵から鹵獲《ぶんど》った楯やその他の戦利品で飾られ、敵から捕獲した多くの戦艦は、その後備えとして海上に聳え、その壮観は譬うべきものもなかった。

オリンピック競技に勝を得た音楽家クリソゴナスは、この艨艟《もうどう》のために笛を吹いた。その妙音は嚠喨《りゅうりょう》と海波を渡れば、千万の櫂と櫓は、これに拍子をとって漕がれ、俳優カルリピデスは、舞台の華麗《はなやか》なる衣裳をつけて、漕手に号令をかけた。そのなかに、アルキビアデスの乗りこんだ旗艦は、紫の大帆をあげて、堂々と港内に進み入ったのである。

アルキビアデスが陸に上るというと、出迎えの群衆は、熱狂して彼の名を口々に喚びながら、一斉に駆け寄って、山河も破れるほどの喝采を送った。近きものは彼に花の冠を冠せ、群衆にさえぎられて近づきえないものは、遠くからこの熱狂を眺めて、老人たちは彼を指しながら、

「見ろ！　彼ぞわれらがアルキビアデスぞ！」

と、感激の涙とともに青年に示した。事実、雅典市民の胸には、この有頂天の歓喜《よろこび》のなかにも、一つの涙が宿っていたのである。

「ああ、これほどの英傑を、自から国外に追放したのは誰なのだ！　あわれそのことさえなかりせば、覇者雅典の夢も、いまごろは実現されていたろうものを。少くとも、シシリー島に、あれほど脆くは破れなかったろうし、その後の戦いにも、かくは惨敗しなかったろうものを！」

それが彼等の後悔の涙であった。

まことにアルキビアデスは、彼の郷国《くに》雅典が、海には敗れ陸には退いて、殆んどその郊外すらも防ぎえず、内には朋党相争って、まさに雅典危急存亡のときに至り、しかも身は国を追われ、死刑の宣告をすら受けた身でありながら、この天涯の孤客が、一たび剣を執って起つや、ひとり雅典海上の覇権を恢復したのみならず、陸にも到るところ敵を破って、内には国政の紊乱を救い、雅典の名を再び天下に輝かしたのであった。雅典市民が、熱狂して彼を迎えたのも決して偶然ではなかった。

幾度言っても同じことであるが、アルキビアデスこそは、実に天下稀に見るの怪傑である。

隠然天下の一敵国

雅典《アテネ》に帰ったアルキビアデスは、まず公開場《フォーラム》に人民を集めて、自れの受けたる数々の艱難を嘆き、雅典人の冷酷を婉曲に難詰《なじ》った後、すべてこれを悪運の故に帰し、彼等の勇気を鼓舞して、前途に希望の光明《ひかり》を与えた。実に政治家らしい遣り方である。市民たちはこれに対して、黄金の冠を彼に冠らせ、彼を海陸の総大将に任じ、付するに無上の権能をもってした。

当時雅典には、九日続きの祭礼《まつり》があって、その六日目には、酒神バッカスの像を舁《かつ》いで、エリウシスまで、行列組んで行く風習《ならわし》であったが、スパルタのために、途中のデセレアを占領されてからは、陸路はもはや行けなくなったので、わずかに船でエリウシスに渡り、折角楽みの行列も、正式にはやれず、途中で行う献祭《ささげもの》や舞踊《おどり》は、一切廃止となっていたのであった。

そこでアルキビアデスは考えた。

「可し、一つ俺の軍隊の護衛によって、美ン事行列組んで陸上を、エリウシスまで押して見よう。若しやスパルタがそれを見ながら、妨げることもできないならば、スパルタの武威も廃るときだ。若しまたスパルタが抵抗したら、そのときこそこのアルキビアデスは、神々のために聖戦を戦うものとして、これまでの不名誉を、一挙に恢復することができるであろう。」

かくしていよいよその日となった。彼は数多の神官を招き、軍隊をもって取り巻いた上、整々粛々として練って行った。その行列の荘厳にして堂々たる、彼の政敵たちでさえも、思わず目を瞠って叫ばざるをえなかった。

「げにやアルキビアデスは、ただに大将軍の任を尽したばかりでなく、また大司祭の職をも、立派に果すものである。」

その壮観に呑まれたのか、敵兵は、指一本だに指すことができなかった。このことは、アルキビアデスの人気を、も一度絶頂にまでもち上げた。が、それはまた最も危険なる深淵を、その足下一歩のところに、掘ったのである。何ぞや。彼が王権を欲しているという、政敵の中傷がこれである。

時の政府は、アルキビアデスの勢力が、あまりに隆々たるに恐怖《おそれ》を抱き、彼に一百隻の船艦を任せて、スパルタとの戦争に出征せしめたのであった。

この戦いは、アルキビアデスの好まぬところであった。しかしそれを拒めば、背後には政敵の中傷が控えていた。彼は止むなく軍艦を率いて、アンドロス島に遠征し、忽ちにしてスパルタ軍を撃破った。しかしアンドロス市を陥れることはできなかった。

然るに何事ぞ！　彼の政敵たちは、再び彼の留守をねらって、市民を煽動し、彼を陥れんとしたのである。

「アルキビアデスは大切な遠征の途にありながら、またも懶けているではないか。若し彼が真剣になりさえすれば、あれほどの名将だもの、アンドロス市くらいは、お茶漬前に陥れそうなものだがなア。」

古来若し、自が光栄のために、自ら倒れた人があるとすれば、アルキビアデスこそはたしかにその人であった。彼が百戦百勝の名声は、世人をして、戦えば必らず勝つものと信ぜしめたので、若し一度でも勝たぬときは、兵力や軍資の不足よりも、むしろ彼が怠慢の罪に帰せしめられたのである。

かくして彼は再び、政敵の張った穽にかかった。そして出征の途中において、海陸総大将の職を剝がれ、遠征軍の指揮権は、他の三名の将官に与えられたのであった。アルキビアデスは止むなく、一小村に蟄居しなければならなかった。

この三名の新任将官は、エゴスポタミに陣を張って、しきりに敵将リサンドルに戦を挑んでいた。実に危険千万な話で、アルキビアデスの蟄居していた村は、まだその近辺であったものだから、これぞ雅典の大事、一片の忠言なかるべからずと考えて、馬を飛ばせて彼等の陣営を訪ねた。

「諸君の根拠地は、都会にも港湾《みなと》にもはなはだ遠い。そして糧食を、セストスのような遠いところから取り寄せるというのは、危険千万ではないか。その上水兵たちを、陸に上らせて、彷徨《うろつか》させているとは何事であるか。見よ、敵は名将リサンドルの指揮の下に、規律飽くまで厳重なる一艦隊が、乗ずる機会を覗っているのだ。実に寒心の至りに堪えない。一刻も早く、根拠地を、セストスに移すのが、最も安全の策ですぞ。」

しかし新任の三将官は、少しもアルキビアデスの言葉に耳を傾けなかった。殊にその一人のティデアスの如きは、傲然として言い放った。

「いま、軍隊に号令を与えるものは我輩である。貴君ではない！」

それを聴いてアルキビアデスは、またも内通の嫌疑を受けては堪らないと、深くも争わずに帰ったが、内心は残念で仕方がなかった。このとき一友を顧みて言うのに、

「あの将軍たちが、あんな甚い無礼な態度をとりさえしなければ、俺はきっと数日のうち

に、スパルタ軍を海上で、雅典艦隊と会戦せしめ、少なくともスパルタ軍をして、船を棄てて奔らしてやったものを。今となっては万事休すだ。」

果してアルキビアデスの憂えた通り、この三将官の率いる雅典軍は、まもなくリサンドルのために打破られた。勢に乗じたスパルタ軍は、希臘《ギリシア》半島を荒れまわって、切りに雅典に迫ったので、雅典もついにその鋭鋒に敵しえず、リサンドル将軍の前に城下の盟をなすの止むなきに至ったのである。

憐れ希臘の盟主をもって任じていた雅典も、その誇りたる自由民権を喪って、リサンドル将軍の立てた三十名の専制君主《タイラント》のために、治められなければならなかった。

雅典市民はここに始めて、真剣に臍を噛んで口惜しがったが、そのときはもう晩かった。

スパルタはかくして、好敵手雅典を打ち破り、完全に希臘半島に覇旗をうち樹てたのであるが、ただ一つ心懸りなのは、アルキビアデスであった。そのときアルキビアデスは、フリギアの一小村落に、世を忍ぶ侘住居であったけれども、スパルタにとっては、この一人の怪傑の方が、全雅典よりも怖ろしかったのである。

かのリサンドルの立てたところの三十暴君《タイラント》ですら、こう言っていた。

「雅典の共和政体が全く根絶するまでは、スパルタは決して希臘の統治を堅めることはできない。そして雅典人は、表面でこそ穏かに、この圧制に甘んじているようであるが、アルキビアデスが生きているうちは、決して雅典共和国の復興に、希望を絶たないであろう。」

アルキビアデスの寓居に、一隊の刺客が放たれたのは、その結果であった。

しかしながら、獰猛極まりなき刺客たちすら、アルキビアデスという名を聞いただけで、慄え上った。彼等はたった一人のアルキビアデスに向って、堂々と屋内に入ることさえできず、卑怯にも、家を囲んで、それに火を放ったのである。アルキビアデス、かくと見るや、ガバと撥ね起きて、一抱えの衣服と器具を、いきなりパッと火の上に投げる。――一瞬、火勢が抑えられたその隙に、戸外に躍り出でた怪傑アルキビアデスの姿！

上衣を左の腕に巻いて、右の手には抜剣を持ち、炎々たる火勢を背に、突っ立ち上ったその有様は、世に伝うる不動明王も、かくとばかりに思われた。

嗚呼しかし、それも僅か一時のことであった。蛮人たちはこれを見て、アルキビアデスを遠巻きにしながら、投槍《ジャヴリン》や箭を四方から投射して、ついに彼を惨殺してしまったのである。実に惨鼻の極、しかし考えて見れば、これも一代の怪傑としては、むしろ適わしい死状《しにかた》であったのかも知れない。

義人ペロピダス

雅典《アテネ》街頭涙の邂逅

怪傑アルキビアデスが死んで、二十年ばかり後のこと、往さ来るさの往来せわしき雅典の街頭に、二人のテーベ人がパッタリ邂逅《ゆきあ》った。

「おう、フィリダス君!」

「おう、メロン君!」

両人《ふたり》は互いに、久濶の情にかがやく眼元を見まもりながら、つと歩み寄って、固くその手を握り合ったのであった。

メロンといわれたのは、当時テーベの国権民主党中の、錚々たる一傑物であったが、いまでは異郷雅典に亡命の身となり、ひそかにテーベの復興を策しつつある革命の志士。フィリダスといわれたのは、メロンの党のものでこそなかったが、同じくテーベにおける事大門閥党の弊政に、激しく公憤を感じているもの。このときフィリダスが雅典に来たのは、他の用事であったけれども、この偶然の邂逅に、思わず握り合わせた両人の手、その脈管を通じて伝えられたのは、共にテーベの国民革命を急ぐ熱情の一致であった。

　この計らざる二人の邂逅を、行く人たちは少しも気がつかぬのか、振り向いても見ず行き過ぎた。しかしこのメロンとフィリダスの握手こそは、やがて希臘《ギリシア》の天地を震動させるような、志士義人大活躍の端緒をなすものであった。

　ここで暫らく振り返って、この国民革命の原因をなしたところの、テーベ国難の話を物語らねばならぬ。

　一体テーベという市は、中部希臘の中央《まんなか》の、ボイオチアという州の一都市であるが、このボイオチア州こそは、東北と西南は海に限られ、その他の方面は山岳に囲まれて、自ら一大都城をなす屈竟の地である上に、地は南北希臘の通路の中心にあたり、また交通の主線なる海路にも接していた。その上《うえ》州の北部を流れるケフィソフス河は、その中間がコパイスの大湖となり、多くの支流を有しているので、地味は饒《ゆた》かにして天産に富み、牧畜は盛に営まれて、穀物、果樹の生産も多く、葡萄と育馬においては、隣邦に名を馳する国であった。従って人口も多く、民族も強大で、就中テーベの男子の強いことと、その女子《おんな》の美しいこととは、広く世に知れ互っていた。

　かかる境遇に恵まれて、テーベは夙《と》くに強大となるべき運命をもっていたのである。ただ、内には政争があまりに苛烈で、そのために国勢の発展を妨げられ、外には雅典スパルタの二大強国に圧せられて、久しく勃興の期《おり》をえなかったのである。然るに隣邦雅典は、怪傑アルキビアデスの横死とともに勢いが衰えるに反して、テーベには一代の英俊イスメニアスをはじめ、多くの国権民主党の人々が、鋭意テーベの経綸に努めたので、忽ち中部希臘の一強国となり、流石のスパルタですら、

「雅典は恐るるに足りないが、怖るべきものはテーベの将来である。」

と、眉を憂わしたほどに、隆盛になったのであった。

ここにおいてスパルタは、表面でこそテーベの友邦《みかた》と称してはいるが、内心はテーベの野心を猜い、切りに乗ずべき機会を覗っていた。ここに新興テーベの前途に、一大挫折を加えたのは、事大門閥党の巨魁、レオンチアデスという男。身はテーベの執政官《ポレマルコス》でありながら、大勢が国権民主党に傾いて、自党の意気さらに振わないのを嘆じ、到頭飛んでもない悪計を企てたのであった。

レオンチアデスは、スパルタの将軍フォイビダスが、北上遠征の途中、テーベの郊外に陣したのを知って、夜暗ひそかに陣中を訪ねて、いろいろ懇談をしているうち、急に声を低うしてフォイビダスの耳に私語いた。

「フォイビダス君、いよいよ貴下《あなた》がスパルタのために、一大功蹟を樹てる機《とき》が来ましたぞ。しかもそれは貴下の一挙手でできる。」

「え?」

フォイビダスは、思わず膝を乗り出した。レオンチアデス、してやったりと、さらに言葉を進めて、

「事は甚だ簡単です。ただ貴下が、私と同行して下さればいいので、私は貴下の重歩兵を、そっくりテーベの内城、カドメアに御案内いたしましょう。さすればテーベは完全にスパルタのものとなり、内政《まつりごと》をとるのは、スパルタに親善なる我党であれば、両国の和平はここにはじまるわけ、なんと素晴らしい計画ではありませんか。」

驚くべしレオンチアデスは、自党の権勢を張りたいばかりに、国を敵国スパルタに売ろうというのである。

フォイビダスはもとより名誉心の強い男であり、この甘言をきいては、もはや事の正不正を顧みる暇はなかった。涎を流さんばかりに、すっかりその計画に賛成してしまった。時しもその日は、テーベの市に、女神デメートルの祭が行われる日であった。この日に限って、男子《おとこ》は一人もカドメアに入ることを許されず、婦人《おんな》ばかりが内城に集まって、祭典を行うことになっていたのである。その上その日は、炎熱灼くがごとき日であったので、男子は多く家の留守番で、コクリコクリと居睡りをしていないものは、卓《テーブル》を囲んで放談に耽っていたのであった。

さて、そのときテーベの元老院では、会議が開かれていたのであるが、レオンチアデスは、イスメニアスはじめ国権民主党の人々が、ようやく会議に熱中しはじめたのを見すま

すや、時こそよけれと、そっと議事堂を脱けだし、馬に一鞭くれれば、一散にテーベ市の門外へ！

「時は今ぞ、いざ疾く！」

叫べば待ち構えていたフォイビダス将軍、全軍に令を伝えて、テーベ府内へと忍び入った。何しろ炎熱のさかり、祭の当日とて、街には人通りも希であり、見とがめる人もなければ、スパルタ軍は忽ちにして、カドメアの内城にと達した。レオンチアデスは、大声で怒鳴る。

「開門！　開門！」

「何者？　……して何の用で？」

「執政官レオンチアデスの命令じゃ！」

執政官の命令とあれば致し方ない。門番颯っと内城の門を開けば、有無を言わせず殺到したのはスパルタ騎兵。しかも内城にあるものは、婦人ばかりである。

あわれテーベの死命を制すべきこの内城は、白昼しかも瞬間に、スパルタ軍の占領するところとなり、いままで平和な祭典《まつり》に、賑かな笑声をたてていた全市の婦女は、ことごとく捕って人質となってしまったのである。

こうしておいてレオンチアデスは、再び汗馬に鞭を揚げ、元老院に馳せ帰って見れば、元老院はいまし、スパルタ兵が市門を破突《とっぱ》して、カドメアの内城に入ったという報せを得

て、議員たちは面色を変え、騒ぎはじめた折柄であった。レオンチアデスは、議事堂に入るや否や、自席に突っ立ち上って、

「元老院議員諸君！」

と叫んだ。この声とともに、かねて手筈の事大門閥党、さては旨を受けた護衛兵ども、走ってレオンチアデスの身辺に集った。

「元老院議員諸君、スパルタ兵が内城を占領したからといって、少しも騒ぐことはない。スパルタ人は、戦を挑まざる人々に対しては、決して害意はないということを確言したのである。この際我輩は、執政官の一人《にん》として、テーベの危険《あやうき》を救わねばならない。テーベの国法は、執政官に対して、大逆罪の嫌疑ある市民を捕うる権能を与えてあるのだ。故に我輩はここに、スパルタに対する挑戦者として、ここに在るイスメニアス君の逮捕を命ずる！」

そして護衛兵たちを顧みて、言葉も急に命令した。

「いざ、士官ども、速かに立って、イスメニアスを捕えよ。捕えて予《よ》が命ずるところに、彼を拘引してしまえ！」

かくしてテーベの信望を担っていたイスメニアスは捕えられ、まもなく死刑に処せられたのであった。

思いもかけぬ奸策にかかった国権民主党の人々は、眉を揚げ腕を扼して口惜しがった

が、こうなってはもう止むを得ない。争ってこの議事堂から脱出し、志を同うするもの三百人ばかり、慌しくも心の残る故国を去って、雅典に亡命したのであった。かのメロンは、言うまでもなく、その亡命の志士の一人、そして本篇の主人公ペロピダスも、勿論そのうちの一人であった。

テーべ国民革命の策謀成る

このテーべに行われた陰謀こそは、実に悪辣陰険を極めたものであった。本国のスパルタ人の間においてさえ、このフォイビダスの行為《やりかた》には、眉を顰めるものが多かったので、国王もやむなく、彼の官職を免じて、十万ドラクマ（約四万円）の罰金を科したくらいであった。

しかしながら、内城カドメアには、依然としてスパルタの守備兵が置かれてあった。このことは、希臘《ギリシア》全土をして、大いにその矛盾を訝からしめたものである。何故というに、スパルタ王は、一方かの暴挙を為したものを罰しておきながら、他方その暴挙そのものを是認していたからである。

テーべはかくしてその自由と独立を失い、スパルタ兵の威圧と、事大門閥党の圧制との下に服したのであったが、この惨情を眺めて、歯ぎしりして口惜しがったのは、雅典《アテネ》に亡命した三百の志士たちであった。如何にして、この悲運に墜ちた故国テーベを、救うことができるであろうか。彼等は何かと言っては寄り集って、互いに悲憤慷慨したのであるが、何しろ敵は、希臘全土に武威を振っている強大スパルタである。三百の同志が何んと口惜しがろうと、それはごまめの歯ぎしりに過ぎなかった。

そこに同志メロンが、偶然にも、途でフィリダスに邂逅したので、それが機縁となり、事は急転直下、国民革命の策謀は、進捗することになったのである。

一体フィリダスは、他の用事でテーベから、雅典に来たのであったが、此処で計らずメロンに会っては、それもうち忘れるばかりに悦んで、共に相携えて物静かなところに行き、さて久し振りに旧を談じ、新を語るうち、落つるところは結局テーベの悲運であった。

フィリダスは詳らかに、その後の国情を伝え、甚だしき事大門閥党の暴戻と、一しお加わるスパルタ人の傲慢とを、涙ながらに訴えた。これに対して、メロンは、脱走志士の志を洩らし、しからば互に力を協せて、テーベのために尽そうということになったので、ここにフィリダスは志士団の人々に紹介され、いよいよ故国テーベにある同志と、雅典亡命の志士とが、互に気脈を通じて、機《おり》を見て起つという策謀が成ったのである。

この亡命志士団の団長ともいうべきものが、すなわち本篇の主人公ペロピダスである。ペロピダスは、亡命志士のうちでも、最も年少《としわか》の一人であった。しかし元来がテーベの名家の出であり、頭脳は明晰、武芸に達し、戦術に長じ、活溌機敏にして、愛国正義の念に満ち、しかも人と交って情誼が深かったので、自然と一党のうちの統領と、立てられたのであった。

ペロピダスの父が死んだときは、彼はまだ青年であったが、いまや莫大の財産を継ぐ一家の主人となると、彼は自ら、

「予は富の奴隷となるよりも、富の主人とならねばならぬ。」

と言って、正しく貧しき人に会えば、吝みなく金を分けてやるし、また公共の事業などには、ドンドン金を支出して、巨万といわれた財産も、見るまになくなる有様であった。あまりにそれが激しいので、一人の友達が、

「君、そう無頓着では困るね、金というものは、生活になくてはならぬ必要なものだからね。」

と諫めたことがあった。するとペロピダスは、その傍にいた盲目で跛者《ちんば》のニコメドスという乞食を指して言った。

「そうさ、金はこのニコメドスのような人に必要なんだよ。」

ペロピダスという人は、こうした人であった。

さてメロンがかのフィリダスを、同志の面々に紹介し、いよいよテーベ国民革命の策謀を凝らすことになったとき、首領のペロピダスは同志を励して言うよう、

「いまやわれらの故国が、敵国スパルタに臣従して、その圧制の下に呻吟し、内城に守備兵を置かれながら、その号令の下に怨嗟しているのを、空しく放棄して、徒らに安きを偸んでいるというのは、われらテーベの一大恥辱、また不忠不義の甚しきものである。もはや空しく雅典人の援けを待ち、安閑と悲憤慷慨の雄弁家に、期待しておるべき時ではない。かつて雅典の亡命客トラシビュラスが、テーベから起って雅典の専制者を撃殺したごとくに、我等も雅典から進んで、自らテーベの独立を回復しなければならぬ。」

その策謀はこれこれと、同志の間に議を練ったのであった。

そこでフィリダスは策を授けられて、何喰わぬ顔でテーベに帰る。それからは却って、事大門閥党に寝返り打ったような風を装って、その首領アルキアスに取り入り、何時の間にかその秘書官になってしまった。そして、雅典にある亡命の同志たちと、互に秘密の連絡をとりながら、徐ろに時期の来るのを待ったのであった。

風雪を冒して故国に入る

そのうちに、三年の月日は、夢のように過ぎ去った。時に紀元前三百七十九年の冬、待ちに待ったる通知は、フィリダスのところから届いた。

「準備万端整った。直ちにテーベに帰国せよ。」

ここにペロピダス、メロンをはじめとし、血気の青年十二名の決死隊は、テーベ入り先発の危険を冒し、ほかに百名ばかりの一隊は、国境に集って吉左右《きっそう》を待つことになった。

折柄、烈風は雪を捲いて雲は暗く、人目を憚る身には却って幸先よしと、十二名の決死隊は山を狩る猟人に身を窶して、短い外套を頭からスポリと被り、猟犬を携えて、手には猟網の柄を握り、ひたすらに雪路をテーベへと急いだ。かかる風雪の日のこととて、路上寂として人跡絶え、たまに行き遇う人々にも、顔を見られることもなかったので、無事にテーベの門内に入り一先ず同志カロンの邸に着くことができた。

カロンというのは、テーベの名士であったが、もとより一諾を重んずる高人であったので、身に迫る危険を眼の前に感じても、断じて初志を翻えすこともなく、敢然とその邸を、同志の根拠地に提供したのであった。

ところがやはり同志の一人、ヒポステニデスというものは、もとより同志を裏切るような人ではなかったが、この最後の土壇場に至って、自分たちの飛びこもうとしている冒険が、あまりに険呑至極なのを感ずると、思わずタジタジとなってしまった。

「わずか三十や五十の同志と、外国に亡命している志士だけを頼みとして、このテーベの政府を顚覆し、強大無比なるスパルタの軍政を打破しようなどというのは、考えて見れば、まるで蟷螂の斧を揮うようなものだ。これは一先ず雅典《アテネ》の同志に手紙をやって、自重して時期を待つように、すすめた方が上策だぞ。」

と考えて、従僕のクリドンに手紙を持たせて、雅典に出発《たた》せたのであった。

そこでクリドン、大急ぎで自分の厩に走って、馬を引き出し、さてヒラリと飛び乗ろうとすると、何うしたものか鞍がない。

「おうい、鞍は何うした、鞍は！」

大声で妻君を呼びつけると、妻君何とか彼とかブッブツ口小言を言いながら、一緒に探して見たけれど、何うしたってそれが見つからない。あまり喧しく責めたてられるので、到頭妻君も、その鞍は近所の人に貸したということを白状したが、クリドンも気が焦々しているから、つい声が高くなる。そこへもって来て妻君が、大それた悍婦と来ているから、忽ちにして大喧嘩となった。ヒステリーの妻君は、泣声あげて、

「おお神様、こんな旅立ちなんか、行く人にとっても、遣わす人にとっても、何うか禍いとなりますように！」

と、呪ったものである。この呪の声を聞くと、クリドンはそれですっかり気を腐らせてしまった。その上夫婦喧嘩のために、出発が半日も遅れてしまったので、

「え！　いっそ止めてしまえ。」

と、他処に用足しに出かけてしまったのであった。

思えばこの夫婦喧嘩こそは、却って天の同志に与えた幸運《しあわせ》であった。若しこのヒステリーの妻君が喧嘩しなかったら、その書面は恐らくペロピダスの手に入っていたろう。そし

てこの計画にも、何かの故障が起ったかも知れない。

さてもカロンの邸には、そのときすでにテーベ市内にある同志三十人が待受けていたので、風雪を冒して帰国した十二名の志士とともに、ここに四十八名の決死隊は、いよいよ討入ということになった。おのおの胸には胸甲を当て、腰帯には剣を帯び、何時でも事を挙げる用意をして、ひたすらに時刻の立つのを待っていたのであるが、そのときハッと驚くまもなく、戸外《そと》には慌しく戸を敲く物音！

「何の用か？」

同志の一人が、轟く胸を抑えて問えば、使の者は戸の外で怒鳴った。

「大将軍アルキアス様からの使者でござりまする。急用があります故、直ぐにもカロン殿にお出で願いたいと、御主人様の仰せでござります。」

さては計画はやくも露顕したのか。一同は思わず顔を見合せた。

このとき例のフィリダスは、計略をもって門閥党四巨魁のうちの二人、アルキアスとフィリポスとを、自分の邸宅に招いていたのであった。いまにボイオチア第一の美人たちをお目にかけますからと、一生懸命、美酒佳肴に機嫌をとり結んで、彼等が十分酒に酔ったところで、同志の決死隊を引き入れようという計画であったのである。ところが、アルキアスがまだ深くも酔わないうちに、早くも密告するものがあった。

「何うも亡命志士のうちに、密《そ》っとテーベに入りこんだものがあるらしゅうございます。」

それを聞いてフィリダスは、何かと話題をそらそうとしたが、アルキアスは、兎に角、警務長のカロンを招んで、情報を聞かねばならぬと、さては使者が深夜に戸を叩いたのである。

カロンをはじめ同志の面々は、この急用の召喚に、もはや計画は露顕かと、一度にサッと色を変えたが、しかしまた考えて見れば、その急用なるものも、果して何であるか、確とは判らないことである。兎に角一応は命令通りに出頭して、アルキアスの猜疑を、言い脱けられるだけは言い脱けた方がいいではないか、ということになった。

カロンはもとより勇猛果断の士。容易に物に驚くような人物ではなかったが、このときばかりは色を変えた。それに味方の人々が、この機に及んで、自分を敵に裏切るものと疑われはせぬかと、それにも心を痛めなければならなかった。

つと起ち上ったカロン、いきなり奥に入って、当年十五歳になるわが愛子を伴れて出て来たが、何思いけんこの眉目清秀の美少年を、ペロピダスに渡して言うよう、

「諸君若し我輩が、諸君を裏切ったと思われたならば、何うか容赦なく、この子を成敗してくれ給え！」

ああ、何ぞその言の痛烈なる。さすがの勇士たちも、思わずハラハラと落涙して、口々に彼を慰めた。

「カロン君、いかに大難を前に控えた我々だとて、この機に及んで、何うして貴下《きみ》を疑う

ような愚劣なものが、このなかに一人とあろう。何うかその御愛子は、安全なところに難を避けさせて、老先ながき身を我々と同列に、暴虐者の手中におかず、万一の場合には、この少年をして、成長の後、その父やまた父の友のために、仇《かたき》を復《かえ》す人とならせてくれ給え。」

するとカロンは、頭を振って、凛然と言い放った。

「いや、諸君！　父や父の友なるかかる勇士たちと、共に死することより名誉ある生活が、この子にとって何処にあろう！」

そしてカロンは同志に別れを告げ、ただ一人、アルキアスのところに赴いたのであった。

巨魁ついに屠らる

アルキアスの許に向ったカロンは、途中で篤と思慮《おもい》を練り、まず第一に気を落ちつけて、顔色や声音が変らぬよう工夫を凝らした。そして心の恐れが外部《そと》に現われぬよう気を配って、いよいよ戸口の前に立つと、アルキアスとフィリポスは、はやくも戸口のところで待ち受けていた。

「カロン君、雅典《アテネ》亡命者の怪しき徒輩《やから》が、このごろテーベに入りこんで、市中に隠れているということだが、それは真個かね。」

　覚悟はしていたものの、矢ッ張りそうか。カロンは思わずギョッとしたが、なおも平然と白ッぱくれ、

「へええ、そうですか？　してその隠謀者というのは誰々で、匿まってるのは誰だと言うんですか。」

　と、探りを一本入れて見ると、何うやら彼等は、風聞の端っくれを耳にしただけのことで、同志の間から、確かな密告があったわけではないらしい。カロン漸く胸撫で下ろして、

「いや、それならば、御心痛さこそとは存じますが、恐らくは、根も葉もない風聞に過ぎないと思います。さりながら、もとより打ち棄てておくべきことではありませぬ故、これから直ぐに家に帰って、その真相を確かめ、閣下の御意の安まるよう、早速手配を致しましょう。」

　健気に言い放ったので、巨魁たちもやっと安心した様子。フィリダスも傍から合槌をうって、

「なるほどカロン君の仰言る通り、なアにカロン君に任せておけば、大丈夫でございますよ。」

　と、両人を再び席にひき戻し、切りに酒肴をすすめ始めたので、カロンは頃合を見計っ

て其処を辞し、同志のところに帰って行ったのであった。

こうして第一の危難は辛くも切り抜け、同志の面々ホッと胸撫でおろす間もなく、第二の危難は、このときはやくも同志の上に覆いかかっていたのであった。それは雅典なる一人の僧侶が、急使をもって、隠謀の顚末を詳しく書き記した密書を、アルキアスのところに送ったからである。

急使はアルキアスの前に出ると、特に口上をもって言い添えた。

「この書状を書かれしお方の申されまするに、極めて重要《じゅうよう》な用件でござりますれば、直ぐに御開封なりますよう、との口上でござります。」

「なに、重要《だいじ》な用件とな?」

アルキアスは手を延ばして書状を受け取った。しかしそのときは、もう酒が五体に染み渡っていた。その書状を開こうともせず、

「重要な用件なら、明日のことじゃ。」

と、そのまま寝椅子の下に突っこんでしまった。これぞ巨魁たちの運の尽き。『用件は明日』という言葉は、いまでも希臘《ギリシア》の諺の一つになっている。

さても同志の面々は二手に分れ、一隊はペロピダスの下に、レオンチアデス、ヒパテスの邸を指して立ち出る。他の一隊は、メロンとカロンが先立ちとなって、フィリダス邸の酒宴の席へと急いだ。身には胸甲の上に婦人の衣をまとうて、深く剣光を包み、頭には松

柏の葉を厚く巻きつけた冠をかむって、巧に面をかくし、秘かに邸内の一室に相図を待った。

かくとも知らぬアルキアスとフィリポスは、酔が廻るにしたがって、酔眼朦朧。

「おい、フィリダス君、約束の美人は何うした。早く顔を見たいものだな。」

と、フィリダスの袖を引いて、刻々と身に迫る己が悲運を、われから急ぎつつあるを覚らなかったのも、いよいよ彼等の運の尽きるところと見えた。

時こそ至れとフィリダスが、境の扉を颯ッと開けば、彼のいわゆるボイオチア第一の美人たち三人は、粧い凝らした顔を伏目がちにして、数人の侍女を後に従え、蓮歩ゆるやかに入って来たので、

「よう、待っていました。」

彼等はだみ声を揚げ、手を拍いて悦にいった。

その間に三人の美人は、つかつかとアルキアスとフィリポスの傍に近寄った。今しこの二巨魁が、好色の瞳を輝かして、美人を腕に抱こうとした刹那！

顔に被けていた巾をパッと撥ねのければ、思いきや国民革命の志士たち。呀ッという間に、剣を抜き放って、紫電一閃、躍りかかれば、その鋭き太刀先！　さしもの二巨魁は、声をもたてずその場に刺し殺されてしまった。実に眼にもとまらぬ一瞬の出来事であった。

一方ペロピダスの一隊は何うであったかというに、先ずレオンチアデスの邸に行って見ればそのときはやくも門は閉ざされていた。

トン、トン、トン。

深夜の門を叩く音、ややあって一人の下僕《しもべ》が、懶げに戸を開ければ、待っていた志士の面々やッと声もかけずに躍り入って、その僕《しもべ》を踏み倒し、どっとばかりにレオンチアデスの寝室に乱入したのであった。

流石は一党の首領たるレオンチアデス。——一体この人は、平常から酒も飲まず、思慮も勝れた人物であったので、その夜のフィリダスの宴会も、辞って行かなかった。フと耳にした時ならぬ物音、パッと跳ね起き、手早く剣を抜いて、身構えた。

真ッ先に進んだのは、志士の一人ケフィソドロス、呀ッというまに、レオンチアデスのため、ただ一撃に斬り伏せられた。

「おのれ怨み重なるレオンチアデス！」

続くものは首領ペロピダスであった。

ここに両巨頭は、刃を振って睨み合ったが、なにしろ戸口は狭くて進退自由ならず、その間にはケフィソドロスの屍体が横っているので、思うようには戦えない。二人とも名高《なだ》たる剣道の達人とて、容易に勝敗も決しがたく見えたが、正義の刃には勝たざりけん、

「おう。」

と叫んで斬りこんだ必死の一刀を、受け損じたか、レオンチアデスは、撞とその場にうち倒れた。これを見て、妻は気も転倒、思わず声を挙げて騒ごうとするのを、ペロピダスはったと睨みつけて、

「我々は婦人には決して害を加えない。戸を閉じて静かにしていろ。声を立てたら、家内一同、みな殺しにしてしまうぞ。」

と威しつつ、直ちに血刀提げてヒパテスの邸にと赴いた。

ヒパテスは驚いて刃向おうともせず、隣家に逃げこむところを、志士たちに追いかけられて、事もなく刺し殺されてしまった。

かくして二隊は一所に会し、互に成功を悦びながら、まず監獄に人を走らせて、スパルタの圧制のために投獄されていた志士たちを、救い出した。そして、玄関にかけてあった戦利品や市中の甲冑師、刀剣師などの店から徴発した武器によって、これらの志士たちを武装せしめ、直ちに一党のなかに加わらせた。

このときカドメアの内城には、五千のスパルタ兵が守備していた。若しこのスパルタ兵が変を聞いて、直ぐ討って出たならば、志士たちは苦もなく皆殺しにされたかも知れぬ。しかるに守備隊長は、あまりの急に心惑ったのか、内城カドメアに静りかえっていたので、その間に充分の準備を整えることができたのであった。

しかしテーベの市中は、大変な騒ぎになった。人心恟々《きょうきょう》として混乱を極め、人々は夜

中を東西に馳せちがい、烽火は戸々に点ぜられて、なかに気の早い奴は、

「やよ市人《まちびと》、疾く武器を執って、国難のために蹶起せよ！」

と怒鳴って、隣り近所を促したてるものもあったが、人々はただ逃げ惑うのみで、ついに一ケ所には集らなかった。

そのうちに、ながい冬の夜も、ようやく白み初めた。暁近くなって、かの国境に待たせてあった一隊が、馳せ加ったので、市中の騒ぎもやっと静まった。其処にはじめて、市民の前に姿を現わしたのは、高徳の隠士エパミノンダスであった。

エパミノンダスついに起つ

エパミノンダスという人は、元来が政治家ではない。生れはペロピダスと同じく名門の出であったが、彼とちがって家は代々貧乏であった。ペロピダスが若くして政治に志したに対して、エパミノンダスは退いて学問文事を楽んだ。彼がその余暇を遊猟や角力に費しているとき、是は哲学講演の参聴に費した。

若しエパミノンダスにして、哲学に専念したならば、恐らくはソクラテス、プラトンに劣らぬ大哲になったであろう。しかし時代はそれを許さなかった。彼は哲学によって学んだ識見、叡智、雄略を、あげてテーベの国事につくさなければならぬことになったのであ

る。

もとエパミノンダスは、名利のために働らく人としては、あまりに偉大な人格者であった。彼は有名な雄弁家ではあったが、自ら壇に立つことは稀にしかなかった。ソクラテスの門人スピンタロスは、彼を評して、

「予《よ》はエパミノンダス君のごとく、多くを知って少しく語る人に、出会ったことがない。」

と嘆じたのは、まさに適評というべきであろう。

エパミノンダスは、夙《はや》くからテーベの国運の振わざるを嘆き、有為の少年子弟を薫陶することに努めていたが、殊に意を注いだのは、精神的の教育と、武技の鍛錬とであった。彼は武芸百般、すべてに通ぜざるものはなかったが、これを学ぶにも、必らずしも腕力を競わず、一に戦場に応用される敏捷を旨とした。常に弟子に向って、

「腕力は興行師のことで、敢て国士の要せざるところである。」

と訓えていた。彼は弟子たちを、スパルタ人と競技をさせて、若し勝って誇るものがあると、

「汝は汝より弱い者の下に屈しているのを恥しいとは思わぬのか。」

と、一喝して、深く彼等を戒めた。事実このエパミノンダスの潜勢力こそは、事大門閥党にとって、最も恐るべきものであったのであるが、彼等は彼を、ただ空想に耽る一個の貧乏学者に過ぎないものと高を括って、エパミノンダス何するものぞ！　と、かのレオン

チアデスが国権民主党の志士たちを追ったときにも、別段彼を咎めようとしなかったのである。豈はからんや、このささやかなる学塾こそは、志士等がしばしば密会して、かの国民革命の策謀を廻らすべき驚天動地の大活躍の噴火口であろうとは。

実にやテーベの隆興は、かの偉傑ペロピダスに配するに、この聖雄エパミノンダスの後楯があって、はじめて成就しえたものである。

殊にわれらの感嘆に堪えないのは、このペロピダスとエパミノンダスとの、水魚の交りであった。何れの国、何れの時代にあっても、二人の英雄が同時に現われて、その国を飾った例は決して珍らしくはない。シーザーとポンペイ、テミストクレスとアリスチデス、ペリクレスとシモン、アルキビアデスとニキアス——しかしこれらの両雄は、つねに軋轢し、常に政権を争って、ために国家の利益を損ずることが多かった。然るにひとりペロピダスとエパミノンダスとは、全く心を同うし、身を同じゅうして、ついにかの大業を成就したのである。

何故であるか。

若しや彼等の目的にして、富貴と光栄とにあったならば、彼等は必然に、権力の争闘に走らなければならなかったであろう。しかし彼等は、然すべく、あまりに国家を憶う念に燃えていたのである。

エパミノンダスは、その性粛整《しゅくせい》にして、深く正義を愛し、青年志士の間に崇拝されていたが、元来名利を求めぬ人のこととて、その名はいまだ大いに顕われていなかった。ひとりペロピダスは、深くその識見と雄略とに服し、早くからその教えを請けていたので、自らも大いに得るところがあった。一方エパミノンダスは、他を推除けて自ら頭角を示そうとは思わず、幸にしてペロピダスが政界にあるのを見て、事毎に自己の経綸を授け、ひそかに国家に貢献しようとしたのである。

ペロピダスとエパミノンダスとの渾然たる友愛は、早くから始まった。まだテーベが、スパルタと同盟していたころ、マンチネアの戦いに、二人は歩兵隊のなかにあって、アルカディア兵と戦っていたが、戦利あらず、ペロピダスは向創七ケ所を受けて、敵味方の屍体の上に倒れていた。このときエパミノンダスは、

「戦闘力を失ったペロピダスを棄てるくらいなら、寧ろ自分も一緒に戦死した方がいい。」

と、単身躍り出でて、身をもってペロピダスの身体を護った。かくして群がる敵と戦い、胸には槍創、腕には剣痕、すでにエパミノンダスの生命も危いと見えたとき、ようやくスパルタ王の救援を得て、二人とも命を全うすることができたのであった。

ペロピダスは親友エパミノンダスの清貧を見るに忍びず、時々彼に金を贈ろうとしたけれども、清廉なエパミノンダスは、それだけは堅く辞して決して受けなかった。そこでペロピダスは慨然として、

「エパミノンダスが俺《わし》と同じに金を持って呉れないのならば、俺がエパミノンダスと同じ

に、貧乏となるほかはない。」

と言って、自分もそれからは清貧の生活に甘んずるようになった。

両人のなかは、それほどであったけれども、エパミノンダスは、事大門閥党の巨魁暗殺の計画には加わらなかった。蓋し彼のごとき哲人の目から見れば、かくのごとき手段は、如何なる場合においても、不正且つ卑劣であって、たとえ悪虐無道の人間であろうとも、国法によらずして、これを誅することは、不当であると考えたからである。

しかし暗殺はすでに終った。しかも人心はなお恟々として、帰するところを知らない。若しこのままに放っておいたならば、如何なる大事が出来して、ついに志士たちの苦心を無にするかも知れない。いまは徒らに草廬に籠って風流閑雅を事としているときではないと、エパミノンダスはここに、数多の学生連を従えて、慨然国事に起つことになったのである。

エパミノンダスがひとたび起って、ペロピダスとその一党を、人民の公開場《フォーラム》に紹介したとき、流石は人民の信望を集めている哲人の紹介のこととて、民衆はやっと安堵した。司祭等は彼等を取り巻いて、手に花の冠をささげ、神々と国家のために戦うことを祝した。人民はこの光景《ありさま》を目に見て、感激にたえず、一体となって起ち上り、歓呼と喝采をもって、ペロピダス等を、自が救主よ恩人よと叫んだのであった。

テーベの神聖隊

テーベの市民たちは、ペロピダス、メロン、カロンの三人を挙げて、大将軍《ボイオタルコス》の地位につかしめた。大将軍というのは、ボイオチア州全部の大総統《ジクテーター》というほどの意味で、久しくこれを置かなかったのであるが、いまこの地位を、国権民主党志士たちのために復興したのは、ひとり彼等によって内政の改革を行うばかりでなく、この機に乗じて、衰えはてたる国威を、希臘《ギリシア》全土に張ろうという、潑溂たる意気を現わしたものであった。

ペロピダスは忽ちにして、カドメアの内城を陥れ、スパルタ兵を追い払った。

かくしてスパルタが、久しく海陸に揮い来った覇権は、まず第一の手傷を負うたわけである。思えばその夜ペロピダス等の一挙は、ひとり一個の邸宅に乱入したばかりでなく、実にスパルタの金城鉄壁の土台石を、揺り動かすべき一大壮挙の端緒であったのである。

しかしスパルタは、そのときはやくも強大なる軍隊を率いて、ボイオチア州に攻め入りつつあった。雅典《アテネ》はかねがねからテーベの復活に好意を寄せていたのであるが、このスパルタの大軍を見ては心脅え、俄かにテーベを見棄ててしまった。テーベは忽ち孤立の死地に陥って、国運は累卵の危きに立った。

このとき大将軍ペロピダスは、一つの奇略を案じて、スパルタと雅典の間に、隙を生ぜしめようと計った。すなわち自分の腹心の商人《あきんど》一人を、スパルタ軍の指揮官スフォドリアスのところに遣わして、うまいことを言わしめたものである。

「世に英雄とは、奇功を建てるものであります。いまのスパルタにとって、何の防備《そなえ》もない雅典を不意に襲って、ピレウス港を占領するほど、快心の事はないでありましょう。そのため雅典が如何なる窮地に陥ったって、テーべとしては、雅典に見棄てられたことを甚く憤っていますから、雅典に援兵を送るようなことは断じてありますまい。」

指揮官スフォドリアスは、武勇の人であったが、惜しいことには思慮が足りない。それに功名心の強い野心勃々たる男であったから、うまくこの甘言にひっかかって、夜暗ひそかに兵を雅典に進めようとしたのである。

しかし途中は有名なる難路であった。行軍は意外に手間どって、未明に雅典に討ち入る筈のところが、峠の上までくると、夜はホノボノと明けてしまった。それであきらめて、軍を返してしまえばよかったのであるが、其処は強情我慢のスパルタ軍、なおも進軍をつづけたので、ついに雅典軍の偵知するところとなり、逆に討たれて散々に敗走した。

これ以来、雅典は公然とスパルタに宣戦を布告して、テーべを援けることとなったのである。

その間にも、ボイオチアの野には、スパルタ軍とテーべ兵との間に、しばしば小競合があったが、その度毎にテーべは、小戦ながら何時でも勝を占めた。そして戦争が度重なる毎に、戦争に不慣なテーベ兵も、経験を積み、労苦に慣れ、勇気を養って、次第に精鋭なる軍隊と化して行った。

スパルタの敗将アンタルキアデスが、負傷して帰国したとき、国王がその見苦しい敗戦を難詰ると、彼は慨然として答えた。

「国王がしばしばテーベに軍隊を送って、頼まれもしないのに、彼等に戦争の遣り方を教えてやったものですから、テーベ人はその国王の恩義に報いんがため、かくのごとく侮るべからざるものとなったのでござります。」

この戦いに最もよく戦ったのは、ペロピダスの率ゆる神聖隊であった。この神聖隊というのは、三百名の青年勇士をすぐって、ゴルギダスが組織した精鋭隊であって、内城カドメアの神殿を護衛する名誉を担っていたが故に、神聖隊の名を得たものであった。それは武技の精鋭を極むるとともに、愛国の精神に満ちたるものばかりを選んで、これに厳格なる訓練を加え、互に義兄弟の盟《ちかい》をして、死生を共にする約束を結んだものであるから、危急に臨んでは、実に鬼神のごときものがあった。

さてペロピダスが、この三百の神聖隊を率いて、テギレの方に来かかるときであった。一条の狭路で、ぱたりと逢ったのは、敵軍スパルタ兵。しかも敵は二大隊――一大隊は五百人とも九百人とも言われているが、何れにしても我に数倍する大軍であった。素破必死！　流石の神聖隊も色を失って、

「到頭われらは敵の掌中に陥りました。」

と言うと、ペロピダスは、

「なにを？　敵がわれらの掌中に陥ったのではないか！」

と叱咤した。そしてペロピダスは、他の隊には眼もくれず、ただひたすらに、敵将の陣営めがけて猛烈に突撃したので、流石の敵将二人ともうち殺され、全軍志気沮喪して、一条の路をサッと開き、さア通り抜けてくれと言わんばかり。するとペロピダス、まっしぐらに突入したが、通り抜けると思いのほか忽ち身を転《めぐ》らして、今まで踏み止っていたスパルタ兵を斬りまくったので、ついに敵は総崩れとなって潰走したのであった。

このテギレの一戦こそは、取るに足らぬ小戦ではあったが、実は常勝スパルタの名声を、泥土に堕とす最初のものであった。何故ならスパルタ軍は、建国以来、嘗つて一度も自軍より少ない敵兵に破られたことはなく、常にそれを誇りとしていたのであるから、このテギレの戦は、その誇りにはじめて泥をぬったものなのである。

このときに至って希臘人は始めて知った。

「勇士を生むのはスパルタだけではない。およそ青年が卑劣な行為を恥じて、国家のために奮闘するところにおいては、すなわち其処に勇士があるのだ！」

レウクトラ原頭の戦

かくスパルタは、しばしばテーべに破られて、自ら武勇国の名を汚したのであるが、しかしその実力は、いまだ依然として全希臘《ギリシア》の覇主たるを失わなかった。そこでその勢威を笠に着て希臘諸邦の使臣をスパルタに集め、一大平和会議を催したのは、戦争に失ったところを、外交によって回復しよう、兼ねてはテーべを孤立に陥れよう、という腹であった。

このとき傲然と議長席に坐ったのは、スパルタ王のアゲシラオス。これは見るも醜い小男で、しかも跛足であったので、人々はかねてスパルタの神託に、

『両の足にて立つ堂々たるスパルタよ、恐れよ、汝の王の跛足なることを！』

とあるを楯にとって、彼が王位につくことに反対したのであるが、当時権勢ならぶところなかりしリサンドルが、自分の傀儡として、自由に操ってやろうと思って、強いて王位につけたのであった。しかるにこの跛足王アゲシラオスこそは、思いしに勝る梟雄であって、却って自分ひとりが権勢を集め、しまいには邪魔になるリサンドルを、王の大膳頭という閑職に押しこめてしまった。リサンドル大いに憤って、

「王よ、君はよく君の友人を辱しめる方法を知っておられる！」

と言うと、アゲシラオスは倨然《きょぜん》として、

「予《よ》以上に見られんことを欲する人に対しては、確かにそうだ。」

と冷答したという話。策謀あり胆略あり、真《まこと》に怖るべき梟雄であった。

さてもスパルタ平和会議の席上、希臘列邦の使臣たちは、この梟雄の前に立ったとき、頭があがるものは一人もなかった。そして彼の言うがままに、平和条約に調印して自らスパルタの覇権を認めたのであるが、ここにただひとり、テーベから来た全権エパミノンダスのみは、毅然としてこれに譲らなかった。

いよいよ調印というときになって、エパミノンダスは議場に突っ立ち上り、意気昂然として要求したものである。

「我輩はテーベの全権使節であるが、身はボイオチア州の大将軍《ボイオタルコス》の職を帯びて、同時にボイオチア州をも代表している。故にテーベおよびボイオチアを代表して、ここに改めて調印しよう。」

これぞテーベが、ボイオチア州の盟主たることを、暗に主張しようというもの、アゲシラオス、何とてそれを承知しようぞ。

「これは奇怪至極のことを聞くものかな。君は常にわがスパルタが、他《よそ》の独立を害したとて、しきりに攻撃していたではないか。すれば無論、君の説によると、ボイオチアの諸市は独立すべきものであって、各市別々に調印する権利があるわけではないか。」

と、冷嘲の語気も鋭く、一本逆捻《さかねじ》をくわせようとする。しかし相手は智略すぐれたるエパミノンダスである。悠然として喝破して曰く、

「テーベがボイオチア諸市の盟主たることは、スパルタがラコニアの主権を握るのと、少しも差異《ちがい》はないのだ。」

アゲシラオス、嚇ッとばかりに怒り心頭に発し、いきなり座から躍り上って、

「君はボイオチアの諸市に、独立を許さないというのか。」

と詰ると、エパミノンダスは飽くまで冷静に、泰然として逆襲した。

「君はラコニアの諸市に、独立を許さないというのか。」

かくして事は決定した。スパルタは再び巨軍を率いてテーベに殺到し、この平和会議によって孤立の地位に陥れたるテーベをば、ただ一と揉みに揉みつぶさんと、大河の決潰するような勢で、押し寄せ来ったのであった。

テーベは挙国震駭して、人心恟々、ペロピダスいよいよ出征ということになって、家の閾をまたごうとすると、妻は涙ながらに見送って、何うかお身体を大切にと、誠心こめて泣いて頼んだ。

ペロピダスはその妻の背を撫でながら、しかし毅然として言った。

「妻よ、私人は自分を救うがために努めなければならぬ。しかし将師は、他人《ひと》を救うことを念としなければならぬのだよ。」

これぞ決死の覚悟である。

かくしてペロピダスは、レウクトラの陣営に入ったのであるが、天幕のなかで、トロトロと仮睡《まどろ》むうちに、彼は一つの奇な夢を見たのであった。

一体このレウクトラの原には、昔から三つの墓があって、その辺りの住人は、旅人がスパルタ人でないことを確かめると、こういう憐れな物語りをするのであった。

それはその昔、このレウクトラの原近くに、花と見まがう二人の姉妹《きょうだい》があったが、その家《や》に一夜の宿を借りた二人のスパルタ人、その姉妹の美に迷うたのか、男の力で散々の乱暴狼藉、ついにこの二人の美女は、貞操を全うするために、自害して果てたのであった。父親はいたく嘆いて、このことをスパルタ政府に訴えると、政府はその二人の兇漢が、スパルタ人であるところから、嘲笑って取り上げなかったので、父親は泣く泣くレウクトラの原に帰り、淋しい姉妹の墓の前に、自害して果てたという——聞くも憐れな親子塚の由来である。

さてもペロピダスが、天幕のなかに寝ていると、夢のなかに、この美しい二人の姉妹は、墓の傍で潸々《さめざめ》と涙を流し、しきりにスパルタ人を怨み呪っていたが、やがてその父なる人は、ペロピダスに向って言った。

「将軍よ、若しこのたびの戦争に、勝をえようと思われるならば、赤い髪の毛の処女をば、犠牲として献げ給え。」

ハッと夢から醒めたペロピダス、やがて夜も明けはなれたので、このことを諸将に相談すると、或る人は、いかに神夢とは言っても、そんな残酷なことはできないと主張し、或る人は、国家のためだ、僅か一人の女《むすめ》の生命には代えられぬと、相談はなかなか纏らなかった。

このときテオクリタスという陰陽師、ハッタと膝を叩いて言うよう。

「ペロピダス殿、貴君は実に幸運な方です。ホラ御覧なさい、犠牲は彼処から参りましたぞ。これぞ天の与え給うところ、まアあの綺麗な赤い髪の毛を御覧なさい。」

指すところを見れば、一匹の美しい牝の仔馬。しかも朝日に陽炎うその鬣《たてがみ》の色の赤さよ！　将官たちは大いに喜んで、これを原のなかなる墓の前に犠牲として捧げたので、全軍の士気は大いに振った。

この日、テーベ軍の総指揮官は、音に聞えしエパミノンダスであった。しかもその日の陣立を見れば、背後に河水こそなけれ、全く背水の陣であった。この一戦に、テーベの興廃をかけようという悲壮なる決心は、すでにスパルタ会議において、テーベのために気を吐いたときから、深くエパミノンダスの胸にあったのだ。いまレウクトラ原頭に、雌雄を決せんとするにあたり、彼は従来《これまで》の戦術をまるで逆に行って、戦術破りの方策に出たのである。

と言うのは、当時《このころ》の希臘の戦争では、両軍ともに右翼に強兵を置き、敵の左翼を打ち破って、それによって勝敗を決するというのが、戦争の定石とされていたのであるが、エパミノンダスはこのとき密かに考えるよう。

「スパルタに恢復すべからざる打撃を与えるには、その幹部たる、右翼のスパルタ本国兵を、潰滅するよりほかにはない。」

そこで苦心惨憺の結果、案出した新手の戦術は、これまでと反対に、左翼に一番強い軍隊を、密集部隊として備えておき、そして右翼の方に行くに従って、梯隊として、次第に陣列の線を引き下げるという奇法、即ち敵の右翼のスパルタ本国兵に猛烈なる突撃を加えて、スパルタ王を一気に粉砕せんず作戦計画である。

しかし流石はスパルタ軍、はやくもこの計画を見てとると、忽ち隊形を更めて、右翼を展きのべ、多勢をもってエパミノンダスをとり包もうと企てた。

このとき、風のごとくに現われたのは、ペロピダスの率ゆる三百の神聖隊。いまだスパルタ軍が、右翼をのばしきらないうちに、瞬間、隊形が乱れたその隙に乗じて、ドッとばかりに突いてかかる。固よりスパルタは音に聞えし武勇の国、隊形の変更なども、実に巧みなものであったが、しかしエパミノンダス新工夫の五十深の密集部隊には、敵するすべもなかった。流石のスパルタ軍も死傷算なく、隊伍を乱して潰走したのであった。

かくのごとき大敗は、スパルタ始まって以来、前代未聞であるといわれる。

このレウクトラの戦における総指揮官は、前にも言った通りエパミノンダスであって、その戦功武勲は最も大なるものであったが、神聖隊長ペロピダスの武勇も、エパミノンダスとならんで、絶大の名声を博したのであった。

スパルタ婦人敵の篝火を見る

レウクトラ原頭の一戦、スパルタの覇旗はついに地に倒れた。これに反し、隆々として、朝日の登るような勢を示したのは新興テーベであった。実にや稀代の俊傑ペロピダスと、蓋世の聖雄エパミノンダスとに率いられて、テーベはいまや隆盛の絶頂に立ったのだ。

ここにおいてこの両雄は、さらに偉大なる雄略を企てた。これは二人が互に僚将として、一隊の征討軍を率い、一気にスパルタの本拠なる、ペロポンネソス半島に討入ろうという計画である。その計画は着々として進行した。希臘《ギリシア》の諸邦、諸市、大半はスパルタとの聯盟を脱して、テーベの主張に賛同した。いまやテーベは、希臘半島を二分して、強大スパルタと覇を争うの位地に立ったのである。

しかも両雄馬をペロポンネソス半島に進むるや、エリス、アルゴス、アルカディアの全部、ラコニアの大部分は、ほとんど悉くテーベ軍に靡き、スパルタは反対に、孤城落日を嘆かなければならなかった。いま一息！　このスパルタの城塁に迫りさえすれば、テーベの覇業はついに成るのだ。

しかし時はすでに冬の最中で、年の暮も近かった。エパミノンダスの大将軍《ボイオタルコス》の任期は、余日幾何もなかった。若し年の終りまでに、その官職を辞しないものは、その首を失わねばならぬというのが、テーベの国法であった。諸将はこの法律を恐れ、且つは冬期の戦争を嫌って、退却説を主張したのであったが、エパミノンダスは聴かなかった。

「この好機を逸しては、もはやスパルタを叩きつけるときはない。諸君が予《わし》に総司全権を譲った上は、すべての責任は予が負う。断じて諸君に禍を及ぼすようなことはしないから。」

と告げ、ペロピダスもまた、エパミノンダスの説に賛成して、頑として動かなかったので、ついにスパルタ遠征のことに決したのであった。

スパルタ城外を流るるエウロタス河は、折からの雪解《ゆきげ》の水を加えて、濁流岸に漲り、滔々と流れていた。これを渡ればスパルタ市との間は、ただ一面の広野をのこすのみである。スパルタの梟雄アゲシラオス、何としてもこの河を死守しなければならぬと、自ら一隊の兵を率いてその右岸に対陣した。

と、見る、エパミノンダスは、エウロタス河の左岸に沿うて、徐々と兵を進めていたが、スパルタ市の下流約二里ばかりのところに至ると、颯ッとばかりに馬を河に乗り入れた。其処が河を渉るのに、究竟なところであることを、早くも探知していたのである。

梟雄アゲシラオスは、遥かに敵のなすようを、小手をかざして、瞬きもせず眺めていたが、左右のものが、

「あれ見給え、あれこそエパミノンダスに候ぞ。」

と言えば、彼は太き息も吐きあえず、天を仰いでただ一語。

「噫《ああ》、汝大業の人よ！」

抑《そもそ》もスパルタというところは、三方山に囲まれて、自然の一大城壁をなしたる如きラコニア州の中央《まんなか》にあって、背後には峻山を負い、前にはエウロタスの水流を控えて、容易に来り侵すことのできぬ、天下険要の地を占めていた。

されればスパルタという国は、建国以来、しきりに敵国を攻めたけれども、未だ曾つて敵国のために、境を侵されたことはなかった。そしてそれを、自ら彼等の誇としていたのであった。或るとき雅典《アテネ》の一政治家が、雅典軍とスパルタ兵との勇怯を論じて、

「わが雅典はしばしば卿等をケフィソス河から駆逐したではないか。」

と言うと、スパルタ王アンタルキダスは言下に、

「わがスパルタは未だかつて、卿等をエウロタス河から駆逐したことがない！」

と答えた。スパルタは度々雅典城外に迫ったけれども、雅典はまだ一度も、スパルタの本城まで迫ったことすらないではないかという意味である。また或る時一アルゴス人が、

「そんなことを言ったって、わが国内には、貴国兵が数多葬られているぞ。」

と言ったとき、スパルタ人は、

「スパルタには貴国の兵はまだ一人も葬られてないぞ。」

と言いかえした。これも同じ意味である。

これぞスパルタの誇り！ その誇りは、エパミノンダスあって、始めて破られたのだ。

彼は何とか市中に攻め入らんとして、しきりに敵兵を市外におびき出そうと、いろいろ策略を試みたが、流石は梟雄アゲシラオス、なかなかその手には乗らなかった。

エパミノンダスはその兵をして、口々にアゲシラオスを罵らしめ、

「アゲシラオス王よ、この戦こそは、正しく貴公の起したる戦なるぞ。貴公こそは、その祖国の不幸の原因なるぞ。臆《おそ》れたるかアゲシラオスよ、何ぞ出で来って、祖国のために一戦を試ないのか。咄！ この卑劣漢！」

と嘲って、ドッとばかりにうち笑った。アゲシラオスの胸は、けだし熱湯を呑むような心持であったろう。しかし彼はジッとそれを堪えた。

なかにもアゲシラオスの心を苦めたのは、スパルタ婦人の嘆きであった。彼等はいまだ曾つて、敵の篝火を見たことのないのを誇としていたのだ。しかるに今や、日に耳を脅かすものは敵の喊声であり、夜に眼を驚かすものは、天をも焦さんず焼打の火焔である。その口惜しさ、悲しさ、物狂わしさ――果ては号泣して神に祈り、口を極めて人を罵るのであった。これを鎮めるには、流石のアゲシラオスも、全く持てあましたということであ

る。

　が、アゲシラオスはよく堪えた。流石のエパミノンダスも、いくら挑戦しても敵は鳴をひそめて応戦せず、さりとて強襲せんには攻城具はなし、抑々彼がスパルタ城外に迫ったのは、必らずしも敵に城下の盟をなさしめるためではなくて、以て敵胆を寒からしめ、スパルタの覇業を挫こうというのが目的であって、その目的はほぼ達したことでもあるから、無理に攻めて思わぬ失敗を招かんよりはと、ついに軍を返えすことに決心したのであった。

獄中の俊傑ペロピダス

　かくして一代の壮図、スパルタ遠征は終った。それはまさに、覇者スパルタの羽翼を絶ち、一朝にして新興テーベを、希臘《ギリシア》全土の盟主たらしめたる回天の大業であった。邦々《くにぐに》は挙ってエパミノンダスとペロピダスの功業を崇拝し、テーベ市民もまた歓呼してこれを迎えた。しかし、噫、顧みればエパミノンダスが帰国したときは、大将軍《ボイオタルコス》の任期を過ぐることすでに四ケ月であった。

　何れの国にも絶えないのは、英傑の大業を媢《ねた》む小雄である。彼等はそれを口実として、両雄を死罪の裁判にかけたのである。

「大将軍の任期を勝手に延長するのは、これ専制政治の始めである。」

何事ぞ！　国法はこれ国家経綸のために存する掟にすぎない。スパルタ遠征は実にこの経綸を完うするために、絶対に必要だったのだ。国法を曲げても、国家のために戦ってこそ、真の英傑ということができよう。それを小人輩《ども》、法をあげつらって、暗にこの両雄の功業を傷けようとはする！

しかし流石は新興のテーベ国民であった。あえてかかる小雄たちの煽動には乗らなかった。暫らくにして両人ともその罪を免ぜられ、青天白日の身となったのは勿論である。

ところがここにメネクレイデスという政治家があって、これは前のテーベ国民革命のときはペロピダスの同志のうちの一人であったのであるが、元来が嫉妬心《ねたみごころ》の強い男とて、両雄が無罪放免となってからも、自分が雄弁家であるのをいいことにして、切りに毒舌を振って人民を煽動し、彼等を傷けようと計っていた。

エパミノンダスは、俗世間を超越した哲学者のことであるから、こんな区々たる政界の毀誉褒貶には、まるで心を動かさなかったけれども、ペロピダスは元来が政治家、あまりのメネクレイデスの卑劣さを苦々しく考えて、何時かは取っちめてくれようと思っていた。ところがメネクレイデス、勢に乗じたものか、実に笑止千万なる小策を弄しはじめた。

それはテーベ政府が、或る名画家の描いた戦争画を買いあげて、神殿に掲げようとした

とき、彼は自らそれを、

『カロンの騎兵戦』

と名づけ、方々に行ってその画題を、吹聴して廻ったものである。腹は見えすいている。これによって、一方はエパミノンダスやペロピダスの軍功を侮辱するとともに、他方、ペロピダスとカロンとの仲に、水を差そうという策略である。蓋し天下の妙策のつもりであったのだろう。

しかしペロピダスは、こんな小策に乗ぜられるような政治家ではなかった。彼は直ちに人民の集会を催し、民衆に向って、まずカロンの戦功を充分に褒め上げた後、このメネクレイデスを、違憲として告訴したのであった。その理由は、

「いかにカロン君の軍功が大であったとはいえ、このたびの戦争を、誰にまれ、一個人の光栄に帰するのは、テーベの国風に悖《もと》るものである。戦勝の光栄は当然、その国に帰すべきものである。」

というのである。それでメネクレイデスは、重き罰金に処せられることになった。

その後もペロピダスは、内にはテーベの国政の改革をはかり、外には希臘の盟主として、諸邦の平和のため尽瘁しつつあったが、偶々テッサリア国から、フェレエ府のアレキサンダー（アレキサンダー大王に非ず）というものが、再び平和を攪乱する旨を訴えて来たので、テーベの使節として、ファルサロス市に赴いた。

何んぞ知らん、そのファルサロス市には、暴戻アレキサンダーの陥穽《おとしあな》が、掘ってあったろうとは。ペロピダスはむざむざ敵の計略にかかって、アレキサンダーのために捕えられ、牢獄のなかに投げこまれたのであった。

アレキサンダーは真ッ赤な舌をペロリと出して、一つあの鬼神といわれたペロピダスが、獄中に悲み嘆く様を見せ、自分の威力を示してやろうものと、フェレエの市民で、彼を訪《と》おうというものがあると、拒まずそれを許したのであった。

しかし流石はペロピダスであった。彼の胸は、獄中にあるわが身を嘆く心よりも、かかる暴君の下に治められている人民を、憐れむ心の方が深かった。彼を慰めに来る人があると、却って彼はフェレエの市民を慰めて言った。

「諸君もはや決して心配することはないぞ。かの暴君アレキサンダーが、重なる罪悪の罰を蒙る日は、もう近づいているのだ。」

そして人伝にアレキサンダーに言わしめた。

「君は自分の市の抵抗力のない無辜の市民を、日に日に迫害して、責め殺すようなことをしているくせに、一度び遁るれば汝に仇を報ぜずんば止まざる我輩を、活かしておくというのは何事だ。何故に我輩を殺そうとはしないのだ。」

この大胆なる放言に、アレキサンダーも驚いて、

「何と？　ペロピダスは死にたいというのか？」

と叫ぶと、彼は泰然として言った。

「左様さ。予《わし》が死んで、汝をば、いまよりも一層、天の憎みを受けるものとしてやりたいのだ。」

それ以来、アレキサンダーは、人の彼を訪うことを厳禁した。

しかるにアレキサンダーの妻テベは、牢番などの口から、ペロピダスの態度の凛然として立派なことを聞き、一つは女の好奇心から、何とか彼を一眼でも見たいものと思った。そして牢番の手引により、ひそかに牢獄に近づいて、そッとなかを覗いて見たとき、思わず彼女は呀ッと叫ばざるをえなかった。

ああ、あの短く髪を断らされて、汚い牢衣を着ているのが、噂に聞いた英傑ペロピダスの姿であろうか！

女心の憐愍の情に堪えず、思わず涙を流して牢内に入り、懇ろにペロピダスを慰めて、

「嗚呼、私は貴下《あなた》の奥方様が、お可哀そうでなりませぬ。」

と言ったとき、ペロピダスは熟っとテベを見詰めて、

「予は貴女《あなた》が俘虜でもないのに、あのアレキサンダーの妻となっていられるのが、むしろお可哀そうに思いますよ。」

それはアレキサンダーが、人民に対すと同じく、その妻に対しても、暴君だったからである。かくして慰めようとして来たテベが、却って慰められたのであった。

さてその間に本国テーベでは、わが国再興の功業者、しかも一国の正式の使節を捕えられて黙っているべきではない。直ちに問責の師を起して、アレキサンダーの征討に向ったのであったが、そのとき折悪しくエパミノンダスは、奸人の讒を受けて閑居していたので、フェレエ討伐軍の将帥となることはできなかった。

しかし情誼に厚いエパミノンダスが、何うして親友のこの危急を聞きながら、黙って視ていることができよう。直ちに閑居の書斎の塵を払って立ち、自ら義勇軍の一兵卒として、その討伐軍に加ったのである。如何にもエパミノンダスらしい立派なやり方である。しかしエパミノンダスの英才は、何時までも正宗の利刀をば、鈍切庖丁につかわせておくことはできなかった。

いかなる猛将勇卒も、率ゆる大将が悪くては、勇戦することができないものか、テーベ軍の士気少しも奮わず、度々の戦に敗れたので、さア兵卒たちが承知しない。突嗟の場合に全軍の衆口一致して、義勇軍の一兵卒エパミノンダスを、総司令官にあげることになったのであった。

エパミノンダスが指揮を採りさえすれば、もう大丈夫だ。忽ちにしてテーベ軍は勢を盛りかえした。尤も彼は、フェレエ軍を一気に潰滅する如き、いと易きことと思ったのであるが、そうすれば暴君アレキサンダーが、ペロピダスの上に、何んな暴虐を加えるかも知れないと考えたので、ジリジリ真綿に頸の戦略をとり、流石の暴王アレキサンダーも閉口して、ついにペロピダスを獄中から放免し、エパミノンダスに和を請うたのであった。

屍を馬革に包んで余栄あり

ペロピダスの声望は、いまやテーベのみならず、また希臘《ギリシア》のみならず、殆んど当時の世界全土に響き渡った。

偶々スパルタと雅典《アテネ》とが、波斯《ペルシア》王の同盟と援助を求むべく、使節を波斯につかわしたと聞いて、テーベもまたペロピダスを、波斯に派遣したのであるが、このとき波斯の貴族大官は、ペロピダス来ると聞いて、争って彼に敬意を表し、互いに袖をひいてその噂をしあった。

「スパルタという国は、梟雄アゲシラオスの下にあって、わが大王に戦を挑み、国土を震撼したものである。しかるにこれなるペロピダスは、そのスパルタを追いこめて、ついに希臘に覇業を樹てたのだ。偉いものではないか。」

波斯王もペロピダスと会って、自ら談話《はなし》を交えるに及び、ますます彼に敬服せざるをえなかった。彼の言葉は雅典人のように浮華でなくて実があり、スパルタ人のように傲慢でなくてしかも質実であったからである。

かくしてテーベの提案は悉く聴かれ、雅典やスパルタの使節は、その志を達することができず、すごすごと帰国したのであった。

いよいよ帰るというときになって、波斯王はペロピダスに向って、多大の贈物をしたのであったが、彼は辞して少しもこれを受けなかった。それがまた、他の国々の使臣に恥をかかせた。何故なれば、雅典の使節の如きは、莫大の贈物を受けて、その担ぎ人夫の口から、

「これから雅典では、年々九名の執政官《アルコン》を選ぶことはいらないと思うね。それよりは一番貧乏な市民九名を選んで、波斯に使にやりさえすれば、直ぐに大富豪になってしまうんだから。」

と罵《あざけ》られ、ついに極刑に処せられたほどであったからである。

波斯から帰って見ると、例の暴君アレキサンダーは、再び性来の獣的精神を発揮して、テッサリア州内を暴れ廻っていた。

「ペロピダス殿がお帰りになったのなら、何うか我々を助けに寄越して頂きたい。」

というテッサリア全民の熱望である。敵は怨み重なる暴君アレキサンダー。しかもこの戦は、希臘全土にテーベひとり、強きを挫いて弱きを扶け、圧制政治を討滅するものであるという名を、天下に知らしめる機会ではないか。

ペロピダスは勇んでその征途についた。

いよいよ戦場ファルサロスに来て見ると、敵はわが軍に三倍する大軍であった。ある人

がペロピダスに向って、

「アレキサンダーは大軍をもって、われらを迎え撃とうとしています。」

と言うと、ペロピダスは莞爾《にっこり》として答えた。

「それはちょうど可い具合だ。それだけ我が軍の勝利が大きくなるのだから！」

両軍の間には、一つの険しい丘があった。戦はこれを中心として展開し、幾度か取りつ取られつしていた。それがいわゆる天目山である。ペロピダス高処《たかみ》に立って、その戦を眺めていたが、フと敵軍に目を放てば、乱れかけたる右翼のなかにあって、その傭兵を叱咤しているのは、忘れもせぬアレキサンダーではないか！

それを見たとき、ペロピダスの心頭には、ながい怨恨《うらみ》が嚇ッとのぼった。

「進め！」

自らが珠玉の身も、大将たる職分も、彼の念頭にはなかった。ただ独り身を挺んでて、敵陣のなかに斬って入り、大声あげて怒鳴った。

「やよ、アレキサンダー、尋常に一騎打の勝負せん。」

その勢の凄じさよ、アレキサンダーも気を呑まれて、コソコソと乱軍のなかに身をかくしてしまう。その間に、遠くより放った敵の矢玉は、噫、発矢とばかりにペロピダスの鎧に当って、流石剛気の彼も、摚と地に倒れたのであった。

テッサリアの軍兵が、わが大将の急を見て、丘を駆け降ったときはもう遅かった。この戦は、大勝利に終ったのであったけれども、ペロピダスの英魂はついに逝いて帰らなかった。

ペロピダス戦死の報一たび伝わるや、万兵みな慟哭《なげ》いて止まず、一人として甲冑を解くものはなく、一騎として馬の手綱をはなすものはなかった。また一人として自が創痍《きず》を包むものもなかった。汗をも拭わず、疲れも休めず、武器を帯びたままで、みな一斉に、ペロピダスの死骸の横わっているところに走って行った。

彼の死骸のまわりには、ペロピダスなお生けるもののごとく、山と戦利品が積み上げられた。彼等はおのが髪を切り、馬の鬣《たてがみ》を切って、嘆き悲んだ。その夜は天幕のなかに火を焚かなかった。みな晩餐も喰わなかった。ただ無言の悲愁が、低く全軍の上に垂れこめていた。

いよいよペロピダスの葬儀が営まれようとしたとき、テッサリアの父老たちは、テーベに向って、何うかその葬儀は、我々に営まして下さいと泣いて頼んだ。

「これは私共が、恩恵を貴下方にお願しているのです。ペロピダス殿は、テッサリアの自由と独立のためにお斃れになった。もはや我々は、生けるペロピダス殿に事えることはできないのです。この困難のときに当って、われらのたった一つの慰めは、せめてこの英雄の死に事えることだけなのです。テーベにとっては、ただ一人の名将を喪ったことでありましょうが、我々テッサリアにとっては、唯一無二の将軍と、われらの自由と独立とを失ったことなのですから。」

何ぞその志の哀れなる。テーベもその言葉に感じて、この英傑の屍骸を、テッサリアに葬ることを許した。彼やテッサリアの自由を護り、まさにかの暴君を殺さんとして能わず、ついに身自ら斃れたりと雖も、その光栄はなお偉大なるものがあった。

一方においてアレキサンダーは何うなったか。かのペロピダスが、かく屍を馬革に包んでなお余栄ありしに対して、彼もまた実に暴君らしい死に方をしたのであった。

彼はかの妻テベ、ならびにその三人の兄弟のために、無残なる最後を遂げたのである。妻テベは、獄中のペロピダスに教を受けたのであったが、その後も悶々として心悦しまず、ついに王宮の一室に三人の兄弟を忍びこませて、自らは燈火を片手にもち、梯子段に毛布を敷いて、足音のせぬ要慎をした。

他の諸室には、アレキサンダーの護衛兵が詰めきっていたけれども、二階の寝室だけには、護衛兵を置かず、ただ入口に一頭の猛犬を繋いだのみであった。この猛犬は、アレキサンダーとその妻テベだけを除いて、他の人々には、誰彼の差別なく飛びかかるものであったが、肝心のテベに猛犬を曳き去られては、もはや毒蛇の牙を脱かれたも同然であった。

足音忍ばせて上って来た三人兄弟、流石に暴君の寝顔を見ては、心臆したか、しばし躊躇って見えたるとき、テベは必死の形相物凄く、

「いざ!」

と、眼顔で促がしたのである。いまは決心の臍も固ったものか、一人は脚を持ち、一人は髪の毛を後に引き、呀ッという間に、一人はその胸を刺し貫いた。それは僅か一瞬の事であったが、これが有史以来、暴君のその妻に暗殺された最初であったということである。

雄弁デモステネス

少にして雄弁に志す蛇少年

その日、雅典《アテネ》の法廷は、傍聴者がギッチリ一ぱいであった。

事件は当時雅典の視聴を集めていたオロパス市問題。しかも弁護するものは、希臘《ギリシア》第一の雄弁家といわれたカリストラタスである。かくして法廷の門前は、雅典全市から押し寄せた傍聴者のために、黒山を築いたのであった。

この夥しい傍聴者のなかに、年のころ十三四歳ばかりの一人の少年が交っていた。いかにも病身らしい、痩せ細った体軀《からだ》であったが、瞳だけは異常に光っていた。一体法廷の傍聴は少年には許されない。その日彼は、家の家庭教師に頼んで連れて来て貰い、懇意な門番の手蔓で、こっそり入場させて貰ったのであった。

その少年は、傍らに家庭教師がいるのも忘れたように、一心にその弁論に耳を傾けていた。

やがて弁論は終った。雄弁家カリストラタスは勝ったのだ。人々は歓呼しながら、雪崩れをうって彼をとりまき、門外まで彼を送りいだした。

その溢るる得意の面持よ！　凱旋将軍のような足どりよ！　少年は瞳を輝かしながら、ひとりで口に呟いた。

「人としてこの世に生れたからは、何うかしてああいう雄弁家になりたいものだ。三寸不爛の舌にこそ、一国の運命も、世界の動きも、かかっているのだ。」

かく決心した少年こそは、後に世界第一の雄弁家と謳われた、デモステネスその人であった。

デモステネスの父は雅典の刀剣師《かたなし》であった。市のなかに大きな刀剣《とうけん》工作場を経営して、沢山の刀剣《かたな》職工を抱えていた。デモステネスは僅か七歳にして父を喪ったが、家道は繁昌しており、遺産の邸宅と地所とは、十五タレント（約四万円）の価値《あたい》があったといわれた。しかるに後見人たちのなかに、腹黒い奴があって、その財産の一部を横領してしまい、残りはまるで世話をしてくれなかったために、甚いときには、デモステネスの教師の俸給さえ支払われぬことがあるという始末になった。

デモステネスが、充分な高等教育を受けなかったのは、一つはそのためである。

それにデモステネスは、少年時代から蒲柳の質であったので、母親も無理には勉強させようとしなかった。教師たちもまた、あまり学問を奨励しなかった。友達は彼のことを

『バタラス』と綽名していた。バタラスというのは、当時雅典で、瘦っぽちの醜い笛吹のことであった。また『アルガス』とも言われていた。アルガスというのは蛇のことで、デモステネスの態度に、何処となく粗暴なところがあり、しかも一度《いちど》思いこむと、無暗に執念深いので、こういう異名を貰ったのであろうと思われる。

しかしデモステネスは、一度《ひとたび》かのカリストラタスの雄弁を聞いてからというものは、友達のこうした軽蔑も、ちっとも気にかからなくなった。彼はただ天下の雄弁家になろうと、そればかりを志して、他のことには、まるで見向きもしなかった。そのところ、やっぱり『蛇少年』にちがいない。デモステネスの雄弁の先生はイサエウス、そのほかに、プラトン、イソクラテスなどの雄弁法をも、ひそかに学んだと伝えられている。

デモステネスが始めて演壇に起ったのは、十八歳のころ、父の遺産を横領した後見者たちを、法廷に訴えたときであった。後見人たちは、しきりに三百代言的遁辞をつかって、その罪を免れようとしたが、デモステネスは単刀直入これを追求して、その訴訟に勝利を得ることができた。尤も遺産は、一文も取り返すことはできなかったが、彼はそれによって、もっと大切なものを得た。

それは自分の雄弁に、自信を得たことである。

然るにデモステネスが、始めて民衆の前に立って演説したとき、彼は苦い失望の後味を味わねばならなかった。聴衆の間から湧き起こったのは、潮のような嘲笑の声であった。

彼等は彼の形式的な議論に、耳を傾けようともしなかった。彼のゴツゴツした語法は、聴衆に不愉快な感じを与えた。

たしかにデモステネスは、天来の雄弁家ではなかったらしい。音声は貧弱であった。口は訥々として吃り、呼吸が短かいので、句と句とが離れ離れになって、演説の意味は支離滅裂となった。

聴衆の嘲罵を満身に浴びて、倉皇と人民の公開場《フォーラム》を去ったデモステネスは、ただ一人、ピレウスの海岸に立った。見よ！　その悄然たる姿を。

「俺は果して天下の雄弁家となる資格があるであろうか？」

彼は意気消沈して、トボトボと歩みを運んでいた。そのとき彼は、

「おい、君。」

と、背後から呼びかける声を聞いて、思わずハッと驚いた。振りかえって見ると、イウソマスという老爺であった。

地下室に籠って練習す

イウソマス老爺は、デモステネスを警めて言った。

「君の演説はペリクレスに似て、何うも冗長で力がない。その上臆病で落着きがなく、大

衆を圧倒する勇気を欠いているのだ。いざという急所でも、ジェスチュアが伴わないものだから、折角の好い演説も、台なしになってしまうのだよ。」

デモステネスは黙々として聴き、ひとり胸のなかに覚るところがあった。

二度目に彼が市民の公開場《フォーラム》で演壇に立ったときは、聴衆はもうデモステネスの顔を見るやいなや、いきなり野次り倒して、てんで聴こうともしなかった。彼はまたも失望落胆、頭を垂れ顔を掩うて、すごすごと家路についた。その途中、

「君、デモステネス君！」

と、後から肩に手をかけたのは、友人の俳優サチラスであった。

「馬鹿に悄気てるじゃあないか。」

思いもかけず、親切な友人の顔を見て、デモステネスは、胸中悶々の心を打ち明ける気になった。

「うン、僕には何うしても判らないのだ。弁護士のなかで、僕くらい弁舌を練っているものはないだろう？　殆んど全身全力をあげて、雄弁の練習に一生懸命になっているのだ。それだのに僕は、何うして聴衆に受けないんだろう。酔っぱらいや水夫や、無頼漢《ならずもの》のような奴でさえ、盛んに拍手喝采されているのに、何うして僕だけは、こう野次り倒されるんだろう。僕には何うしても、その理由が判らないんだ。」

デモステネスが、悄然として天を仰ぐと、サチラスは、

「無理もない、デモステネス君、全く君の言う通りだよ。一つこれから僕の家に行って、イウリピデスの劇《しばい》のなかの文句でも暗誦して見給え。職業柄《しょうばいがら》だ、僕がその欠点をなおして上げよう。」

そこでデモステネスは、言わるるままに、劇の台詞をやって見た。つづいてサチラスが、それと同じ文句を、舞台もどきでやりはじめる。――ああ、言葉は同じでありながら、何という効果の差異《ちがい》であろう！　デモステネスの胸には、はじめて光明がさしこんだ。

「演説をするには、何んなに腹案を練っても、修辞に力を入れても、それだけでは駄目なのだ。それを表現するところの抑揚だ！　そしてジェスチュアだ！」

デモステネスの雄弁道における猛練習がはじまったのは、それからであった。彼は家にかえると直ぐ、頭の髪を半分だけ、スルリと剃ってしまった。彼は籠城を決心したのだ。何んなに外に出たくなっても、それが生え揃うまでは、外出はできない。そして地下室に入ったきり、二三ケ月は顔を見せなかった。

デモステネスは何をしていたのか。

彼は地下室のなかに、大きな姿見鏡《すがたみ》を置いて、まず姿勢と態度の研究に耽り、ジェスチュアの練習にとりかかったのだ。口のなかに砂利をいっぱい入れて、発音の不明で吃訥《ども》る癖を矯《な》正《お》した。それから、平地を走ったり、高いところに登りながら、演説をやって、呼吸のながく続く練習をした。

　デモステネスが古今の一大雄弁家となったのは、こうした猛練習の結果であった。

　或る人が彼に弁護を頼みに来て、自分が敵に闇討をくらい、散々殴られた話をすると、何を思ったかデモステネス、急にそれを打ち消して、

「何と仰言います？　貴君がそんな乱暴な目にあったというわけがありません。」

　と言った。依頼人はすっかり怒ってしまって、

「これは奇怪至極のことを聞くものかな。それでは俺《わし》が偽《うそ》を言っていると仰言るんですね。さア、デモステネス君、何を証拠に君はそう断言するのか、その理由を聞きましょう！」

　激怒《いかり》の形相ものものしく、声荒らげて詰めよると、デモステネスは手で制しながら、

「お待ちなさい。私が悪かった。私は雄弁道修業のために、わざとあんな無礼なことを言ったのです。許して下さい。おかげで私は、殴られた人の怒声《いかりごえ》を、はじめて実地に聴くことができました。有難う存じました。」

　デモステネスは、こうして、その抑揚や身振《ジエスチユア》を研究したのである。それがあまり極端に走ったため、学者などには下品だという非難を受けたが、一般の大衆に向っては、非常な感動を与えるところの、一種の雄弁術を会得することができたのであった。

燈火の臭気《におい》のする演説

デモステネスの半生は、殆んど雄弁道のために費されたと言っていい。彼は人を訪ねるときも、人の訪問を受けたときも、談話をしながら、何時でもその話題を演題として、腹のなかでは演説の腹案をつくっていた。訪問客が帰ると、すぐに地下室の練習室に入って、その日の話題によって、演説の練習を試みた。

他の演説もよく傍聴に行った。家に帰ると、彼はその演説を、自分なら何うやるだろうと工夫した。そしてひとりで比較研究をした。

だからデモステネスは、腹案なしに即席の演説をやったことは、殆んど数えるほどしかなかった。民衆の公開場《フォーラム》などに出席していると、時々名ざしで演説を求められることもあったが、準備のないときは決して起たなかった。

或るときピテアスという演説家は、それを嘲笑って言った。

「デモステネス君、君の議論には燈火の臭気がするね。」

すると彼は直ぐにやりかえした。

「全くその通りだ。しかし君の燈火と僕の燈火とでは、明光《ひかり》がちがうよ。」

デモステネスは、常にこう断言していた。

「予め演説を推敲し、充分に練習して来てこそ、はじめて民衆的な行為であると言えると思う。こういう準備をするのは、民衆に対する一種の尊敬なのだ。出放題な演説をするのは、むしろ暴力をもって民衆を圧迫するのと、同じ行動であって、そこに貴族的傾向があらわれていると思う。」

デモステネスが、天下の雄弁家となったのは、こうした用意と、こうした修養の結果であった。粒々辛苦の功とは、蓋しこのことを言うのであろう。

若しそれ雄弁道における天才を求めるならば、当時においても、決して人がなかったわけではない。殊にデモステネスの政敵デマデスの如きは、たしかに天稟の才であった。彼が不用意に突如として吐露するところは、時に、デモステネスの刻苦して腹案を立てたものより、勝るかと思われるものもあった。

テオクラテスが、この二大雄弁家に下した批判によると、デモステネスに対しては、

「雅典《アテネ》の市に愧ざるものである。」

とある。しからばデマデスはと問われたとき、彼は言下に答えた。

「雅典の市に過ぎたるものである。」

然らば後世デモステネスの名のみを伝えて、デマデスの名を言うものがないのは、何故であるか。思うにそれは、雄弁の背後にかくれたる、人格の力であり、道念の勢力であろうと思う。それはデモステネスが、自らの主義政策を固くとって、百年一日のごとくに渝

らず、終身ついに心を移さなかったからである。いな、その主義を守らんがために、自が生命まで棄て去って、しかも悔いなかったからである。

そこにデモステネスひとり、他の雅典の雄弁家たちと異る特色があった。

事実その当時の雅典は、雄弁の全盛時代で、幾多の雄弁家が輩出したが、これらの雄弁政治家の通弊ともいうべきは、その主義政策を棄つること、破れたる草履のごとく無雑作であり、権勢と黄金との前には、何時でも猫の眼のように豹変したのであった。デマデスの如きは、自分の豹変を弁護するために、しばしば苦しい弁解をしなければならなかった。

「或は我輩も、前の主張と矛盾するようなことを言ったかも知れない。しかしながら、希《ギ》臘《シア》全体の利益に背くようなことは、決して言わないと確信する。」

デモステネスは、一度もこんな弁解をする必要はなかった。

またメラノパスは、自分がカリストラタスに買収されたことを分疏《いいわけ》して、

「成るほどカリストラタスは、我輩の公敵である。しかし吾人は、国家の公益には服さざるをえないのである。」

と言った。さらにニコデマスに至っては、もっと露骨に放言した。

「この二つの行動は、それ自体決して矛盾するものではない。戦勝者に附くのは、何時のときでも、最もよき政策である。」

しかしデモステネスには、少しもかかる譏を受くべき行動がなかった。彼はただ一筋道に、自己の信ずる途を歩いたのだ。

「徳行は結局においてよき効果を収める。しかしわれらが徳行を求めるのは、その結果のためではなくして、徳行自体のためなのだ。」

それが彼の雄弁の信念であった。

或るとき雅典市民たちが、或る政治家を陥れようとして、デモステネスにその誣告演説を指名したことがあった。然るに頑として、彼がそれを肯じなかったので、市民は囂々として彼を攻撃したとき、彼は猛然と起ち上って言った。

「雅典市民諸君！　諸君が欲すると欲せざるとを問わず、我輩は常に諸君の顧問である。しかし我輩は、断じて諸君に諛う者、若しくは誣告する者とはならない！」

その意気が、デモステネスの雄弁を、権威づけたのであった。

三寸不爛の舌大軍に当る

デモステネスの政治的生涯の進路は、はじめから決定していた。その雄弁を唯一の武器として、希臘《ギリシア》の自由と独立を護り、強大マケドニアの武力に当ろうというのがそれであった。

当時マケドニアは、かのアレキサンダー大王の父、勇王フィリップの時代であった。彼がマケドニアの原野に養成したる軍隊は、慓悍無比と称せられ、すでに希臘半島全部を威圧するに充分であった。ただ一つ、彼の怖れたものは、デモステネス三寸不爛の舌。――勇王フィリップの宮廷において、最も話題にのぼったのは、デモステネスのことであった。

「デモステネスを警戒せよ。彼奴何を言いだすか判らない。その上、彼奴の舌が一度動きだしたら、これと同時に希臘全土が動きはじめるのだ。」

それがマケドニア宮廷の評判であった。

さればにや、雅典《アテネ》が十人の使節《つかい》をマケドニアの宮廷に送って、和平問題を協議させたとき、ただ一人特別に待遇されたのはデモステネスであった。彼の一言一句は、特に注意して聴かれ、フィリップ王の答弁も、彼には特に周密の要慎を加えた。

フィリップ王との会見が終った後、ほかの使節たちが、交々フィリップ王の善く談じ、美容にして快飲する風格を、いかにも豪傑らしいと讃めたたえたとき、デモステネスは苦々しそうに答えた。

「第一の善談は、むしろ修辞業者に適わしき品質である。第二の美容は、婦女子に似合わしい性質であり、第三の快飲に至っては、海綿の特性に過ぎぬではないか。一として王者の徳ではない。」

しかるに時局はいよいよ切迫して、戦争《たたかい》もはや避くべからざるものとなった。デモステネスは、盛んに起って雅典市民を鼓舞激励するとともに、使節《しせつ》として希臘諸邦を遊歴しマケドニアに対する希臘聯邦同盟をつくるにつとめた。強力なる希臘市民軍のほかに、歩兵一万五千、騎兵二千より成る大軍を組織することのできたのは、一にデモステネスの弁舌の力であった。

この際、同盟諸邦の分担すべき軍費の限度を、予め決定しておこうという議が起ったとき、クロビラスは断乎として言った。

「戦争《せんそう》という動物は、一定の飼餌《かいば》で飼養できるものではない。」

以てその決心を見るべきである。

いまや希臘全土は、干戈《かんか》を執って起った。ユウベア、アカイア、コリント、メガラ、リウカジア、コルシレア、悉く対マケドニア同盟に加わった。久しくマケドニアの強暴に威圧せられていた希臘諸邦は、この一大雄弁家の出現によって猛然と起ち上ったのである。アンフィッサの一戦に、希臘軍を一蹴したマケドニアが、エラテーアを屠り、ついにフォーシスを占領するや、希臘全土は再び震駭した。

「ああ、光栄ある希臘の文明も、かくしてマケドニア騎兵の鉄蹄に蹂躪されるのか！」

雅典市民は、愕然と自失して為すところを知らなかった。誰一人、敢て演壇にのぼるものはなく、一人として策の出ずるものはなかった。陰惨なる沈黙は、雅典全市を圧えつけ、市民はただ悄然と顔見合わせるばかりであった。

このときただ一人、敢然と起ち上って、悄然落胆せる雅典市民を鼓舞し、これに新らしい希望を注入したものはデモステネスであった。

「諸君、希臘の自由と独立とは、もはや、力をもってこれを守るよりほかないのだ。そして見よ、テーベにこそ、われらの新らしき力と希望とがある。われらは全力をあげてテーベをわれらの対マケドニア聯盟に加えなければならない。」

ああ新興テーベ――ペロピダスはすでに逝き、エパミノンダスもはや亡しと雖も、潑溂たる意気はなお市民の間に漲り、その軍隊は希臘聯邦のうち、最も強大をもって称せられた。ただテーベは、国民革命以来、何となく雅典と反が合わなかった。彼等は度々、雅典政治家の卑劣なる行動によって裏切られた、苦い経験を持っていた。加うるにマケドニア王フィリップは、強圧と好餌の両政策を巧みにつかって、テーベを誘ったので、テーベを希臘同盟に引き入れることは、殆んど絶望とされていたのであった。

そのテーベに、デモステネスは、雅典の使節として、単身乗りこもうというのである。彼に何の自信かある？　ただ一たび動けば火をも発すべき、三寸不爛の舌、一枚あるのみである。

テーベ市民は、自が利害の何れにあるかをよく知っていた。若し希臘同盟に加わったならば、戦争の惨禍は眼前に横わっていた。若しマケドニアに与するならば、国の安泰は言うまでもなく、或は希臘全土に覇を唱うべき機会であったかも知れぬ。

しかしデモステネスの雄弁の力は、かかる利害の打算をも超服するものがあった。テーベの市民たちは、デモステネスの雄弁によって、国家的道義心を喚び覚まされたのだ。彼等は苦難を忘れ、利害を忘れて、ただ希臘の光栄と文明とのために、敢然一大飛躍を試みるべく、決心したのであった。

デモステネスの雄弁によって博し得たるこの大成功は、その影響の及ぼすところ、すこぶる深大なるものがあった。流石に機微を察するに敏なるフィリップは、直ちに使節を雅典に遣わして、和を議せしめんとしたほどであった。

戦争か、平和か。——しかしこのとき希臘全土は、すでに兵力を戦線にあつめていたのである。

敗者は泣き勝者は斃れん

これが恐らくは、デモステネスの勢力の絶頂であったろう。ひとり雅典《アテネ》の将士のみならず、ボイオチア州の督軍たちも、デモステネスの命令一下を待っていた。勇王フィリップに対抗するものは、執政官にあらず、将軍にあらず、実に一個の雄弁家デモステネスであった。

しかしこのとき、運命はすでに、希臘《ギリシア》を見棄てていたものと思われる。アポロの宮の神巫《みこ》たちは、続々として不祥なる託宣を伝えた。

「テルモドンに戦いは起らなん、
　ボイオチアは鮮血の上に漂わん、
　鷲のごと高き空より下を眺めん、
　敗者は泣き、勝者は斃れなん」

伝うるところによれば、テルモドンというのは、ケーロネアにある小川ヘモンのことであって、マケドニア兵と雅典軍との激戦に、流血小川を染めたれば、血河《けっか》（ヘモン）と名を変えたものであるという。

またつぎのような託宣も流布された。

「テルモドンに戦い将に起らんとす、
　黒き鳥よ、来り見るを怠るなかれ、
　人肉汝《な》がために地に堆からんよ」

しかしデモステネスは、これらの託宣に惑わされなかった。彼はテーベ人にはエパミノンダスの遺業を語り、雅典人にはペリクレスの大業を説いて、声を励まして言った。

「この両英傑の胸には、百年の長計があった故に、彼等はただ道義によって進退し、かかる託宣をば、卑怯者の口実とのみ見做したのである。」

ここまでは、デモステネスまことに勇敢に戦ったということができる。しかし惜しいかな、天人に二物を与えずというごとく、彼は畢竟弁舌の雄であって、戦場における勇者ではなかった。

一たび戦線に立つや、彼はその大言壮語にも拘らず、すこしも勇者たる実を示さなかった。一たびケーロネアの戦に敗るるや、彼は真先に陣地を遁れ、その武器を棄てて、最も見醜しき有様で、逃走したのであった。

マケドニア王フィリップは、ケーロネアの大戦に勝利を占むるや、忽ち心驕って、陣中に痛飲自ら快を貪り、果ては戦歿者の前で、浮れ踊り狂ったのであった。

「おお、デモステネスの子デモステネスの動議よ！」

と、デモステネスが人民の前に演説して、議決させたところの決議文を、歌に作って歌いながら、しきりに笑い興じたのであった。

しかし流石はフィリップ、酔が一たび醒めたとき、彼は慄然として怖れざるをえなかった。幸いにして戦に勝つことができたとはいいながら、彼をかかる危険なる一戦に追いこんで、生命までも賭けさせた力は何なのだ。

「ああ、怖るべきは、一枚の舌の力なるぞ！」

かくして戦に敗れたりとは雖も、デモステネスの名は、希臘全土はおろか、波斯にまでも鳴り響いたのであった。

希臘が戦に敗れるや、デモステネスの反対党の政治家は、交々起って彼を非難攻撃し、この機に乗じて彼を倒すべく、種々の弾劾案を企《もく》画《ろ》んだ。しかし市民たちは、ひとり彼を無罪としたのみでなく、彼を信任して、重要なる国事に参与せしめた。戦死者の遺骨を葬るにあたっても、その埋葬演説をなすために選ばれたのは、デモステネスであった。

しかしながら彼は、この戦歿将士の追悼演説だけに止めて、その後の民会の決議には、断じて自己の名を表わすことを許さず、他の同志の名を、順次に用いしめた。蓋し彼は、自が名をもって、薄倖にして不祥なるものと考えたからであろう。

一方においてマケドニア王フィリップも、ケーロネアの戦勝の後、ながくは生きていなかった。一青年パウサニアスの短剣は、彼の胸を貫いたのである。かの託宣の最後の文句、

「敗者は泣き、勝者は斃れなん」

その予言は当ったのだ。

小麦三合を売るもの収穫全部を売る

雅典《アテネ》において、最も早くフィリップ王の死を知ったものはデモステネスであった。彼は

その訃《しらせ》を手にするや、忽ちにして一つの妙策を胸に浮べた。

彼は殊更に快活な顔を装って、公開場《フォーラム》に市民を集め、

「我輩は昨晩、雅典のために一大幸運を予言する瑞夢を夢みた。」

と発表した。瑞夢とは何であろう？　市民たちが怪訝な顔をしているところに、飛んで来たのは、フィリップ王の訃を齎らした使者であった。

民衆は歓呼にどよめいた。直ちに神々に犠牲は献げられ、暗殺者パウサニアスには、金冠を贈呈するの決議が通過した。

かくしてデモステネスは、再び敢然と起った。彼の努力によって、希臘聯邦の同盟は再び成った。彼は書を聯邦諸市や波斯《ペルシア》に送って、しきりに士気を鼓舞した。

「かの愚鈍なる小児アレキサンダー、何するものぞ！」

しかしながら、もしそれがデモステネスの真意であったとするならば、彼は最も敵を知らざるものであった。『かの愚鈍なる小児』こそは、実に、父王フィリップにも勝る天下の一大英傑であったのだ。一軍を率いてボイオチア州に入るや、山河草木ために彼の旗風になびき、忽ちにして覇市テーベは屠られ終った。かくして雅典は、再び講和の使節を、アレキサンダー大王の許に送らねばならなかったのである。

アレキサンダーの講和条件は簡単であった。

「十名の雄弁家を人質として寄越せ。」

アレキサンダーが、デモステネスをはじめ、雅典の雄弁家たちを、如何に怖れていたか、如何に危険視していたかは、これでも明らかであろう。

このときデモステネスは、慨然として言った。

「諸君はむかし羊の群が、その番犬を狼に交附《わた》したという、昔噺を知っているか。番犬を交附すものは、自らを殺すものである。」

すなわちデモステネスは、希臘の自由を守る番犬であって、アレキサンダーは、そを喰わんとする猛狼であるというのだ。

彼はさらに一歩を進めて民衆に訴えた。

「諸君も御承知の通り、農夫《ひゃくしょう》たちは、わずか二三合の小麦を皿に載せて市に出るが、その見本によって取引が決まると、やがて収穫全部は売り払われるのである。諸君もまた、少数なる我々を敵に交附することによって、実は、同時に諸君全部を交附しつつあるのである。」

そこで雅典市民は、アレキサンダー大王の要求する条件を討議して、頗る解決に苦んだ。何うしたらよかろうかと、切りに当惑しているときに、自らこの難役を買って出たのは例の雄弁家デマデス。――彼は元来、マケドニア王と親交があったので、その友情を心頼みとしたものか、或はこの『獅子の児』と言われたアレキサンダーが、すでに血に飽いていることを早くも見てとったのか、兎に角彼は敢然として往った。そしてアレキサンダー大王を説いて、これ等の雄弁家を赦免せしめたのみならず、進んで雅典と復和せしめ、その使命を全うして意気揚々と引き上げて来たのである。

かくしてアレキサンダー軍をかえすや、雅典においてはデマデスの勢力は隆々と振い、デモステネスは殆んど振り向きもせられなくなった。加うるに有名なる『金冠事件』に坐して、デモステネスは法の裁断《さばき》の前に立たなければならなかった。そのときデモステネスの政敵たちは、マケドニアの金力と兵力とを背景として、しきりに彼を陥れんと計ったけれども、流石にまだデモステネスの民衆的信望は、彼を獄に投ずるほどには失墜していなかった。裁判官たちは公明なる態度を採って、マケドニア王に媚びることなく、彼に無罪の宣告を与えた。

人生れて政治家となる勿れ

然るにデモステネスは、それから間もなく、ハーパラス事件なるものに連坐して、投獄の憂目を見るに至った。

ハーパラスというのは、アレキサンダー大王の臣下であったが、大王に罪を獲て、亜細《アジ》亜《ア》から雅典《アテネ》に逃れ来り、そのとき莫大なる財産と船舶、はてはその身命《いのち》までも、雅典の前に投げ出して、雅典市民に保護を哀訴《うった》えたのであった。

その莫大な財宝に眼をつけたのは、利に敏い雅典の雄弁家たち、彼等は口々に得意の弁舌を揮って、この窮鳥を収容してやるのは、人道上の義務であると、しきりに民衆に説いたのであった。ただ一人、デモステネスだけは起ってそれに反対した。彼はかかる無用にして不義なる事件について、雅典とマケドニアとを、再び戦争の渦中に投ずることを、恐れたからである。若しデモステネスの反対がなかったならば——少なくとも彼が沈黙を守ったならば、ハーパラスは無事に雅典の庇護《たすけ》を受けることができたであろう。

ところが、その最後の決定をなすべき日に至って、デモステネスは、急に風邪でもひいたのか、咽喉と頸とに綿を繃帯して、人民議会に出席した。そしていよいよ起って、一言すべく促がされたとき、彼は手真似でもって、寒冒《かぜ》で声がつぶれたから、演説ができないと断わった。

それが最も危険なる印象を雅典市民に与えた。皮肉な雄弁家は、直ぐに声をあげて、

「あハハ、流石わが大雄弁家も、昨晩は金風《かねかぜ》にあてられましたな。」

と皮肉った。そして次のような噂がパッと立った。

「ハーパラスが自分の財宝の目録をつくっているとき、デモステネスはその傍で、しきりに波斯《ペルシア》製の金杯に見とれていた。その彫刻と製作とは、たしかに好事家の眼を惹くに足るものがあったからである。そこで、早くもそれを見て取ったハーパラスは、

『まア、手に取って御覧下さい。』

と言って、その黄金杯を渡した。デモステネスが、あまり重いのに驚いて、

『や、これは大変なものだ。幾何くらいの価のものですか。』

と訊くと、ハーパラスは答えた。

『三十タレント（七万五千円）』

そしてその金杯に、二十タレント（五万円）の金貨を添えてデモステネスに贈ったので、彼もついにその誘惑に勝つことができなかったのである」と。

この噂が果して真実《ほんと》であったか何うか、今となっては、確実にこれを論証すべき材料がない。後世雅典の弁論家たちは、しきりに、デモステネスが賄賂をとるような人物でないことを、弁護しているけれども、当時においてかかる風聞が立ったことは、デモステネスにとっては致命傷であった。彼が起って弁解の演説をしようとしても、

「諸君は手に杯を持ってる人の演説を聴くのか。」

と言って、これを赦さなかった。しかもデモステネスが、その真相の審理を高等法院に訴えると、彼は第一に有罪の判決を受け、五十タレント（約十二万五千円）の罰金を科せられて、それを支払うまでの間、牢獄に投ぜられることになったのである。

嗚呼、かつては節を持すること巌のごとく、清廉潔白をもって名ありし政治家が、いまは厭むべき破廉恥の罪名をきせられて、獄中に呻吟する身となったのだ。その精神的苦痛は、如何ばかりであったろう。それに彼は、元来蒲柳の質であったので、肉体的の衰弱も

甚しかった。

そして彼はついに、破獄を企てたのであった。

ようやくにして市外まで落ちのびたと思ったとき、彼はフと自分の背後を、一人の政敵が追跡しているのに気が付いた。

「失敗った！」

隠れようとしたが遅かった。

「デモステネス君。」

と、名を呼ぶ声に、彼は止むなく立ち停った。ところが意外！　その男は、彼を逮捕すると思いのほか、一包の金を差出して、

「私が追っかけて来たのは、他意あったわけではありませぬ。何うかこれを旅費にして、外国に落ちのび、折角自愛して下さい。ホンの御餞別です。」

と、懇ろにデモステネスを慰めるのであった。彼は天を仰いで、長大息せざるをえなかった。

「他の市ならば、友人の間にも見られないような親切な敵人を、この市にのこして逃れ行く身が、何うして他国に、慰めをうることができましょう。」

実際また、流浪中のデモステネスは、意気悄然、ながく政治界に牛耳を執っていた人とは、とても思われなかった。つねに郷国を望んでは、涙を流していた。

雅典を去るに当って、デモステネスは府城アクロポリスを望み、慨然として言ったということである。

「嗚呼ミネルヴァの神よ、如何なれば爾は、梟と蛇（ミネルヴァ神の御遣者）と、そしてこんな没分暁漢《わからずや》の市民と、三つの畜生を飼っているのですか！」

デモステネスを浪居に訪ねて、教を乞う青年があると、彼はまず、

「人生政治家となる勿れ。」

と警めて次のような話をしたということである。

「若し二条の途が分れていて、一つは人民公開場《フォーラム》の演壇に達する政治道であり、一つは直ちに破滅に達するものであったとするならば、諸君は直ぐに前者を捨てて、後者をとった方が、遥かに優ったやり方である。蓋し政治道には、恐怖、讒誣、嫉妬、紛争などが途に塞っていて、行路ははなはだ難きものがある。むしろ一直線に死滅の途を行った方がいいのだ。」

筆管《ふで》に秘めたる毒薬

デモステネスが謫地に快々と呻吟しているうち、欧亜の天地には、驚くべき政治変動が起りつつあった。大王アレキサンダーが、三十三歳の若さをもって、バビロン城内に病歿

したのである。

「いよいよ再び我輩の起たねばならぬ時が来た。」

こう感ずると同時に、デモステネスの体内には、久しくかくれていた勇気が、凛々と張りわたるのを覚えた。彼は流人の身をも顧みず、希臘《ギリシア》の諸聯邦を遊説して廻った。いまぞ大挙して、マケドニアを打ち滅ぼし、希臘の自由と独立を恢復するときである、と。

アルカディアにおいて、マケドニア派のピテアスと、希臘派のデモステネスとの立会演説が行われたとき、ピテアスは、巧みな譬喩《たとえ》をもって、雅典《アテネ》との聯盟を非議しようとした。

「家に牛乳を配達して行くものがあるのを見たならば、その家には、必ず病人があるということを、知ることができるであろう。それと同様に、雅典の使節が歓迎される市は、必ず病める市である。」

するとデモステネスは、言下にそれを反駁した。

「牛乳は健康を恢復するために持って行くものである。そのごとく、雅典は病人を救って快癒《なお》すために来るのだ。」

この論争は、ひどく雅典市民を喜ばした。そして間もなく、デモステネスの召還が、議決せられたのであった。

雅典に帰るの日、デモステネスは手を高く天にあげて、その芽出度き帰国の日を祝した。

「これぞアルキビアデスの凱旋よりも、はるかに名誉なる帰国である。何故ならば、何等の圧迫にも強制にもよることなく、全く邦人の好意と希望とによって、召還されたのであるからだ。」

但しデモステネスに科せられた罰金は、依然として有効であって、人民議会は法律上、それを免ずる権限をもたなかった。そこで人民議会は、一つの妙案を実行した。それはジュピター神の祭祀《まつり》のために、祭壇を修理装飾したものには、若干の金銀を賞与することになっていたので、この役の順番をデモステネスに振り当て、その賞与を五十タレントと定めて、罰金と帳消にしたのである。

しかしデモステネスは、ながく帰国の悦びを楽むことはできなかった。その希臘の独立運動は、忽にして潰滅し去ったからである。八月、彼等はクラノの戦に敗れ、九月、マケドニア兵はムユニキアに入り、十月、デモステネスは生命を殞《おと》したのである。

そのときデモステネスは、カラウリアなるネプチュンの宮に難を避けていたが、其処にトラキアの槍兵隊を従えて、彼の逮捕に向ったのは、アルキアスという、もと悲劇の俳優《やくしゃ》をしていた男であった。

アルキアスは強いて笑を浮べて、何くわぬ顔で入って来たが、デモステネスは早くも、自分の最後の運命が来たことを覚った。彼は自若として、アルキアスに言うよう、

「前に君の演劇《しばい》は、少しも我輩を動かすことができなかったが、いま君の甘言もまた、少しも我輩を動かすことはできぬ。」

あまりの罵倒に、アルキアス思わず嚇っと怒って、彼を威嚇《おどか》しはじめると、デモステネスは再び言った。

「アハハ、いよいよ本音を吐いたね。いままでは誘拐者に扮していたが、こんどは脅迫者か。その方が真個の適役《はまりやく》だよ。……ちょっと待ってくれ給え、一二本手紙を書いてしまうから。」

こう言い捨て、デモステネスは、神殿の奥へと入り、机に向って巻物を展げ、何か沈思しては、筆管を舐めていたが、そのうち頭を垂れて、巻物の上に打つ伏してしまった。

戸外《そと》に立っている槍兵たちは、口々に罵った。

「見ろ、あの臆病者を。そんなに死ぬのが怖しいのか。蒼白《まっさお》になって、頭もあがらないではないか。」

しかし、あまりそれがながいのにしびれをきらし、アルキアスが催促に行ったときには、デモステネスがかねて筆管のなかに秘めていた毒薬は、全身にまわったときであった。彼は瀕死の眸子をそそいで、黙ってアルキアスを見ながら、呟くように言った。

「さア、アルキアス君、こんどは悲劇アンチゴーネのなかのクレオンに扮して、僕の身体を野原に棄てる幕だよ。」

そしてネプチュンの神に向っては、
「おお、慈悲深き神よ。われは生気《いき》あるうちに起って、この神聖なる宮を去り申すべし。恐るらくは、マケドニアの蛮人たちが、血をもてこの神殿を汚さんことを。」
こう言って後、周囲の人に扶け起こされて、二歩三歩あゆみ、祭壇の前まで来たときには、はや力尽きたるか、パタリと床に倒れ、一声呻ってそのまま気息《いき》たえてしまった。
デモステネスが死んで間もなく、雅典市民は彼の銅像を建てて、その台石《だいせき》には次の有名な句を刻んだ。
「言辞《ことば》においては神、判断においては霊妙、
若し干戈を執って乾坤を叱咤する勇ありせば、
希臘はなおも自由独立の旗を翻がえして、
マケドニアの醜虜《しこびと》をば膺懲し得たらんものを。」

大豪ハンニバル

電光将軍の愛子

その日カルタゴの港は、何時になく活気立って見えた。

港内に集った軍艦と運送船とは、何となく色めき渡り、艦上の磨ききった楯、林のような槍は、陽の光りを受けて、物々しかった。陸を見れば、浜近く屯した軍隊、街を忙しく往来する兵士など、唯事ならず思われた。

この水陸喧雑のなかに、英姿颯爽として現われたのは、馬上豊かなる一老将軍。その子と覚しき、九歳《ここのつ》ばかりなる凛々しい一少年を従えて、バールの神殿の前にヒラリと馬から降り立った。

これぞ電光将軍と言われたハミルカルである。

将軍は神前に額《ぬか》ずいて、しばらくは祈念を凝らしていたが、やがて犠牲を焼く煙が満々と立ちのぼりはじめると、傍の少年を顧みて言った。

「やよ、わが児よ、汝は父と共に、西班牙《イスパニア》の遠征に行く心があるか。」

少年は瞳を輝かして答えた。

「父上、それこそ私の切に願うところでございます。」

この健気な答を、将軍は悦しそうに聞いていたが、やがて屹と詞を改めて、

「可し、真に汝がイスパニアに出陣したいというならば、この犠牲によって神々に誓え。過ぐる戦に、我等は武運拙くして敗れたけれども、羅馬《ローマ》こそは不倶戴天の敵であるぞ、と。」

少年は一語凜として、神明に誓った。

「神々も照覧あれ。私はこの一生を、羅馬復仇のために捧げます！」

この九歳《ここのつ》の少年の誓こそ、後に世界を震駭せしめ、四方に威を振った羅馬をして、危急の淵に叩きこんだところの、大活劇の発端なのである。少年とは誰あろう、世界の大豪ハンニバルその人であった。

では、何故ハンニバルは、年少九歳《さい》にして、はやくもかような誓を立てたのであろうか。諸君、願わくは地図を見給え。

地中海の真ン中に、長靴のように尖き出た半島がある。これが伊太利《イタリー》の半島で、その中程、タイバー河畔にあるのが都羅馬である。シシリー島というのは、その長靴の足の先にある石塊《いしころ》であるが、一度び蹴れば、その石塊が打ッ突かりそうなところ、亜弗利加《アフリカ》の北岸

にカルタゴという市があった。

今でこそ荒果てて、猛虎吼え毒蛇棲むといわれる蛮地であるが、今から二千余年前には、地中海の海上覇権を一手に握った大都城——それがカルタゴだったのだ。三方は海に包まれて、一方のみ陸に続いた市。北と東は波濤断崖を洗う荒磯つづきであるのに、南に面する一方には、二つの続いた良港があって、外なる商港には、地中海の東西から、百貨を齎らす商船の帆檣が林立し、内なる軍港には、大艦小艦首尾を交えて、錨を投じていた。

が、両雄はついに並び立たず、海国カルタゴと陸国羅馬とは、国運を賭して戦うこと二十三年。互に勝敗あったが、軍配はついに羅馬にあがった。

そのとき頽勢のカルタゴを率いて、最後まで戦ったのが、電光将軍ハミルカルであった。そして彼は、いま、会稽の恥を雪がんものと、眼を西班牙に転じ、ここに新カルタゴ（カルタゴ・ノヴァ）を開いて、国勢を挽回せんとしたのであった。

父ハミルカルの経営した新カルタゴは、果して強大なる一軍国となった。ハンニバルが、父と義兄のあとを受けて、新カルタゴの総司令官となったのは、少壮二十八歳のとき。

嗚呼、朝風暮雨、ハンニバルの胸に一日も忘れ難かったのは、少年の日、羅馬復仇の誓であった。眼は屹と、東の方、羅馬を睨んで立つ。

ハンニバルは先ず、羅馬の同盟市サグンツムを討った。羅馬は大いに憤《いか》って、直ぐに使者をカルタゴ本国に遣わし、その違約を責めた。これまでカルタゴは、羅馬に脅されると、一も二もなく閉口垂《へこた》れるのが例であったからである。

が、このときに限って、カルタゴは肯かなかった。正使ファビウスは、カルタゴ委員の面を睨みながら、自分の礼服の胸部《ふところ》を圧えて言った。

「見よ、ここに平和と戦争との二つが蔵められている。卿等はその何れを択ぶか。」

カルタゴ委員の一人はすっく起ち上って、

「何れとも御身の御勝手に。」

この無礼なる答に、ファビウスは礼服の襟を開けて言った。

「それでは予《わし》は戦争を与えよう。」

「良し、承知した！」

カルタゴ委員たちは、異口同音に応じた。かくして殺気を含んだ場面のなかに、談判は破裂したのである。

この報を受けて、遠く西班牙の地に、にっこと微笑んだ一偉傑があった。それがハンニバルである。

ハンニバルのアルプス越

ハンニバルの伊太利《イタリー》征伐こそは、古来世界の歴史にも類の少い大遠征であった。

時はこれ紀元前二百十八年の夏、大略を深く自身の胸にたたみこんだハンニバルは、根拠地たる新カルタゴに一切の用意を整え、旗鼓堂々、歩兵九万、騎兵一万二千を率いて、いよいよ出征の途についた。時にわが第七代孝霊天皇の御宇、支那では秦始皇帝と称してより、四年目のことであった。

羅馬《ローマ》は統領《コンソル》スキピオに兵を授けて、ハンニバル討伐に向わしめたが、ハンニバルの目指すところは羅馬である。首尾よくスキピオを出し抜いて、朝には一鞭してエブロ河を渡り、夕には一呼してペッセ城を抜き、往く往く蛮族を討ち従え、間もなくアルプス山の麓まで達した。

さりながら、嗚呼、何うしてこのアルプスが越えられよう。天を貫いて睫毛に迫るアルプスの連山は、蜒々として数百里の長きに亙り、最高峰は二万尺、低きも一万尺を降らない。

ハンニバルは、インスラ地方に来て、意外の僥倖《しあわせ》を得た。折からこの地方では、兄弟の酋長の間に争いがあって、ハンニバルは兄を助け、弟の軍を破って位に即けてやったので、この新酋長は大いにハンニバルを徳とし、多くの食糧や、山越えの特殊の靴を贈ったのみならず、道案内して山麓まで送ってくれたのである。

「さらば！」

「さらば！」

ハンニバルは酋長と別れを告げて、いよいよ山路にかかったが、折しも秋の末つ方、高地のこととて、吹く風は雪を含んで、戎衣の襟には厳冬の寒さを感じた。見上ぐれば、名にしおうアルプスの連山は、満山白雪皚々として、空遠く、峰より峰へと連っている。越ゆるものとては、ただ慓悍なる蛮人が、夏の間見られるだけで、それをハンニバルは、大軍を率いて、冬近き雪を衝いて、これを横断せんとするのだ。

加うるに山中には、強暴なる蛮族が出没して、行旅を妨げんとしている。攀じ難き天険の地に待ち構えて、ハンニバルの軍に襲いかかろうとする狂暴なる蛮人たちは、勢なかなか侮り難きものがあった。

山路にかかって四日目、行軍の苦難の最も多い深い谷間のところに差かかったとき、不意に山上に現われたのは、一隊の蛮人であった。彼等の転す大石は、轟々として万雷かと疑われ、見る見るハンニバルの軍は、或は巨巌に圧死せられ、或は千仞の谷に落ちて、満山の雪を血に染めた。

一峰尽きて一峰現われ、一土蛮去って一蛮族来り、ようやくにして山頂に達したのは、登山の道に就いてから九日目であった。彼はここに陣を張って、将卒に二日間の休養を与えつつ、落伍した兵の追いついて来るのを待った。

このあたり山骨秀で、満目ただ白皚々、雲は寒さに凍って、吹く風は稜々と人の肌を刺した。焚かんとすれど一片の木さえない。流石に堅かった伊太利侵入の決心も、何うやら鈍り勝ちに、士気の沮喪は著るしかった。

このときハンニバルは、つと起ち上った。遥かに彼方の山麓を指して、豊かに実るポー河の流域を示し、

「見よ、彼所《かしこ》は羅馬なるぞ！　往け、財宝はすでに脚下にある！」

と、一流の熱烈なる雄弁を揮ったので、士気ようやく振い、起って下山の途についた。

下山もしかし、登山に劣らぬ苦難《くるしみ》であった。殊に、難路中の難路、極めて嶮しい狭いところに、二丁半ばかり地崩れがあって、全く通路を断っているのを見たとき、流石の兵士等も肚胸をついた。

「よし、さらば、迂回せよ。」

しかし寸刻にして、迂回もまた不可能であることを知った。それはアルプス特有の現象として、前年の雪は堅くして氷のごとく、その上に脛を没するばかりに、今年の柔かい雪が積っているので、あなや！　という間に、スルスルと、深い谷間へ滑り落ちるからである。

ハンニバルは、止むなく、地崩れとなった一方の雪をかき除け、その急斜面に一条の新道を作ることを命じた。これは実に骨の折れる仕事であった。加うるにカルタゴ軍は象を伴れていた。それを通すための道普請に、彼等は三日の日を費した。

かくして軍は、漸く山地を下って、全く平地に達したのは、山路にかかってから十五日目であった。ハンニバルはかくして、容易に人の企て及ばざるアルプス越の目的を達したのである。

山を越え終ったとき算えて見ると、無事に此処まで来たものは、歩兵二万、騎兵六千に過ぎず、ハンニバルはその行程に、出征当時の総軍の、殆んど半数を喪ったのであった。しかも生き残ったものも、身に慣れぬ寒さと、無理な労力のために、みな疲れ果てて、相貌《かおかたち》は人間とも見えないほど変ってしまっていたので、ハンニバルは山麓に人馬を駐めて、暫らく軍隊を休養させた。

そのうちに、西班牙《イスパニア》で出し抜かれたスキピオは、急に海を渡って伊太利に帰って来た。

後にアルプス前にはポー

いよいよ会戦の時が近づいたとき、ハンニバル何を思ったか、アルプス山中で捕えた俘虜を曳き出し、其処にゴールの酋長でもなければ着ないような、立派な鎧と馬とを置い

て、さて俘虜に向って言うよう、

「汝等のうち二人だけ、此処で決闘《はたしあい》をして見よ。勝ったものには、この鎧と馬を与え、自由に部落に帰ることを許してつかわす。」

ながい間、重い鎖に繋がれて、鞭たれ罵られ、生甲斐のない生活を送っていた俘虜たちは、争って決闘者たらんことを請うたので、そのなかから籤引で二人の決闘者を選んだ。二人の俘虜は、互に負けじと力闘したが、暫くして一人は倒れ、一人は勝って賞に浴した。

俘虜たちはこれを見て、思わず吐息をついて言った。

「勝った男はこの上もない果報者じゃが、死んだ奴だとて、こんな俘虜の苦労をするよりは、よっぽどの仕合者ではないか。」

その志の憐れさに、流石に猛きカルタゴ兵も、尤もなりと感じたか、そぞろに哀れを催して、覚えず眼を瞬いたのであった。

このときハンニバルは、つと起ち上って、兵士等の正面に現われ、荘重な口を開いた。

「諸君がいま目の前で観た決闘こそは、まさしく諸君の身に降りかかっている運命なのだ。諸君の境遇は三つしかない。戦に勝つか、戦死するか、生きながら俘虜となるか――これである。若し戦に勝てば、その得るところは鎧一着と馬一頭どころではない。羅馬国《ローマ》の富はことごとく諸君のものとなるのだ。若し不幸にして戦死しても、生きながら俘虜となるよりは、何れだけ優《ま》しであるか知れない。

諸君はいまや急流を渡り、峻嶮を超えて、この伊太利《イタリー》の土地にやって来た。今更隊から逃れて故郷に帰ろうなどと、無駄なことを考えるものは一人もあるまい。後にはアルプスの険あり、前にはポーの大河がある。諸君の採るべき途は、戦って勝つか、死ぬるかである。若し敗けても、決して生き残ろうなどという心を懐いてはならぬ。」

何ぞ言の悲壮なる。かくしてチキヌス河の遭遇戦となり、散々に敵軍を蹴散らして、まず第一戦に捷利を得たのであった。

さてハンニバルは、敗走するスキピオ軍を追って、長駆トレビア河原に至り、ここに統領《コンソル》センプロニウスの軍と戦い、大いに羅馬軍を破った。逃れ得たもの約《およそ》一万人、他は四分五裂して、討たるるもの数を知らず、羅馬建国以来五十年、いまだこれほど脆く敗れたことはなかったといわれた。

羅馬の兵が弱かったのではない。ハンニバルがあまりに強かったのだ。

かくしてハンニバルは、百戦百勝の兵をもって、タスカニ全土を荒しまわった。ために羅馬の人心は恟々として、市の内外には幾多の妖変あらわれ、さなきだに人民の恐怖《おそれ》を増した。

或るものは楯が汗をかいたと言った。或るものは麦を刈ったら、血を含んだ穂が多かったと言った。或る地方には赤熱せる石が降った。或る土地では、天開けて空から巻物が降

り、そのなかには明らかに、

「軍神マルス自ら剣戟を揮いたまう。」

と書いてあったと言った。かくして羅馬全市が、怖気を震っているところに、ただ一人、すっくと起って、三軍を叱咤せんとする猛将軍があらわれた。

これぞ昔ゴールの戦に、敵を斬ること芋のごとしといわれた、フラミニウス将軍であった。

惨たり血の湖《うみ》血の河

さる程に、冬の間にすべての準備をととのえたハンニバルは、春となるや、早々出動の命令を発して、ポー河の平原から進軍をはじめた。

しかし天候は常にこの英雄に対して無情であった。折しもこの流域は、春雨と雪解のために河水漲りわたり、たださえ世に知られた悪路は、何処が沼やら路やら分らず、ために病を得て斃れるものも多かった。

ハンニバルもまた、この旅行において、眼に烈しい疼痛《とうつう》を感じたけれども、それを忍びつつ強行軍を行っているうち、ついに一眼の明を失って、眉目秀麗で有名であったハンニバルも、このとき独眼龍となったのである。

されど、取らんとするものは天下である。一眼のごとき、ハンニバルの意に介するところではなかった。

ハンニバル南下して羅馬《ローマ》に迫らんとすと聞いて、歯ぎしりして口惜しがったのは、一代の猛将フラミニウスであった。部下の将校のうちには、出陣を諫めるものもあったが、彼は、慨然として怒鳴りつけた。

「わが領土がかくも敵の鉄蹄のために、荒らしまわされているのをば、知らぬ顔で見ていることができようか。」

直ちに馬の手綱をとるより早く、ひらりとばかりに飛乗った。ところが何うしたことであろう。馬は忽ち棒立ちとなって、馬の主は真っ逆様に投げ出された。

左右にいたものどもは、覚えず眼と眼を見合せて、何か忌わしき前兆ではないかと、思い惑う風であったが、それでもフラミニウスの鉄石心を動かすことはできなかった。

塵を払ってフラミニウスが、再び馬をひき寄せ、鞍上に踏み跨った時しもあれ、今度は一人の伝騎が、白泡吹かせて飛んで来た。

「大将軍の軍旗を旗手が抜こうと致しますと、根が生えたように動きませぬ。それでも出陣なされますか。」

するとフラミニウスは、いきなり怒鳴りつけた。

「何ッ、軍旗が抜けぬ？　手が慄えて抜けないのなら、根から掘りだして持って来い。」

一方ハンニバルは、早くも敵軍の進み来るのを偵知して、トラシメヌス湖畔に待ち伏せしていた。この湖水は火山湖で、四方山に囲まれていたが、北にはガランドロの峻嶮があり、その山裾《さんきょ》は水に沿って、僅か一条の狭路を通ずるのみであった。ハンニバルはその山上に兵を伏せて、この山と湖との間の隘路を扼し、敵軍を袋の鼠にしようと計ったのだ。

かくとも知らぬフラミニウス。折りしも濛々たる濃霧は湖上を蔽い、かのカルタゴ兵の待ち伏せしている高地には、日光が輝き渡っていたけれども、羅馬人の通りつつある狭路は、濃霧に包まれて一間先もわからなかった。

ハンニバルは、物音によって、羅馬軍いよいよ来ると知るや、時分を見はからって、山上から、

「それ、敵は思う壺に入ったるぞ、いでや一気に打ちかかれ。」

と、激しく下知すれば、待ちかねた全軍は、ドッとばかりに鬨の声を挙げて、雪崩のごとくに山上から討ってかかった。

何条もって堪るべき、路は狭し霧は濃し、ただ光るは電のごとき白刃ばかり、押し合いひしめき、ボルゲット附近の広場に出ようとすれば、かねて羅馬に鳴り響いていたゴールの慓悍なる蛮族が、頭髪を振りみだし、半ば裸体に獰猛な面を振りたてながら、喚き叫んで攻めかかる。

このときゴールの騎兵は、乱戦のなかに、敵の大将フラミニウスを見つけて、大音声に呼わった。

「見よや人々、彼奴《かやつ》こそは、かつてわが軍を斬り殺し、わが町々を焼き払った殺人鬼なるぞ。いでや同胞の仇を報いん。」

呼ばわりつつ、馬の腹を一蹴り蹴って、揉み合う群兵のなかを押し分け掻き分け、フラミニウスの馬前に立ち塞った。従者をば、ただ一突きに突き倒し、血の滴る槍をしごいて、フラミニウスの胴中めがけて、グザとばかりに突き刺した。

さしも豪気のフラミニウスも、この深傷には堪らざりけん、呀ッと一声、馬より落ちて、憐れトラシメヌス湖畔の露と消えた。

この戦《たたかい》は三時間に亙ったが、それは戦闘《たたかい》と言うよりは、むしろ虐殺というべきものであった。霧はようやく晴れ渡り、輝く太陽は隈なく戦場を照らしたが、その凄惨たる光景は、言い現わすべきすべもなかった。

湖水のなかに浮ぶのは、苦しまぎれに飛びこんだ羅馬兵の屍骸、湖に注ぐ小河は、流るる血潮のために唐紅に変って、これよりこの小川を『血の流《サンギネット》』と呼ぶに至った。

この戦が如何に激しかったかは、その最中に大地震があって、伊太利の大都会を崩し去り、ために河の流れが変るというほどの震動であったのに、戦っているものは、一人もそれを感じなかったということでも判る。

ハンニバルは、戦終って、フラミニウスの武勇を嘆じながら、武将の礼をもって厚く葬ろうと、その屍骸を探し索めたが、何時の間にやら多くの屍骸とともに、鎧を剝ぎとられたものと見えて、ついに発見《みつけ》ることができなかった。

これが歴史上有名なトラシメヌスの戦である。

羅馬の国士ファビウス

「羅馬《ローマ》人よ。われらは大戦に敗れ、統領《コンソル》フラミニウスは戦死した。」

羅馬の公会堂において、このことが公表されたとき、羅馬の街はさながら、一陣の狂風の吹き荒むがごとき有様となった。追々に逃げ帰って来る兵士に訊ねて見ても、耳にするのは惨ましい敗報ばかり。一報至るごとに、家々の窓からは、嗚咽号泣する婦女子の声が、四方に洩れた。

そこで羅馬の元老院は、もはや尋常一様の手段をもっては、この難局を切り抜けることのできぬのを知って、ここに羅馬の国士ファビウスを挙げて大総統《ジクテーター》とし、これに兵馬の全権を与えることとなった。

このファビウスというのは、少年時代から『小羊』という綽名をとった温厚着実な人物で、その鉄のごとき意志は、慎重なる自重心の衣の下に深く蔵《かく》され、このような、討って勝たんよりは、ただ敗れざらんを求むる場合には、最も適当した人であった。

ファビウスは、大総統の位につくや、まず、この傾いた人民の自信力を興起することが、一番の急務であると思ったので、

「このたびの不幸は、強ち統領フラミニウスの無能なるにあらず、羅馬兵の勇なきにあらずして、神聖なる儀式を怠ったため、神々の怒りを招いたものであるから、速かに神慮を伺って、神恕を願う途を講ぜねばならぬ。」

と告げ、盛んに神祭を営ましめた。不思議なのは宗教の力である。これで恟々たる人心も、やや沈静したように思われた。

ファビウスは、この不世出の偉傑に対し、尋常の戦を以てしては、到底敵し難いのを知って、戦わずして敵を悩ますの策をとった。何時でも高いところに陣をはり、ハンニバルをして慓悍なる騎兵を用うるの便を奪って、敵が一歩進めば我も一歩を進める、敵が停れば我もまた停る、という風なので、これには流石のハンニバルも弱ってしまった。

ハンニバルは、この場合、何うにかしてファビウスを誘って、一戦しなければならぬと、度々陣所を変えて見たり、不意にわざと敵の眼前を急行して見せたり、時には近傍に焼討を試みて、心を激しようとしたけれども、沈着なるファビウスは、ついにその手に乗らなかった。

こうしてファビウスは、得意の智術を用いて、流石のハンニバルを悩ましたのである

が、一方この慎重策は、心を知らぬ世間の侮蔑を求いて《ひ》『逡巡公』という綽名まで貰った。殊に副将ミヌキウスは、大胆にして自信力の強い男だったので、憤然として部下の将士の前に立ち、

「われらが羅馬の権威は、臆病者が慎重という名にかくれてやっているような、あんな卑怯な方法で作られたのではない。」

と、一場の演説をなした後、

「わが大将軍は、多分ハンニバルの弟子なんだろう。ただ一向《ひたすら》に、彼の指図のままに動いているではないか。」

とまで嘲った。すると部下の将士は、何れも喝采してこれに応じ、口々に言ったものだ。

「ミヌキウス将軍こそは、羅馬軍に大将たるべき器である。請う、われらをば、敵軍に向って導きたまえ。」

これがミヌキウスの傲慢と虚栄心とを煽った。しまいには、ファビウスの親友に向って、

「大将軍はまるで舞台に立っているつもりで、山の上から安閑と、自分の国が敵に蹂躙され、天下がハンニバルのために席捲されているのを、観望しているではござらぬか。」

と憤慨し、こんな譫譫《じょうだん》まで言った。

「ファビウスが山から山へと陣を移しているのは、察するところ、地上に望みを絶って、はては天上に我々を上せるつもりなのか。それともハンニバルを避けて、雲のなかに隠れようというのであろうか。」

これらの言葉は、筒抜けにファビウスの耳に入った。しかし彼は眉毛一本動かさなかった。

「世間は予のことを臆病じゃというが若し予が世の嘲弄を怖れて、自分の所信を枉げるなら、それ以上の卑怯者となるであろう。国の安全ゆえに懼れるのは、決して不名誉なことではない。世の毀誉褒貶に動かされて、万全の策を抛つこそ、大総統という高職を瀆すものである。」

こうしてファビウスは、泰然自若と動かなかったが、ハンニバルがカンパニア地方からアプリア地方に帰って来るという報せを受けたとき、始めて『逡巡公』は快然と掌を打った。

「いまこそわれらの活躍するときが来たぞ。一挙ハンニバルを屠るのは、この時機《とき》をおいて外にはない！」

そしてカミリウムの山峡、ヴォルツルヌスの激流に狭められたるあたり、一方の嶮岨な傾斜に、四千の勇兵を置いて、ハンニバルいざ来い来れと待ち構えた。

かくしてハンニバルは死地に陥った。まるで自分がフラミニウスを惨殺したのと、同じ地位におかれたわけである。

しかしハンニバルはフラミニウスではなかった。常に智謀湧くがごとく、胸中自ら妙《みょう》籌《ちゅう》の存するのが、ハンニバルの特長である。彼はファビウスが、珍らしくも戦わんとすると聞いて、思わず微笑を洩らした。

「おい、牡牛を集めろ。」

奪掠した牛のなかでも、一番強そうな奴を二千頭ばかり、陣営の前に整列させ、さて一方では軍夫に命じて、手あたり次第枯枝を集めて来させた。

そして、それだけの準備ができると、軍隊には安眠を命じ、自分もグウグウ眠ってしまった。

真夜中、ハンニバルはいきなり、ガバとはね起きた。そして全軍に出動準備を伝えるとともに、予て用意の枯枝で松明をつくって、牛の角に結びつけ、それに火を点けて一斉に、山の上に追い上げたものである。

これが有名なるハンニバルの火牛の妙計である。

さア、羅馬軍は驚ろいた。山腹を徐《しずか》に動く松明を見て、はじめは軍勢が押寄せて来るなと思っていたが、松明がようやく燃え下って、牛の生身を焼き始めるとともに、牛軍は急に荒れ狂いはじめた。

「おや、これは変だぞ！」

驚ろき騒ぐ羅馬軍のなかに、角振り立てて飛びこんで来たのは、思いもかけぬ奇怪な火牛軍であった。

羅馬軍は周章狼狽、忽ちにして一大混乱に陥った。その間にハンニバルは、悠々と、冬の用意としてカンパニアから分捕って来た、許多の穀物、その他の戦利品を積んだ車輌、さては掠奪した数千頭の家畜を曳いて、その山峡を通り過ぎてしまった。

卿《おんみ》は二つの勝利を得た

この戦敗は、ファビウスに対する嘲罵《あざけり》の声をますます高めた。

「たとえ武勇ではハンニバルに敗けても、智謀では勝つのかと思ったら、智慧だってやっぱり駄目ではないか。」

大総統《ジクテーター》ファビウスは、ハンニバルとの間に捕虜交換の条約を結び、一人について二百五十ドラクマ（約六十円）を支払うという約束であったのであるが、いまやファビウスを侮る元老院の人たちは、その支払をすら拒んで容れなかった。しかし高潔なるファビウスは、わが子を羅馬《ローマ》に遣わして、自分の地所を売らせ、その金でもってハンニバルとの約を果した。

そのうちに、大総統としての職務上、何うしても臨席しなければならぬ祭典があって、ファビウスは一時羅馬に帰らねばならぬことになった。陣営を去るに臨んで、ファビウスは堅く副将ミヌキウスを警めた。

「予の不在中、決してハンニバルと戦ってはならぬぞ。」

しかし、かねてから髀肉の嘆に堪えず、腕をさすっていたミヌキウス、いまや全権を委ねられ、何とて黙って引っこんでいられよう。ファビウスが羅馬に帰ると直ぐに、ハンニバルに戦を挑み、前線の小競合に、偶然にも小勝利を得た。

ファビウスこのことを遥かに聞いて、長大息して嘆じて言った。

「予のミヌキウスに憂えていたのは、戦敗ではなくて戦勝だったのだ。」

しかし羅馬の人々は、この戦勝に有頂天になった。ミヌキウスを賞する声は、畢竟ファビウスを貶すことである。メチリアスは壇に上って演説した。

「ハンニバルの蹂躪を、手を束ねて眺めているというのは、結果においては、自分の専制権をながく保ちたいばっかりに、わざわざ敵を国内に止らせておくものと同然である。これぞ人民の自由を奪い、国を売るの逆賊というべきではないか。」

ああ、何たる暴言であろう。しかしファビウスは、これだけの侮蔑を蒙っても、なおその平静を失わなかった。彼はその激語を聞き流してたった一言。

「人民諸君は、何うかこの祭典を一刻もはやく終って頂きたい。予は急いで陣営に帰り、副将が命に従わなかった後始末をしなければならぬ。」

これを人民は、ファビウスが副将の功を妬んで、ミヌキウスを死刑にする心算であるという意味にとった。そしてファビウスに斟酌なく、ミヌキウスの司令権を高めて、ファビウスと同等にすることを決議をしてしまった。

それでもファビウスは、従容自若として、敢てその不法な議決に争おうとはしなかった。

帰って見ると、ミヌキウスはすでに小功に酔って、尊大自ら下らない。軍を二分して、二人が各々それを率ゆることを要求したので、これにもファビウスは、強いて争わなかった。このときファビウス、懇々とミヌキウスを諭して言うよう、

「卿の敵はハンニバルであって、ファビウスではないのですぞ。若し是非とも予と争いたいというなら、何うか、人民の評判の高い者が、人民に凌辱されている人間よりも、功を立てることが少なかったなどと言われないよう、慎重にやって頂きたいものである。」

しかし心驕ったるミヌキウスは、何の老人の痴言《たわごと》と、聞かぬ振りして自分の陣営に帰って行った。

このことを探知して、躍り上って喜んだのはハンニバルであった。直ぐに一策を案じて、両軍の間の一小丘に、伏兵をかくしておき、真ッ昼間、その丘を占領しそうな風を示したのである。

血気に逸るミヌキウス、謀とは露知らず、ドッとばかりにその丘を攻めかかれば、さな

がら地から湧いたように、不意に現れたのはハンニバルの伏兵。

名ある勇士も討たるるもの数知らず、あわれ羅馬軍は全滅と思われた。

ファビウスこれを見て、天を仰いで長大息し、腿を打って思わず唸った。

「ああミヌキウスの自滅は、彼が自ら望んだよりは遅かったろうが、予が心配していたよりはあまりに早過ぎたぞ。」

そして軍隊に向って叱咤した。

「進め者共。進んでミヌキウスを救え！　彼は羅馬一の勇士、国を愛する人なるぞ。その軽挙などは、後のことじゃ。」

かくてファビウスの新手が、雲霞のごとくに山腹を駆け降りれば、ハンニバル早くも局面の急変を見て、退却の喇叭を吹奏させたので、ミヌキウスは危く虎口をのがれた。

このときハンニバルは、部将に戯れて言った。

「それ見ろ。山上に宿っているあの雲は、何時か暴風雨となって、我等の頭上に降り注ぐことがあるぞ、と、かねて言っていた通りじゃったろう？」

一方ミヌキウスは、このファビウスの救援には、よほど感激したものと見えて、部下の将士を集めて言った。

「予は神に感謝しなければならぬ。神は予の長い間の迷夢を、わずか二三時間で醒まして下されたからだ。今になってやっと、予は他《ひと》を号令すべき人間ではない、他の命令に服従すべきものだということを悟った。わが大総統こそは、汝等の大将じゃ。彼の命令を仰ぐについては、予がその先登となろうぞ。」

そして直ちに羅馬の鷲旗に前進を命じ、一直線にファビウスの幕舎に赴いた。そのあとに従うのは、ミヌキウスの部下。軍隊はその光景の新奇なのに驚いた。まるで降伏者の態度である。

ミヌキウスはファビウスの前に跪いて、男らしくその罪を謝した。

「大総統よ、卿は今日二つの勝利を得られた。一つは卿の勇をもって、ハンニバルに勝たれたこと。一つは卿の徳をもって、卿の僚友を服せしめたことでございます。父は私に生命を与えましたが、卿は私と私の多くの軍兵とに、生命を与えられたのであります。われらはハンニバルに敗れて恥辱を得ましたが、卿に敗れて幸福を得ました。」

そしてミヌキウスは、軍旗と軍隊を悉くファビウスに還し、もとの通りその副将として、彼の下に戦うこととなった。

カンネー原頭の戦

かくして有史以来の大会戦といわれる、カンネー原頭の戦は、次第に近づきつつあった。

このとき、羅馬《ローマ》の統領《コンソル》は、猛勇ヴァローと沈着エミリウスの二人であった。ヴァローは平常から豪語しておった。

「羅馬にファビウスのような大将がいる間は、この戦争はとても駄目だ。予が一たびハンニバルと見えたならば、その日のうちに外敵を、伊太利《イタリー》から追っ放って見せる。」

言は即ち壮であるけれども、あまりに逸ったヴァローが、却って敵に計られることを、甚く心配してたのは老ファビウスであった。出陣を見送って、ファビウスは、いま一人の統領エミリウスに言った。

「足下《あなた》を最も煩わすものは、敵にあらずして却って味方であろうぞ。ハンニバルのことについては、予《わし》が一番よく知っているつもりだ。若し後一年の間、彼と戈を交えることを控えてさえいるならば、ハンニバルは伊太利で自滅するにちがいないのだ。自滅したくないなら、退却するよりほかないのだ。彼はいま戦に勝って、向うところ敵なきが如くに見えるが、未だ一市一邑と雖も、その治下に服したのではない。しかもその兵は、出発のときに比べて、三分の一を剰《あま》すに過ぎないではないか。」

実にその通りであった。ハンニバルの憂は、実にそのところにあったのだ。彼は大将軍であるばかりでなく、一大政治家であった。戦に勝つよりも、むしろ、羅馬の同盟市や殖民市を叛かしめて、味方に引き入れるのでなければ、到底覇業の成り難いのを知り、百方その策を講じたのであるが、羅馬の政治がよろしかったため、同盟市や殖民市は、この英傑に乗ぜしめる隙を与えなかったのであった。

さて、ファビウスのその言葉を聞いて、エミリウスは涙を流して言った。

「若し私一身のためからいうならば、わが同胞市民たちが、この速戦熱に浮かされている際、国民の弾劾に倒れるよりは、むしろ敵兵の白刃に斃れた方がいいと思っています。しかし事は羅馬の存亡に関するが故に、天下を敵としても、私は卿の言葉に従おうと思います。」

ヴァローとエミリウスの間では、一日交替で、全軍を指揮することになっていた。さて、ヴァローが指揮する番に当った日、彼は全軍に命を下して、カンネーに兵を進めはじめた。

ハンニバルは、五六の将士と一緒に、高地の上から瞰下していたが、その堂々たる隊形は、流石のカルタゴ軍の胆を冷すものがあった。

カルタゴ軍中に、猛勇の聞え高かったギスコという将校。

「や、大変な軍勢ですね。わが軍の二倍はありましょうか。」

「そうさ。二倍はある。しかしわが軍には、もっと驚くべきものがあるぞ。」

「え、それは何ですか？」

そこでハンニバルは、破顔一笑して言った。

「それは、あの雲霞のような大軍のなかにも、一人もギスコがいないということさ。」

この案外な諧謔に、左右のものはドッと笑い崩れた。そして部将たちは、何れも高地を降りながら、出会う人ごとにこの話をして、至るところに笑声が起ったので、ハンニバルの軍隊は、その微笑《にこにこ》した顔を見て、勝算すでに我にあるにちがいないと、戦わざるに士気大いに振った。

この日狂風高く、砂深き野原を吹き捲いて、ハンニバルを幸することが多かった。戦上手の彼は、風を背にして対戦したので、羅馬軍は、カルタゴ軍の頭上を超えて、真正面から吹きつける砂塵に、面を向けんすべもなかった。

この日ハンニバルの陣立は、彼の得意とする半月形の陣。左右両翼を後にして、中央まず進む。従って戦は、中央からはじまった。

流石は豪語したヴァローである。多勢をたのんで猪突しかかれば、カルタゴ軍も必死となって押し返し、押し返し、暫しがほどは揉み合ったが、何と言っても多勢に無勢。何時のまにやら凸字をしていたハンニバルの半月形の陣は、逆に凹字の半月形となって、カルタゴ軍すでに危しと見えた。ヴァローの顔には、得意の色が浮んだ。

豈はからんや、これぞハンニバルの謀略ならんとは。

敵がわが軍の中央に、楔形となって入りこんだと思う刹那、

「それ、かかれ！　敵は穽にかかったぞ。」

激しく下知すれば、一度にドッと左右の両翼が、新手の勢もの凄く、砂塵を巻いて中央

に雪崩れかかる。呀ッと言うまに羅馬の中軍は、総崩れとなったばかりか、早くもハンニバルの左翼騎兵は、敵の背後に長駆して、到頭四方から取り囲んでしまった。

野戦における四囲攻撃というのは、このカンネーの戦よりほか、殆んど類がないということである。

かくしてハンニバルは大勝をえた。

悲壮なるエミリウスの死

羅馬《ローマ》の大軍は潰走し、ヴァローは身をもって遁れたが、エミリウスは身体に一面の創を蒙り、悲憤の心やるせなく、独り石の上に坐って、敵兵の来り殺すのを待っていた。なにしろ流るる血潮は顔一面で、味方も将軍であるということを知らず、そのままに通り過ぎたのであったが、やがて土砂を蹴立てて、此方に飛び来る武者一騎。

敵か、と、エミリウス、血みどろの剣を執りなおして身構えたが、近づいて見ればそれは、味方の青年貴族コルネリアスであった。

コルネリアスは、ひらりと馬から飛び降りて、

「おお、統領《コンソル》閣下にござりますか。この戦敗に最も罪なきは閣下にござります。疾くこの馬に乗って遁れさせ給え。身共も力のあらん限りは御伴申さん。いざ国家のために！」

と、息せきこんで引き立つれば、エミリウスはドッカと再び石の上に坐して、

「コルネリアス! 貴官の勇気は感佩に堪えぬ。しかしいまは一刻を争う場合じゃ。疾く羅馬に駆け帰って、元老院に予《われ》統領の言葉を伝えてくれ。勝ち誇ったる敵の攻め寄せ来る前、速かに羅馬の城門を堅めよ、と。……それから、ファビウスにはこう言ってくれ。予《わし》は最後まで、ファビウスの戒めを奉じて誤らなかった。一として約束したことは違背しなかった。ただ戦のはじめ、友将ヴァローのために屈せられ、後には敵将ハンニバルに破られたのだと。

言い放ってエミリアスは、ふらつく身を躍らして、敵陣のなかに斬って入り、最も悲壮なる最期を遂げた。

さてこの未曾有の大勝利をえたハンニバルの将士たちは、凱歌勇ましく陣営に引き上げ、まず兵士も疲れたことだから、これに食事を与え、一日だけ休息《やすま》せて頂きたいと申し出た。

ところが独り部将マハルバルだけはこれに同じなかった。

「将軍、この貴重な時を、一刻たりとも空しく費してはなりませぬぞ。この勝に乗じて進撃したならば、今から五日目には、羅馬の議事堂で悠くり食事ができるのです。予はすぐに騎兵を率いて先発しましょう。将軍は後から続き給え。」

時にハンニバルは、

「マハルバル、君の勇心は実に感ずべきものがある。しかしまだよく熟慮しなければならぬことがあるぞ。」

と、その説を容れなかった。マハルバルは長嘆息して言った。

「吁、神々は一人の人に総てを与うるということはないものなのか。将軍は戦に勝つ法を知ってはいるが、戦を利用することを知らない！」

しかしハンニバルの胸中では、この疲れ果てたカルタゴ軍、しかも攻城具を有せない味方を率いて、無理に羅馬を襲うよりも、四方の同盟市、殖民市を降して、遠まきに羅馬を屈する策を、考えていたものと思われる。

果してこれまで羅馬の恩義を思って、何としても降らなかった伊太利《イタリー》の諸市も、カンネーの敗後には、続々としてハンニバルの軍に来り投ずるものが多かった。

一方、敗報を得た羅馬の驚愕《おどろき》、哀慟《かなしみ》は、殆んど名状すべきものがなかった。ああ、悲風凄たる羅馬の街々よ。全市人多しと雖も、その親族の喪に服せざるものは、殆んど皆無ともいうべき有様だったので、流石の羅馬も、一時は殆んど絶望の底に沈んだかと思われた。

そのなかに唯一人、敢然として怖るるところなく、悠々と市街を歩いては人々を慰め、元老院を開いては百官有志を鼓舞する英傑があった。これぞこれまで、卑怯者よ臆病者よと罵られた、ファビウスその人であった。

彼は羅馬府の門々に番兵を置き、群民の怖れて脱走せんとするものを諭させた。また市民の哀哭《かなしみ》の時と処を規定して、哀悼式は私邸以外では厳禁し、服喪は一ケ月に限らせた。

羅馬軍は悄々《すごすご》として引きあげ、なかには羅馬を捨てて奔ろうと、評議するものもあったけれども、当時十八歳になる紅顔の美少年スキピオ（先のスキピオの子）は、奮然と刀を抜放って、勇ましくも叫んだ。

「羅馬を棄てるものは予の敵じゃ。国家のために斬り棄てるぞ。」

このスキピオこそは、後にザマでハンニバルを破った、英傑スキピオである。

実にや羅馬は、カンネーの一戦に敗れたけれども、流石は世界の歴史を飾った大国民であった。彼等はハンニバルのために、百戦百敗、その領土は敵の荒馬に蹂み躪られながらも、幾度か失望せんとしてそのたびに起き上った。そして敗るるごとに、前にも増した大軍を組織してこの一大英傑に対抗したのであった。勿論、一人よくハンニバルに当る大英雄はなかったけれども、全国民より糾合して、この一代の風雲児に当ったのである。十七年に亙った第二ポエニ戦争は、実に、かれ一大偉傑に対する、この一大国民の、壮烈無比なる戦であったのだ。

ハンニバル門外にあり

カンネーの大勝は、ハンニバル得意の絶頂であった。戦えば勝ち、攻むれば陥し、トレビアに、トラシメヌスに、カンネーに、大勝して、旭日昇天の勢であったハンニバルの威力も、このころから漸く降り坂になった。

そのとき羅馬《ローマ》には、いま一人の勇将が統領《コンソル》に選ばれた。それがファビウスと並び称せられるマルケルスである。

「ファビウスは羅馬の楯だ。そしてマルケルスは羅馬の剣だ。」

実にファビウスの慎重と、マルケルスの胆略によって、羅馬は救われたのである。ハンニバルは経験によって、こういうことを発見した。マルケルスの力は、恰かも激流の物を洗うように、ハンニバルの勢いを覆えし、ファビウスの力はまた、緩流の物を浸蝕するがごとく、知らず識らずの間にその勢を殺いだのである。

そのマルケルスが、一軍を率いて、シシリー島に出帆し、その都シラクサを攻囲したのである。

ところがシラクサの都城には、一人の奇妙な人物がいた。その名をアルキメデスと言う。彼は元来が数学者で、平常は研究室に立て籠り、蓬頭垢面、数理の研究にばかり耽っていた。あまり汚いので、無理に浴室に連れて行くと、浴室の灰に図面を書き、身に膏をぬってやれば、指頭で体軀に線を引くという熱心家で、梃子の原理というのは、彼の後世に遺した一大発見である。

「予《われ》に支点を与えよ。然らば地球を動かさん。」

というのが有名なアルキメデスの言葉。――シラクサ王は驚ろいて、その証拠を求めると、アルキメデスは王の船庫のなかから、一艘の船を取り出し、これに多勢の人を乗せておいて、さて一種の滑車のような機械の端を動かしはじめると、アルキメデスは別に力を入れてるようにも思われないのに、索《なわ》を引くにつれて、スルスルと滑りはじめたのであった。

シラクサ攻囲のとき、散々に羅馬軍を悩ましたのは、このアルキメデスの発明した、奇妙な機械であった。

マルケルスは、海陸両面から、シラクサ城に迫ったのであるが、陸兵犇々と城壁に取りつめれば、俄然、城内に起ったる怖ろしい物音。と見るまに、不思議な機械は運動しはじめて、無数の矢石は、猛然と、羅馬兵の顔や頭に落ちて、累々として人を打ち倒し、隊伍を破壊し去ったのである。

海は如何にと見てあれば、突如として城砦から、何本かの巨棒が、ニュウと敵船の上に突き出たと思う瞬間、高いところから墜下して、見る見る艦を沈めてしまった。怖ろしいのは、熊手のような鉄の掌のついた棒で、それが艦首をムズと摑むと見る見る軍艦を空中に吊り上げて直立せしめ、海底深く突き入れる。或は艦を摑んだまま、巨人の腕のように、引き寄せては引き廻わし、城壁の下に突き出ている岩に打ちあてて、艦は粉微塵に砕かれてしまった。

まるでお伽噺にある魔法のような話で、危くてとても近寄れない。アルキメデスは、一人コツコツと研究室に、数理の研究をしていたのであるが、シラクサの城には、一つの魂が全体を動かし、且つ治めていたのであった。その魂がアルキメデスであった。

若しシラクサの城内に、敵に内応するものがなかったならば、マルケルス如何に猛なりと雖も、ついにシラクサは陥らなかったかも知れぬ。ただ一人ダミツパスというスパルタ人が、敵に間道を教えたばかりに、この堅城無比のシラクサも、ついに羅馬軍の手に陥ちることになった。

このときアルキメデスは、地上に図を引いて、数学の問題の解決に熱中し、羅馬兵が城内に侵入したことも、シラクサが陥ちたことも、気がつかなかったということである。羅馬の一兵士が、血に染みた刀を提げて、その線内に入って来ると、アルキメデスは徐《しず》かに顧みて、

「これ、線を乱してはならぬぞ。」

この一語を残して、大数学者は刃の下に倒れた。

流石に猛きマルケルスも、高い城塞の上から、眼下に横わる美麗な大市府を瞰下したとき、それがまさに兵刃にかけられるのを、憫んで涙を流したということである。

このシラクサの陥落についで、ハンニバルの心を痛ましめたのは、伊太利《イタリー》内の堅城カプ

アが、羅馬軍のため囲まれたことであった。

ハンニバルは、何とかしてカプア城を救いたいと思ったが、伊太利に入りてより八年、もはや長囲の陣を張らんには食乏しく、大挙して戦わんには兵少く、僅かに若し羅馬を脅かせば、カプア攻囲の軍を牽制して、その難を救うことができようかと、大胆にも軍をかえして、羅馬郊外に陣を敷いたのであった。

その一日《あるひ》のごときは、ハンニバル自ら真ッ先に立ち、僅か二三千のヌミジア騎兵を従えただけで、悠々と羅馬の城壁の下に近づき、

「かねて広言する通りの勇気があるなら、ならば手功《てがら》に討って見よ。」

と言わんばかりに、白眼にして城壁を睨みながら、その周囲を少しく廻ってさえ見せたが、ハンニバルの勇猛を知っている城兵は、天魔の行列をでも見るように、ただ城壁から固唾を吞んで、互に眼を見張るばかり、流石のハンニバルも策の施すところがなかった。

「ハンニバル門外《アド・ポルタス》にあり。」

後世まで、危急逼迫を形容する羅馬の言葉は、このときの羅馬人寒慄《かんりつ》の名残である。

しかし兵を用うる神の如きハンニバルも、兵少く糧乏しきを奈何んせん。無念の涙を吞んで、僅かに近傍の土地を荒し去るのみであった。

顧みれば九歳のとき、羅馬復仇を神前に誓ってより二十八年。そのハンニバルの苦心もかくして水泡に帰するのであるか。

ハスドルバル阿兄《あに》の急に赴く

ハンニバルは、本国カルタゴに援兵を乞うたけれども容れられない。ここが、カルタゴと羅馬《ローマ》との違いである。カルタゴのこの冷淡を思い、さらに羅馬が百戦百敗、幾度か全滅に近い悲運に際会しながら、その度毎に地を蹴って立ち、十年の間この一大英傑に屈しなかったのに思い比べて、若しハンニバルをして羅馬に将たらしめば！　の感に堪えないものがある。

ここにおいて、ハンニバルの頼みとするところのものは、ただ西班牙《イスパニア》にある実弟ハスドルバルの、来り援くるを待つばかりであった。

ハスドルバルも、兄の血をひいて、古今の猛将、愛する兄の急を聞いて、何として黙っていられよう。直ちに西班牙の新カルタゴを出発し、大挙してアルプスを越え、破竹の勢を以て伊太利《イタリー》半島を南下しはじめた。

さア、驚いたのは羅馬の市民、ハンニバル一人だけでも、いい加減手を焼いているのに、いまや兄にも劣らぬ猛将に、その領土を襲われては堪ったものではない。直ちに統領《コンソル》サリナートルに二軍団の兵を与えて、北の方ハスドルバルに備えしめ、いま一人の統領ネロに二軍団を授けて、ハンニバルを守らしめた。

この際、羅馬に最も幸したことは、ハンニバル兄弟の間に、互に消息が通じなかったことであった。ハンニバルは素より、ハスドルバルの来り援くることを疑わなかったが、さて何時、何処で来り会するのか、ただ北天を望んで、弟の来るのを待つのみであった。

一方、兄を思うハスドルバルも、伊太利の地を踏んで南に下ってよりは、一日も早く兄に会いたいというのが、彼の焦心の望みであった。会うことは兎に角として、その消息だけでも知らせ、十年の労苦に疲れた兄の胸襟を、少しでも安んじてあげたい！

ここに心きたる二人のヌミジア騎兵を選んで、兄への書状を授け、地理に詳しい四人のゴール騎兵とともに、出発せしめたのは、まことに愛弟ハスドルバルの赤誠であった。命を受けた六騎は、流石にハスドルバルの使命を辱しめぬものであった。行くべき途はこれ敵地、山を越え野を潜り、昼は伏して夜走り、時には道なき道を辿って、辛うじて敵人の目を忍びながら、やがてはやくもアプリア地方に入った。

「さア、いよいよハンニバル将軍の陣営に達するのも、あと二三日の行程だぞ。」

互いに相警《あいいまし》めながら、なおも途を急ぐうち、嗚呼、天なるかな命なるかな、端なくも敵兵に疑われて捕えられ、敵将ネロの前に曳き出された。

ただ一片の書状である。しかしそれがハンニバルの手に入ったのと、ネロの手に落ちたのとでは、天地もただならざるものがあった。況んやハンニバルは、其処から遠くもない地に陣して、ひそかに弟の身の上に思を走らせていたのだ。

およそ戦陣の間にあって、方略の機密が敵に知られるほど、悲しむべきことはない。若しハンニバルの手にその書状が披かれていたならば、彼は弟の軍と策応して、如何なる驚天動地の活躍が始まったかも知れないのだ。

思えばこのとき、運命の神は、すでにハンニバルを見捨ててしまっていたのだ。

この密書を手に入れたネロも、平凡な大将ではなかった。羅馬軍の危急を知ると同時に、突嗟の決心をもって陣を徹し、一路北を指して急行したのである。

ハンニバルが、弟の来援を覚らないうちに、友将サリナートルの軍と力を併せて、ハスドルバルを撃破しようというのだ。

ハスドルバルの偵察隊は、敵の軍営にわかに色めき立ったのを見て、心はなはだ穏かならざるものがあった。

本陣とも覚しきものが二ケ所に設けられ、そして各々二回の喇叭を吹く！　それは二統領が、着陣した証拠である。

「それでは兄上の軍は、わが救援をもまたで潰滅し、かくは二統領が予《われ》を攻め来るのであるか？」

兄を思うハスドルバルの面色は、急にサッと変った。

この瞬間、はやくも攻め来る敵軍の鬨の声。今はこれまでなりと、ハスドルバルは勇戦したが、何しろ敵は眼にあまる大軍、ついにこの一代の猛将も、乱戦のうちに討死した。

敵将ネロは、直ちに軍を返し、眼をあげてハンニバルの陣営を望んだとき、ひそかに得意の笑を洩すを禁じなかった。

「この首級を敵軍のなかに投げこんで来い。」

そして、わざと二人の捕虜を敵陣に放って、ハスドルバルの戦死と、その軍の全滅を知らしめたのであった。

かかることとは露知らず、今もなお北天を仰いで、援軍の到るのを待ちつつあったハンニバルは、思いもかけず敵の手から、わが前哨の足もとに投げつけられた、弟ハスドルバルの首級を見て、流石の偉傑も思わず天を仰いで太い息を吐くのみであった。

相別れてよりここに十年、所も敵陣を前にした異郷に、相会ったらばこうも語ろう、こうも謀ろうと、楽しみにしていた弟が、まだ一言も利かぬうちに、はやかくも変りはてた姿となろうとは。弟を失った哀傷《かなしみ》とともに、彼の胸を深く剜ったのは、予定の計画がすべて水泡に帰したことであった。

「嗚呼、カルタゴの運命は、汝とともに去ったるぞ。」

声を放って嘆きながら、ハンニバルは、悄々《しょうしょう》として伊太利の南端に去ったのであった。

カルタゴ遂に和を請う

このときに当って、羅馬《ローマ》には始めて、ハンニバルの好敵手が現われた。材武優れて羅馬の全望を担い、シーザーに次ぐといわれる一英傑である。これぞカンネーの敗後、剣を抜いて羅馬軍を励した、かの当時の美少年スキピオである。

さりながらスキピオは、衰えたりと雖もハンニバルの、なお怖るべきを知っていた。窮鼠却って猫を食むということもある。彼はハンニバルとの戦を避けて、急に艦隊を艤装し、一路カルタゴ本国を衝くの挙に出でた。

果してカルタゴは、ハンニバルを本国に呼還した。

ああ、顧みれば九歳にして故郷を出で、腥風惨雨のうちに人となり、一剣を抱いて年の盛りを伊太利《イタリー》の野に過したハンニバルは、いまや四十五歳の老兵士となって、はじめて故郷の土を踏むのであった。三十五年の昔、神壇の前に、羅馬を亡ぼさんと誓ったのも夢か。人跡印せざるアルプスの険を越え、一剣千里を横行し、十有幾年の間、大国民羅馬の心胆を冷したのも今は夢か。志す羅馬の都城を、指呼の間に見ながら、空しく伊太利の地を去るハンニバルの心は、果して何うであったろう。

彼は伊太利の南端に、半生の事業を自ら記した碑を残して、後髪ひかるる思いをしながら、ついに本国カルタゴの人となったのであった。

さりながらハンニバルは、この期に及んでも、まだ少年のとき、神前の誓を忘れなかった。されど顧みれば、カルタゴはすでに国傾き、兵はこれ烏合の衆である。戦って敗れんよりは、むしろ和して他日の雄飛を期せんにはと、ついに意を決してスキピオと会見したのである。

ハンニバルとスキピオの両将は、各々僅かの騎兵を従えてその陣地を発し、かねて定めた両軍の中間の一所に会し、従えて来た騎兵を退けて、互に一人の通弁を傍においたのみで、ここに二人の英雄児は、両国の運命を、ただ一枚の舌によって決せんとしたのだ。

ハンニバルはまず口を開いて、喩《さと》すがごとくにスキピオに言った。

「予《わし》は元来、羅馬人が伊太利以外に、カルタゴ人がリビア以外に、領土を争うことを欲しなかったのである。然るに不幸にして我々は、初めシシリー島のために、後は西班牙《イスパニア》のために争を生じ、ついに国運を賭して相戦うことになったのであるが、いまや我々二人が、神々の助けによって、この敵対を終るため、ここに会見することになったのは、まことに天の配剤と申さねばならぬ。」

するとスキピオは意気軒昂として答えた。

「将軍の仰せ一々御尤である。若し羅馬軍のいまだこのリビアに渡らざる以前、将軍自ら伊太利を去って、そのことを申されたならば、その提言は勿論聴かれたでござろうが、将軍は本意に背いて伊太利を去り、予《われ》は自己の意志をもってリビアにある以上、事情の変っていることを、御了知いただかねばなりませぬ。」

これはハンニバルが、飽くまで対等の講和を結ぼうとするに対し、スキピオは暗に、汝は敗軍の将じゃぞよ。と、主張したもの。その樽俎《そんそ》折衝、流石は国運を双肩に担う二英傑である。

ハンニバルは、スキピオの顔を見て、憐むがごとくに言った。

「スキピオ君、君はいまだ年少気鋭にして、西班牙にもリビアにも、志成らざるはない有様である。しかし運命の神ほど、皮肉なものはない。何時運命が貴君に背を向けるか、人間には判らないものですぞ。……その適例はこの予《わし》じゃ。

予はかつて、羅馬を去る僅か二里足らずのところに陣営を設け、君の生れた市とその住民を何う処分しようかと議を凝らしたこともあったのだ。しかも今は、リビアにあって、カルタゴの存亡を協商しなければならぬ。スキピオ君、それは決して他事《ひとごと》ではござらぬぞ。」

何ぞその声の悲しき、年少スキピオ、それを何と聞いたか、それには答えないで、顧みて他を言った。

「しかし将軍よ、我々は殊に一つの経験をえた。それはカルタゴ人が、一旦和睦を承知しながら、将軍の帰り来るを見るや、掌を翻すがごとくに、平然とその約を破ったことである。かかるカルタゴ人と和を講ずるには、よほど厳重な条件でなければなりませぬ。」

かくして両雄の談判は破裂した。そして両雄は、いよいよザマの一戦に、両国の雌雄を決することとなったのだ。

ああザマの一戦！

かつては神と謳われたハンニバルも、このザマの一戦に、年少スキピオのために破られて、カルタゴの栄華もついに花萎むこととはなったのである。

されど、敗れたるハンニバル果して劣り、勝ったるスキピオ優れたりというべきであるか。いな、それはただ時である、天である、運である。ウェリントン公はウォーターローの一戦に、見事ナポレオンを破ったけれども、何人も彼を、ナポレオン以上の英傑というものはあるまい。

惨烈なる偉傑の最期

ザマの一戦に大勝を得た羅馬《ローマ》は、その後国運隆々として揚った。まず北伊太利《イタリー》のゴール人を追って、アルプス以南の伊太利半島を、悉く羅馬の領土となし、進んではハミルカルの経営せしカルタゴ領西班牙《イスパニア》を奪い、いまや西方には憂うべきものは一つもなかった。東方には瀕死の希臘《ギリシア》諸州あるのみ、やや軍国の面目を保てるマケドニアさえ、羅馬の精兵一たび馬を駆れば、征服されずということはなかった。

ただ一つ、羅馬の枕を高うして眠られぬものがあった。それは衰えたりと雖もカルタゴ。其処にはハンニバルがいる！

「カルタゴは怖るるに足りないが、ハンニバルは怖れねばならないぞ。」

羅馬がそういって怖れたのも無理はない。カルタゴ衰微の極に達したときも、羅馬復仇せざるべからずというハンニバルの初一念だけは、毫も衰えを見せなかったからだ。カルタゴの統領《ショフェチム》に挙げられてよりは、その偉大なる才幹を政治の上に揮い、鋭意カルタゴの復興に努めたのであった。

忽ちにしてカルタゴは活きかえった。制度は改革され、財政は堅固となり、軍隊は士気を恢復して、潑溂たる意気は全市に漲り、何れのときか十万の貔貅《ひきゅう》を叱咤し、再び羅馬の都門を衝くべきか、洋々として春の海のごとき前途を夢みたのである。

このとき突如として羅馬から、カルタゴに使者が立った。

「ハンニバルはカルタゴを使嗾して、羅馬に謀叛を企てていると聞く。直ぐにハンニバルを引渡して頂きたい。さなくば羅馬も決心しなければならぬ。」

ここにおいてハンニバルは、自分の一身のために、難を、折角復興しはじめた国民に及ぼすことを憂えて、一夜ひそかに内城を脱し、祖国を後にして遠く異郷に去ったのであった。

ああ、愛国者国に容れられず、世界に並ぶなき大英雄も、憐れ僅かに身を以て遁るるの已むなきに至ったのである。

この場合に至っても、ハンニバルの胸中には、まだ少年神前の誓が忘れられなかった。

彼は小亜細亜《アジア》のシリアに走って、国王に献策した。

「東西聯合して、強固なる同盟を形成するまでは、決して羅馬と戦端を開いてはなりませぬ。」

王は礼を厚うしてハンニバルを迎え、最高顧問の地位を与えたので、東は希臘マケドニアの国々、東方亜細亜の諸王国を連ね、南は亜弗利加《アフリカ》の諸国を説いて、ここに三大陸に誇る未曾有の一大同盟を作り、一挙して羅馬を衝こうという、雄大無比の謀略を企てたのであった。

然るに何たる不幸ぞ、いまだその策謀の熟せざるうちに、シリアの群臣たちは、異国のハンニバルの声望他を圧するのを嫉んで、巧に国王を説いたので、ハンニバルは斥けられ、ついに彼の雄図も用うることができなかった。

シリアを去ったハンニバルは、それより各地を転々として、なおも再興を計っていたが、最後に身をおいたのはリビッサの地であった。しかも其処に突然現われたのが、羅馬の代官フラミニナスであった。

そのときのハンニバルは、猛鳥のすでに羽翼《つばさ》脱けて、飛ぶことのかなわぬ身であった。流石にハンニバルの後を追求して止まなかった羅馬でさえ、むしろ英雄の末路を憫んで、敢て居所を探そうとさえしなかったのである。然るにフラミニナスは、かつて、

「リビッサの地にハンニバルの骨を埋むべし。」

という託宣を信じて、急にハンニバルの居邸を囲んだ。ハンニバルは、かねてこのことあるを知り、密かに地下に七条の隧道を掘って、脱出の工夫をしてあったのであるが、その出口が悉く羅馬兵のために塞がれているのを知って、かねて片身を離さなかった鴆毒《ちんどく》の杯を執りあげた。

「いざ羅馬人をして、日夜間断なき恐怖を脱しさせてやろう。彼等はその憎むべき一老人の病死を待つべく、あまりに待遠《たえま》しく思っているのじゃろう。」

時にハンニバル六十四歳。四十年の間、大国民羅馬をして、怖るべきは一人ハンニバルのみと憂えしめたる一代の偉傑も、かくしてその生涯を終ったのである。心あるものは英雄の末路に泣かねばならぬ。

不思議なことには、その同じ年、ハンニバル最後の好敵手たりし、かの運命の寵児スキピオも、同じく不遇のうちに病死した。

スキピオ東方を漫遊したるとき、偶然希臘のエフェソス府においてハンニバルに会い、昨《きのう》の仇敵《かたき》も今は友、互いに往事を語ったが、談たまたま世界の英雄のことに及び、スキピオが、

「足下《おんみ》は何人《なんぴと》をもって最大の英雄となすか。」

と問うたとき、ハンニバルは躊躇なく答えたということである。

「アレキサンダー大王である。」

「してその次は？」

「エプルス王ピルスであろうか。」

「それでは第三は？」

と問われたとき、ハンニバルは平然として答えた。

「予《わし》じゃ。」

「しかし足下《あなた》は、予と戦って敗けたではありませぬか。」

「だから第三と言ったのじゃ。勝っていたら、ピルス以上、アレキサンダー以上、世界第一の英雄といわれたであろうよ。」

これ世界英雄談中の一佳話である。

賢者シセロ

君は何処に行ってたのだ

シセロの母は名門の出で、賢婦人の聞えが高かったが、父は漂布者《ぬのざらし》の子で、自分も漂布者をしていたと伝えられる。兎に角シセロという家名は、あまり栄誉ある名ではなかったらしい。それに羅馬《ローマ》では豌豆《えんどう》のことをシセルといい、しかもシセロの鼻の恰好が、豌豆《シセル》に似ていたので、人々は彼のことを『豌豆氏《えんどううじ》』と綽名していた。

シセロが始めて政治界に立とうとしたとき、友人達は、そんな可笑しな名は変えたら何うだと勧めたが、シセロは断乎としてこれに答えた。

「我輩は豌豆氏シセロの名を、スカウリ家、カタウリ家よりも、もっと光栄ある名にしたいと思っているのだ。」

シセロは少年時代から、利発なので有名であった。その才気は卓越して、さながら鶏群のなかの孤鶴のごとく、シセロの入《はい》学っている小学校には、この天才少年を見ようとて、訪ぬる人が絶えなかったということである。

抜群の成績で学校を卒業した後、シセロは有名な雄弁哲学者フィロの講義を聴き、さらに元老院議長スケヴォラについて、法律学を勉強した。

当時の羅馬は、貴族党の首領シルラの専制時代であった。彼が政敵を片ッ端から死刑に処したことは、すでにシーザー伝において述べたが、そのシルラに殺された反対党政治家の嗣子に、ロシウスというものがあった。シルラは彼の父を誅したのみでは慊らず、さらに六十万円もするその邸宅を競売に附して、僅《た》った六百円で落札してしまった。ロシウスがそれに抗議を申込むと、シルラは怒って、彼を父殺しの下手人として告訴した。

そこでロシウスは、方々の弁護士に弁護を頼んでまわったけれども、彼等はシルラの暴戻を怖れて、誰一人その弁護を引受けるものがなかった。そして、ロシウスが最後に飛びこんだのは、年少法律家シセロの懐ろであった。彼はただ一言、

「諾し。」

と叫んで、その依頼に応じ、ついにその訴訟に勝つことを得た。義侠弁護士シセロの名声が、一時に高くなったのは、それ以来であった。

しかし同時にそれは、シセロの身辺を危くする所以でもあった。彼はシルラの難を遁れるため、病気保養という触れこみで、希臘《ギリシア》の雅典《アテネ》に旅行した。尤もそれは満更口実ばかりでもなかった。彼は少年時代から、身は鶴のごとくに痩せ、胃も弱かったので、極めて小

食であった。そのうえ晩おそくでなくては食事をとれないほど肉体の生活力が貧しかった。

雅典におけるシセロは、哲学と雄弁学とを勉強した。殊に身体も運動の結果、見ちがえるほど丈夫になり、音声も錬磨されて、雄渾を極めて来たので、彼はここに敢然、雄弁政治家として起つべく、決心したのであった。

そのうち一世を畏服していたシルラも、ついに死んだ。シセロの友人たちは、しきりに彼の帰国を促して来たので、シセロはいよいよ本国羅馬に、新しき生涯をはじめることとなった。

さてシセロが訣別《わかれ》に臨んで、雅典において試みた希臘語の演説は、非常な成功を収めた。聴衆はみな競って彼の雄弁を讃めたたえた。ただひとつ、シセロの不審に堪えなかったことは、彼の雄弁学の先生アポロニウスだけが、黙然と考えこんで、批評一つしてくれないことであった。

シセロが落胆《がっか》りしてその故を問うと、彼は答えた。

「シセロ君、君の雄弁は実に立派なものであったが、ここに憐むべきは希臘である。昔から修辞学と雄弁術だけは、希臘に遺れる唯一の光栄であると言われていたのに、今はこの誇すら、今日君の手によって、羅馬に奪い去られようとしているのだ。」

かくしてシセロは、洋々たる希望を抱いて、羅馬に帰り来ったのであるが、その彼の元気も、まずデルフィの託宣によって一頓挫を来した。

「汝の天性に従って事をなせ。群民の毀誉によって、汝の生活を導くことなかれ。」

それを苦に病んだのか、シセロは、羅馬に帰ってから後しばらくは、小心翼々として事に当っていた。また彼の演説も、職工や馬丁など、大衆には少しも受けなかった。彼等はシセロを『希臘人』よ『学者先生』よと罵って、少しも彼を尊敬しようとしなかった。しかし、それにも拘らず彼は忽ちにして弁護士界に頭角を現わし、次第に雄弁家シセロの名は高くなった。

シセロは常に、濫に大声疾呼するような演説家を嘲って言った。

「彼等は語ることができないから叫ぶのだ。恰かも跛足が歩けぬによって、馬に乗るようなものである。」

まもなくシセロは、羅馬に大饑饉があったとき、大主計官《クエストル》に任ぜられて、伊太利《イタリー》の穀倉といわれたシシリー島に赴任し、多量の麦を羅馬に送ったのみならず、大いにその統治に成功して、得々と帰路についたのであった。

途中カンパニアで、パッタリ友達に会ったので、彼は昂然としてその友に尋ねた。

「君、羅馬では俺の仕事を何と評判してるかね。」

さながら自《おの》が光栄は、羅馬全都を掩うてでもいるものと、想像しているような口吻《くちぶり》であった。すると意外千万、友達は怪訝な顔をして反問した。

「シセロ、君は一体何処に往ってたのだ。」

ここにおいてシセロは始めて、羅馬は大海のごときものであり、自己のシシリー島における功業のごとき、海中に落つる一滴の水にすぎぬことを知り、かかる大海に功名を馳するの、如何に困難なるかを思うて、しばし茫然たるを得なかった。

彼の功名心、あまりに名声を求むるに汲々として、人気や評判を気にしすぎる性癖は、シセロの一生につきまとった欠点であった。

シセロ統領《コンソル》に選ばる

シセロは国家の政務に熱中しはじめると、胸のなかで秘かに考えたことがあった。

「大工や左官は、死物たる機械や器具を用うるものであるのに、それでもその名と処とは、ちゃんとよく記憶《おぼ》えている。況んや生きた人間を使わねばならぬ政治家が、人々の名や性質を知るように努力しないとは、何という愚劣であろう。」

かくしてシセロは、一生懸命、重立った市民の姓名や住所や、その隣人友人などを覚えるのを、自が務めとなした。だからシセロは、伊太利《イタリー》中、何処を旅行しても、その友人や知人の邸宅田園などを、それぞれ指すことができたということである。

シセロは財産家というほどでもなかったが、その僅かな財産で、質素な紳士的な生活をし、親密な学者たちを招いて、食事を共にするのを、無上の悦楽《たのしみ》としていた。

彼ほど身体を大切にした人も珍らしい。彼が眠っているところを見た人は少ないといわれた。毎朝早く起きて散歩をし、冷水摩擦を行い、時間をきめて運動をした。その結果、元来羸弱《ひよわ》い体質であるにも拘らず、人に倍する活動力を養うことができた。

シセロの家を訪れる人々は、何時でも門前に市をなしていた。その盛況は、その富貴のためにクラッサスに伺候し、その権勢のためにポンペイの御機嫌伺いする人々に、劣らなかったといわれている。シセロは実に、その明智と雄弁によって、この政界の二大勢力に対し、陰然たる一敵国をなしていたのである。

シセロは多くの名士を圧して、奉行《プリートル》の職に選ばれた。また奉行としては、実に古今の名判官であった。彼は正義と廉潔とをもって、一歩も退かなかった。かってマセルという勢力家が、恐喝取財の悪事をもって、奉行職シセロの前に訴えられたことがあった。このマセルという男は、自己の勢力と、後援者クラッサスの富力とを頼みとして、何の判事どもに、何ができるかというような傍若無人の態度を示し、まだ判事が論告中であるのに、プイと家に帰って、すでに無罪放免となった人のように、頭髪を櫛り、美しい長袍を身にまとって、も一度公開場《フォーラム》に出かけようとしたのであった。

そこへ偶然、ヒョイとクラッサスに逢った。

「君、君は法廷で異議なく、有罪と宣告されたよ。」

クラッサスのこの一言に、流石のマセルも蒼白になって家に入り、寝台の上に身を投げると、卒然として死んでしまったということである。

実にや、公正廉直なるシセロにあらずんば、とても下せない判決であったのである。
当時の羅馬《ローマ》においては、依然として貴族と平民とが争っていた。しかるにシセロが統領に選ばれたときだけは、貴族も平民も共に力を協せて彼を助けた。その次第は次の通りである。

そのころ羅馬に、カティリンという暴力団の首領があった。羅馬府内の無頼漢たちは集まって、彼をその首領となし、或る一人の男を犠牲にして、その肉を喰って誓を立てていた。カティリンは多くの不良青年たちに、酒色の快楽を供給し、その一味を勢力の根拠として、羅馬共和国顚覆の一大陰謀を企てたのである。

ポンペイは羅馬を遠くはなれて、ポンタス王、アルメニア王と戦いつつあり、羅馬にはこの主謀者を抑圧するに足る権勢家はなかった。ためにエトルリアは、この暴力団に激発されて、全部羅馬に叛旗を翻えし、アルプス山脈以南のゴール民族も、また大部分羅馬に叛いた。

時に羅馬そのものも、富の不公平なる分配のために、人心ようやく革新を望みつつあった。貴人高官たちは、公観物を設けたり、官職を買ったり、楼閣を建てなどして、奢侈逸楽に耽っていたので、ために市府の富は、ことごとく平民の手に落ちた。実に一指よく国家の基礎を覆すに足る、乱脈の羅馬であった。

この時カティリンが、統領の選挙に立候補したのだ。彼がその政治の最高位を堅城として、これに立て籠ったならば、羅馬は一体何うなるか。流石にこれまで国事なんか、棄てて顧みなかった羅馬の市民たちも、慄然として膚に粟を生ぜざるをえなかった。そしてその危機一髪の刹那に、シセロが擁立せられ、カティリンを排して、シセロは統領に選ばれたのである。

シセロが統領に選ばれたのは、こうしたわけであった。しかし羅馬において、権勢なく富貴なく、ただ学識と雄弁との故をもって、政界の最高峰に上ったものは、シセロをもって始めとした。おそらくはまた終りとしたであろうと思う。

羅馬《ローマ》顚覆の大陰謀団

カティリンの陰謀団は、統領選挙《コンソル》に敗れて、一年ばかりは潜伏していたが、嘗ってシルラの部下にその人ありと聞こえたるマンリアス将軍が、カティリンと気脈を通ずるに及んで、再び息を吹きかえした。そして陽に統領の選挙を争うと称し、実はその混雑にまぎれて、シセロを暗殺しようと、続々羅馬に入って来たのである。

これを逸早く探知したシセロは、選挙日を延ばし、元老院にカティリンを召喚して、その陰謀を吟味したのであった。しかしいざ証拠となると、何うもまだ不充分であったので、カティリンは豪然として言い放った。

「ここに二個《ふたつ》の体があって、一は痩せこけているけれど頭があり、一は肥え太っているけれども頭がない場合、我輩がこの頭のない体に、頭をつけてやろうとするのは、何の不思議もないではないか。」

これは勿論、元老院と人民とを暗示したものである。

いよいよ選挙の当日、シセロは鎧を着て、上流市民に護られながら、選挙場に赴いた。選挙場に入ると、シセロは故意と外衣が滑ったような風をして、下の鎧を群衆に見せたので、人民はシセロに危険が迫っていることを覚り、どやどやとシセロの周囲に集って、彼を護衛した。

かくして統領選挙は無事に終った。カティリンは再び敗れた。

選挙に敗れた陰謀団の一味は、再びエトルリアに集って隊伍を編制し、出戦の準備を整えた。事を挙ぐる日が近づいたからである。

真夜中過ぎに、トン、トン、トン、しきりにシセロの門を叩く音がした。門番が寝ぼけ眼をこすりながら、

「誰じゃ、今ごろ。」と怒鳴ると、

「俺《わし》だ。シセロを起こしてくれ。」

門から覗いてみると、意外にもそれは、かの富豪政治家クラッサスであった。何事かと驚いて飛び起きたシセロに、クラッサスは無言のまま、一通の手紙を渡した。それは無名の密告状。

「カティリンまさに羅馬の名士を悉く虐殺せんとする計画あり。急いで市府を立ち去り給え。危険はすでに御身に迫らんとす。」

他に未開封の書状が一束あった。恐らくは是にも、同様の意味が記されているのであろう。

この密書が元老院に発表されたとき、元老院は時を移さず、兇徒を防遏して、羅馬の安全を計るため、機宜の処置を採る権限を、両統領に一任したのであった。

これから後、シセロが外出するときには、そのたびに数多の市民がこれを護衛したので、公開場《フォーラム》にシセロが入るときには、流石に広き公開場も、シセロの護衛市民で一ぱいになる有様であった。

いよいよ元老院会議が開かれたとき、大胆不敵なるカティリンは、平然として会場に入り来り、豪然として椅子に着いた。しかしこのとき、彼の陰謀の風聞は、すでに全市に拡がっていたので何《ど》の議官も彼の傍に坐るものはなく、カティリンは一人ボッチになってしまった。そして彼が発言しはじめると、議官たちは総立ちになって、彼の演説を妨害したのであった。

このとき突如として起ち上ったシセロ、一語鋭く言い放った。

「元老院議官カティリン君に、羅馬府退去を命じます。」

かくしてカティリンは、ついに羅馬府を退去することになったのであるが、それでも彼はなお三百名の武装兵を率いて、まるで羅馬の大官が出征するときのように、束薪《ファッセーズ》、斧《ふ》鉞《えつ》、軍旗などを僭用し、堂々と羅馬の都門を立去ったのであった。カティリンの豪胆も勿論のことであるが、その陰謀団の勢力が、如何に根強かったかは、これだけでも判る。エトルリアには、二万の兵衆が隊伍を整えて、すでに羅馬に叛旗を掲げていた。いまはすでに公然たる内乱となった。

加うるに羅馬府内には、まだカティリンの一味が遺っていた。その首領のレンテュラスというのは、貴族の出身であったが、これがまた箸にも棒にもかからぬ人間で、嘗つて告発せられたときの如き、裁判官に賄賂を贈ってやっと二名の多数で無罪放免となったという札付の人間である。しかもこのとき、彼は呟いて言ったと伝えられる。

「嗟、二人の裁判官に賄賂をやったのは、無駄な費用をつかったものだ。一名の多数でも、立派に無罪放免になれたんだからなア。」

このレンテュラスの陰謀というのは、その大胆不敵なること、殆んど空前絶後というべきものであった。彼は元老院議官全部を、一人のこらず暗殺しようと決心したのみならず、さらに成るべく多くの名士を殺し、羅馬の市府に火を放って、これを焼き払おうとしたのである。

この計画実行のために定められたのは、サターンの祭の一夜であった。彼等は剣麻と硫黄とを、セテカスの家に隠した。まず百名の実行委員を設け、羅馬の市府を一百区に区分し、各々が一区ずつ分担して、全市一斉に燃えあがる手筈であった。他に一隊の人々は水道を占領して、火を消す水を杜絶しようという計画であった。

実に戦慄すべき陰謀である。

死灰《しかい》より燃えあがる火焔《かえん》

若しこの大陰謀が実行されたならば、かの七つの丘に立ち並ぶ羅馬《ローマ》の市府も、暴虐の君ネロをまつことなくして、一塊の灰と化していたであろう。

しかしこの陰謀団の一味は、こんな大それた計画を企てているくせに、遣り方があんまり軽躁無謀に過ぎた。加わるにシセロは、彼等を法網より脱《のが》すべく、あまりに綿密敏捷であった。羅馬顚覆団の一味は、日夜美人を侍らしては、酒杯を手にして、この重大なる陰謀を相談していたために、忽ちにして、シセロが全市に張っていた密偵の網にひっかかり、一網打尽、警察の手に挙げられたのであった。

再びシセロは、元老院会議を召集し、この一味の吟味に着手した。もはや証拠は歴然、多数の証人も現われて、抜きも差しもならない破目であった。流石剛愎のレンテュラスも、最早覚悟を定めたりけん、自ら奉行の職を辞し、紫辺の官服を脱いで、その罪を待っていた。

元老院会議が散じたときは、日すでに暮れていたが、市民たちは夕闇のなかに群をなして、結果如何にと外に待っていた。シセロが彼等に向って、議事の梗概《あらまし》を報告すると、彼等は喊の声をあげて、シセロを近辺《ちかく》の友人の家まで護衛して行った。

シセロはその晩、自分の家には帰らなかった。その夜は恰かもヴェスタルの処女祭《おとめまつり》の晩で、自分の家には羅馬の婦女《おんな》が大勢集まっており、たとえ夫といえども、男は一切入ることを禁ぜられていたからである。

友人の邸宅の一室で、シセロは室内を行きつもどりつ、彼等叛徒の処分方法を、沈思黙考していた。かかる大逆罪に対する極刑は、死刑であったが、シセロはその罪を断ずるに、あまり苛酷であるという譏りは、成るたけ受けたくないと思った。しかしながら、あまりの寛典を彼等に与えるのは、却《かく》って羅馬の前途を危くする所以ではないだろうか？　シセロが友人の一室に、左《と》やせん右やせんと、しきりに思い惑っていたとき、シセロの邸宅に集っていた婦女たちは、思わず呀ッと叫び声を揚げなくてはならなかった。いままで消えていた祭壇の火が、急にパッと、死灰《はい》のなかから、火焔《ほのお》が燃え上ったからである。

この奇蹟を見て、婦人たちは、しきりにシセロの妻に勧めて言った。

「ね、貴女、すぐシセロ様のところに行って、そう言っておあげなさいよ。何うか国家の利益のために怖れずそのことを御断行なさいまし。シセロ様の光栄と安全を増すために、一つの大きな光をお送りなさいました、ボアの女神は、ってね。」

シセロの心は、その妻の言葉を聞いて、意大いに動いた。

さてその翌日、元老院会議において、これら兇徒の死刑が決定したとき、羅馬の市府の昂憤は、その頂点に達した。まず巨魁レンテュラスを、パラティンの丘から受取って、聖街から公開場の中央を通り、彼を曳いて行ったとき、重立った市民や名士は、悉くシセロの周囲に護衛していた。

数多の陰謀団の残党は、公開場に隊伍を組んで、巨魁領袖なお生きてあらば、取返えしてくれんものと、ひたすら日の暮れるのを待っていた。それを見るとシセロは彼等に対って大声で怒鳴った。

「おうい、みんな殺されてしまったぞ。」

日はすでに暮れたので、シセロは公開場を通って家路に就いた。このとき市民たちは、すでに沈黙を破って、途すがら、処々に群をなしてこれを喝采し、国の救主よ、建設者よと、シセロの名を祝福した。家毎に掲げられた燈火、炬火は燦として、街路《まち》はさながら白昼のようであった。婦女は屋根の上から、シセロが主だった市民に衛られて、堂々と帰って行くのを見送りながら、その燈火を振り照らした。

シセロを衛る市民たちは、途すがら互に語り合った。

「羅馬の富財《とみ》と勢威は、幾多の勇将猛卒の功蹟であることは無論ですが、その富財と勢威を安全にしたのは、まったくシセロの賜ですね。」

カティリンの麾下に集った人々は、羅馬府内におけるレンテュラスの最期を耳にするとともに、カティリンを見棄てて四散し、カティリンその人も、その軍隊とともに滅亡した。かくしてこの前古未曾有の大陰謀事件も、ついに終りを告げたのであった。

シセロの統領《コンソル》の任期が尽きたとき、彼は市民に対する宣誓において曰く、

「我輩はこの国を、危急存亡の際において救い、もって羅馬の天下を全うしたことに自ら満足して、いま統領の職を去るものである。」

シセロの二大欠点

その当時におけるシセロの勢力は、実に隆々たるものであった。然るにその学識と雄弁にも拘らず、彼の性格のうちには、二つの欠点がひそんでいた。ために、彼の没落を早めたのは、惜みてもなお余りあることである。

第一の欠点は、彼が余りに己れの功蹟を、自ら頌讃しすぎたことであった。およそ元老

院といわず、人民会といわず、裁判廷といわず、シセロの往くところとして、カティリンとレンテュラスの話を耳にしないことはなかった。のみならず、シセロの著書や文書には、自讃の言辞が充ち満ちていた。

もとよりシセロに悪意はなかったであろう。しかしいくらシセロの功蹟を認めている人でもそう度々本人の口から同じことを聞かされたのでは、全くもってうんざりせざるをえない。そしてその反感はやがて、ひとたび彼が悲運に際会したとき、彼を扶けてやろうという好意に、冷水をぶっかけるもととなったのである。

第二の欠点は、彼がその弁舌にまかせて、あまりに皮肉や毒舌を弄したことである。勿論これも、シセロに悪意があったわけではないが、しかしそれを聞く人々にとっては、決して愉快なことではなかった。それが彼に対する反感をますます煽った。

シセロが或る事件について弁護し、無罪放免にしてやったムナティウスという男が、そのシセロの恩を裏切ったときに、彼は甚く怒って毒吐いた。

「君が無罪になったのは、君のせいだと思ってるのか。大変な間違いだぞ。あれは我輩の弁論の雲によって、君の罪悪を曖昧にし、判事の目を晦ましてやったからなんだぞ。」

或るときシセロは、クラッサスの功徳を、公開場《フォーラム》の演壇から演説して、大喝采を博したにも拘らず、それから数日経って、今度は公衆の前に、公然彼を攻撃したので、クラッサスがそれを難詰《なじ》るというと、シセロは、

「なアに、前のはちょっと、悪い問題についても、雄弁の力を試して見ようと思ったのさ。」

と放言した。前の例といいこれと言い、実に人を馬鹿にした言い方である。勿論それは、シセロの真意ではなかったであろうが、しかしそれを聞く人に対しては、シセロが単なる弁舌を弄する軽薄漢、というような感を起させる。

シーザーが土地分配法案を元老院に提出したとき、最も古参議官の老ゲリアスが、断然これに反対して、

「かかる法律は、我輩の眼の黒いうちは、断じて通過するを許さない。」

と、大見得を切ったとき、シセロはすかさず切りこんだ。

「諸君、延期にしようではないか。ゲリアス君だって、そうながくは待たせぬだろうから。」

嘗つて一人の青年が、父親に毒饅頭を喰わせたという嫌疑で訴えられ、いまに必《き》っとシセロを罵倒してやるからと、力んでいると、シセロは冷然として言った。

「大いに罵倒してくれ給え。饅頭を喰わされるよりはましだ。」

セキスチアスというもの、シセロ他数名の弁護士を頼んでおきながら、法廷では自分一人で喋舌り立てたので、彼が将に判事から、無罪放免の宣告をうけようとしているとき、シセロは肩を叩いてからかった。

「セキスチアス君、早く一言しないと、明日になれば、誰も君の言葉を聴いてくれる人はなくなるぜ。」

　コッタというのは、無学無識の癖に、自ら法律家を気取ってるので有名な男であった。この男が証人に呼ばれて、

「その件は私、少しも識りませぬ。」

　と頑張ったとき、シセロは皮肉な調子で言った。

「君は我輩が、法律の問題を、君に詢《き》いてると思ったんではないか？」

　この種の鋭利な嘲弄を、法廷や演壇において、相手に浴びせかけるのは、一つの雄弁術にちがいない。しかしながらシセロは、その皮肉の度を過ごし、且つ無用の場合に、無用の皮肉を弄する悪癖があった。それが世人の反感を買ったのである。こういう反感は、水の土を浸すがごときものである。それだけでは人を陥れることはないとしても、一たび人の運命に陥穽が掘られたとき、地盤がゆるんでいるから、ズルズルとその覆没を急にするのである。

　そしてシセロのために、その陥穽を掘ったのは、かの軽薄なる一青年貴族、クロウデアスという人であった。

羅馬《ローマ》を脱走して雅典《アテネ》に至る

諸君はかつてシーザーの妻に懸想し、変装して女人祭に潜りこみ、見露わされてまさに死刑とならんとしたとき、僅かにシーザーの寛仁によって救われた、青年貴族クロウデアスのことを記憶されるであろう。

シーザーがその一挙によって、民衆の人気を博するとともに、クロウデアスの恩人となったことは、前に述べた通りであるが、このときシセロの方が、却ってこの青年貴族の怨みの的となってしまった。何故というに、つまりは例の毒舌の祟りである。あまりに彼が皮肉な口調でもって、その非を攻撃したからである。

クロウデアスというのは、何う考えても、今でいう不良青年という型の人間であったらしい。薄っぺらで、自惚の強い男ではあるが、一種の策略と、度胸と、弁才をもっていた。それを武器として、巧みに政界を泳ぎまわり、漸くにして護民官《トリビューン》に選ばるるや、忽ち三雄同盟――シーザー、ポンペイ、クラッサス――の懐ろのなかに飛びこんだ。そして日頃の怨みを報ゆるはこのときと、巧みに彼等を籠絡して、シセロをこの三雄から離間してしまったのである。

ところへもって来て、果然もちあがったのは、かのレンテュラス陰謀団の処刑問題であった。

「レンテュラスおよびその一党を、正規の審理を経ずして処刑したのは、公明正大なる法律による死刑ではない。」

というのが、その理由である。シセロはついにこの罪を以て告訴された。

思えば不思議な運命である。かつてはシセロを栄光の絶頂にあげたこの事件が、今は彼を破滅に導かんとする陥穽となったのである。しかもこのときシセロは、彼の自讃と毒舌とによって、悉く民衆の好感を失ってしまっている上に、クロウデアスの暗中飛躍のために、三雄同盟のうち一人として、来ってシセロを援《たす》けようというものがないのである。

シセロの服罪は、ほとんど避くべからざるもののごとくに見えた。

このときの彼の態度ほど、世にも憐れに醜きものはなかった。彼は汚い着物に服装を変えて、髪を剪《か》らず鬚を剃らず、哀訴者の形相で、伏して人民の恩典を乞いまわったものである。それを見て、してやったりと北叟笑《ほくそえ》んだのは、クロウデアス。

彼は無頼漢の一群を率いて、到るところの隅々にシセロを待ち受け、悪口雑言をもって、この賢者を侮辱しはじめた。シセロが汚れた着物を着て人民に哀願するのを嘲弄し、汚穢《おわい》や土砂《すな》を投げつけて、彼の哀願を妨げた。

しかしこのときに至っても、羅馬の上流階級の人々は、まだ殆んど全部シセロの味方であった。シセロと同じに服装を変え、髪を振り乱して彼に従い、シセロとともに人民に哀願する青年が、二万を下らなかったと伝えられる。

しかもこの光景は、羅馬市民の間に、何等の憐愍《あわれみ》も、羞恥《はじらい》をも惹起さなかった。シセロはもはや、国を逃亡するか、然らずんば、クロウデアスと戦って雌雄を決するか、その二つに一つを選ばなければならぬ立場に立った。そして彼はその前者の途を選んだ。

シセロが逃亡したことが知れ渡ると、クロウデアスは、シセロ追放の議決を提案し、且つ護民官の職権をもって、

「シセロに火と水とを供給することを禁ず。且つ羅馬より五百哩以内においては、何人もシセロをその家に泊《とめ》るべからず。」

という禁令を発した。そのためシセロは、伊太利《イタリー》の地を去るまで、土を喰い露に眠るの苦難を忍ばなければならなかった。

希臘《ギリシア》においては、シセロは案外の歓待をうけた。希臘の名流にして、彼を訪うものひきもきらず、方々の市府は競って彼を招待し、尊敬をもって彼を待遇した。

にも拘らず、シセロの胸は、怏々として楽まなかった。あたかも失恋したる青年のように、恨めしげに羅馬の空を眺めては、嘆息するばかりであった。実にシセロは、この流浪のうちに、意気全く衰えて、世に哲学者といわれ賢者とよばるる人も、鈍すればかくの如きか、と、いぶからるるほどであった。

幸にしてその間に、羅馬の政情は一変した。軽薄才子クロウデアスが、ようやく馬脚を

露わして、失脚したからである。

シセロは追放されてより十六ケ月にして、はじめて再び郷国の土を踏んだ。その歓迎の盛であったことは、シセロ自らが、

「伊太利全土は予《よ》をその背《せなか》に乗せて羅馬に送った。」

と記しているのでも判る。いや、それでもまだ、その盛況を描き尽さないほどであった。

キリキアに一頭の豹なし

羅馬《ローマ》に帰り来ったるシセロは、まもなくキリキアの総督に任ぜられて、一万二千の歩兵と二千六百の騎兵を率いて出征した。そして一兵をも血ぬらずして、その使命を全うすることができたのであった。すなわち、羅馬がパルテアに敗れ、加うるにシリアに叛乱が起ったのに乗じて、キリキア人が叛を謀ろうとしていると聞き、シセロは自らキリキアに乗りこみ、彼一流の仁政を施して、彼等の謀叛を未然に防いだのである。

彼は王侯の贈物を、一つも受納しなかった。公の饗宴の費を削減し、その代りに、自分の邸宅には学者や美術家を招いて、鄭重にこれを接待《もてな》した。シセロの邸宅には門番を置かなかった。シセロがその配下をして鞭たしめたことは一度もなかった。怒って他《ひと》を侮辱す

るような言辞を発したこともなかった。要するに彼はキリキアを化するに仁を以てし、キリキア人を服するに徳を以てしたのである。

時にセリアスというもの、羅馬で公衆の観覧に供したいからとて、数頭の豹を送ってくれと言ってよこしたとき、シセロは返答してやった。

「キリキアには、もう一頭の豹もいなくなってしまった。国内よく治まって、武を用うるに処なく、青年たちは、わずかに豹を猟《と》って髀肉の嘆を洩らしているので、この動物は、みんなカリアに逃げてしまったからだ。」

しかしキリキアから帰ったシセロは、豹よりも怖ろしい、波荒き政界の事情を、目のあたり見なければならなかった。シーザーとポンペイの争覇時代の幕が、ようやく揚っていたからである。

羅馬の元老院は、シセロに凱旋式を行わしめようと議決したが、シセロはそれを辞った。

「若しシーザーが、幸いにして、ポンペイと和解《なかなお》りしてくれたらば、予《わし》もシーザーの後塵を拝して、凱旋式に加わろう。」

そして彼は、密かにシーザーとポンペイとの和解《わかい》に、力を尽したのであったけれども、高鳴る二つの潮は、ついに相衝たずにはいなかった。シーザーはルビコンを渡り、ポンペイは羅馬を去ったのである。

そのときシセロは大いに、その向背に迷った。

「ポンペイはシーザーを討つべき美名をもっている。しかしシーザーは、事を処するや敏活にして、自己とその味方の利益を確保する途を知っている。だから、誰を避けて走るべきかは判っても、誰に走って味方すべきかは判らない。」

その実シセロの心は、ややシーザーに傾いていたらしい。そこにシーザーの友人トレバチウスの書面《てがみ》が届いた。

「シーザー殿は、足下が、わが党に与せらるることを欲していられる。しかし若し足下が、今は年老いて、もうこんな政争に仲間入りするのは嫌だと思われるならば、希臘《ギリシア》に去って、超然と余生を送られるのもよかろう。」

これはシーザーの親切から、こう言ってよこしたであろうと思われる。しかるにシセロは、それを一つの侮辱ととった。そしてシーザーが、自分で手紙を書かずに、他をしてこんなことを言って寄越したのに、ムッとむかっ腹を立てた。

「我輩はこれまでの政治的生命を恥しめるようなことを断じてすることはできない。」

そして彼はポンペイの陣営に走った。

しかしポンペイの軍においても、シセロは悶々の情をやるところがなかった。毎日陣営をぶらついては、例の毒舌をふるって、その不満を洩らしていた。

かのファッサリアの戦には、シセロは健康が勝れないといって出陣しなかった。戦敗れてポンペイが逃走した後、シセロはプルンドシアムにシーザーの来るを待っていた。彼は万人環視の前で、自分の敵であり、且つ戦勝者であるシーザーの、機嫌気褄をとらねばならぬ不面目を思うと、腹のなかで赤面しなければならなかった。

　ところが意外にも、シーザーはシセロが、歓迎者の群に先立って、ひとり進んで来るのを見付けると、急いで馬から飛び降りて彼を迎え、相抱いて懇ろな挨拶をした。そして二人限りで、数間のあいだ、親しそうに話しながら歩いたので、シセロは何等卑屈なことを言う必要がなかった。

　いかにもシーザーらしいやり方である。

　羅馬がシーザーの時代となった後、リガリアスというものが、シーザーに叛いたという理由で告発されたとき、シセロはその弁護を引き受けた。シーザーは笑って言うよう、

「久しくシセロの雄弁を聴かなかったが、今日は一つ、それを聴くのも一興だろう。リガリアスは我輩の敵であるばかりか、実に許すべからざる悪人である。俺《わし》はそれをよく知っている。いかに雄弁を揮っても、それだけは何うすることもできまい。」

　ところが一たびシセロが雄弁を振いはじめるや、シーザーの面色には、ありありと感動の色が現われた。実に彼の雄弁は、雲の峰を出ずるがごとく、悲痛慷慨の気に満ちて、聴く者に思わず吐息をつかせるほどであった。やがてシセロが、一段と荘重な調子をもって、かのファッサリアの大戦に論じ及ぶや、シーザー思わずブルブルと身を慄わして、そ

の手に持った文書を、ハタと取り落とした。

かくして天下無敵の戦勝者も、シセロの雄弁には敵せず、リガリアスを放免せよと叫んだのであった。

そのうち羅馬は、終身の大総統《ジクテーター》シーザーの下に、名は共和国とはいいながら、事実は王国となってしまったので、シセロは政治界を引退し、帷を垂れて、青年子弟に哲学を教授することになった。しかしそれらの青年は、おおく上流社会の人々であったので、その勢力により、シセロの権威は、陰然として羅馬に偉大なる力を振っていた。

若しこのままにして終ったならば、シセロはついに賢者の名を完うして、世を去ることができたであろう。しかしながら、波瀾重畳の政情は、ついにシセロにそれを許さなかった。卒然としてシーザーは議事堂に暗殺され、アントニー起ってブルータスは走り、其処に天才青年オクタヴィアス帰り来るに及んで、羅馬の政界は走馬燈のように廻転した。

その手と首を演壇に曝して

シセロはオクタヴィアスについては、不思議な記憶をもっていた。

まだポンペイもシーザーも在世中のことである。シセロは不思議な夢を見た。夢のなかで、シセロは、元老議官たちの子供を、議事堂に呼び集めていた。それはジュピターの神が、将来羅馬《ローマ》の皇帝たるべきものを選ばせ給うというのであった。市民たちは熱心に神殿のまわりに群り、子供は紫辺の衣を着て黙って坐っていた。神殿の扉が開くと、一人々々起って、順番にジュピターの神の前を通り過ぎたが、やがて一人の少年が通りかかると、神はその手をこれに差しのべて宣うた。

「羅馬人《びと》よ、この少年こそ、汝等の王たるべき人であるぞよ。彼は天下を統一して、内乱に終りをつげしめるであろう。」

ハッと思って眼が覚めた。しかしこの夢は、シセロの頭に深い印象をのこしたものと見えて、よくその少年の顔を覚えていた。ところがその翌日、カンパス・マルチアスの野に往ったところ、沢山の少年たちが、運動から帰って来るのに往き逢った。その先登の少年こそ、夢のなかの少年ではないか。

「おや。」

と思って、その少年に、両親の名を聞くと、これぞシーザーの姪の子、オクタヴィアスであったのだ。

こういう記憶があったので、マーセラスに伴われて、オクタヴィアスがシセロを訪ねて来たとき、両人の提携は直ちに成立した。かくして老いたるシセロは、その元老院および人民の間における政治的勢力と、自らの雄弁の力とをもって、若きオクタヴィアスを助け、その代りオクタヴィアスは、その富力と武力をもって、シセロを保護することになったのであった。

オクタヴィアスの野心は、まず羅馬の統領《コンソル》となるにあった。しかし統領たるべく、あまりに彼は年少であり、(そのとき彼は二十歳であった) また人民の信望も不足していた。それを覚った彼は、ひそかに友人をシセロのところに遣って、彼を説かしめた。

「いまオクタヴィアスと並んで統領にお成りになれば、万事貴君《あなた》の意のごとくなるではありませんか。彼はまだ年少で、経験も乏しいのでありますから、何うかその栄誉だけを与えてやって下さい。その代りに貴君《きくん》が実権をお握りになれば、それで公平というものでしょう。」

かくしてオクタヴィアスは、シセロの信望を利用して、並んで統領となったのであるが、いずくんぞ知らん、実権を握るものは、シセロにあらずして彼であった。

すでにしてオクタヴィアスは、ブルータス・カシアスの聯盟と対抗する必要上、アントニーおよびレピダスと握手するや、まず最初の血祭にあぐべきもの二百名以上を、三人の間に協定しなければならなかった。そのときアントニーは、

「まずシセロを、殺すべきものの劈頭におくのでなければ、我輩は他の何等の条件にも、服することはできない。」

と主張し、レピダスもまたそれに与した。これに対しては、オクタヴィアスが懸命に反対したけれども、アントニーもまた頑強であった。そして三日間、シセロのことを争った

揚句、オクタヴィアスはついに屈しなければならなかった。すなわちオクタヴィアスはシセロを犠牲とし、レピダスは兄のパウラスを、アントニーは母方の伯父ルシアスを、犠牲とするという条件であった。

　シセロはそれを聞いて、弟のクィンタスと一緒に、ブルータスの軍に投ずべく、身をもって羅馬を逃れた。ガエタの海岸まで落ちのびたとき、その傍のアポロの社から、一群の烏が、大きな声をたてて、シセロの船の方へと飛んで行った。そして烏の群は、帆柱の左右にとまって、或いは啼き、或は索《つな》の端を喰った。

　シセロが上陸して家に入り、横臥して休んでいると、烏は寝室の窓にとまって、訴うるがごとく、哀しむがごとく、頻りに啞々と啼いた。あまつさえその一羽は、寝室のなかに入って、シセロが顔を掩っている衣《きれ》を、嘴で引き去ろうとした。

　それを見て家僕たちは、自ら心を責めて、溜息を洩らした。

「ああこの偉大なる人物が、罪なくして殺されようとすればこそ、鳥獣までが憂いの色を現わし、かくも御主人を援けようとするのであろう。況んやわれら人間が、何うして主人の殺されるのを、安閑と見ていられよう。」

　そしてシセロを無理やりに駕籠に乗せて、海の方へと舁《かつ》いで行った。

　しかしそのときはもう遅かった。刺客等は背後に迫っていたのだ。

　シセロは刺客たちが、樹蔭の路に窺っているのを見ると、僕たちに命じて駕籠を土におろさせた。そして例の通り、左の手で顎を撫でながら、じっと刺客の顔を眺めた。その身は塵埃《ちり》をかぶり、髭も髪も蓬々として剃らず剪《き》らず、その顔は憂愁《うれい》にやつれていたので、流石の刺客たちも、思わず顔をそむけた。

そのときシセロは、駕籠のなかから頸をさしのべたので、ヘレンニアスは刃を振って、パッと首を地におとした。

シセロの首と手とが、アントニーの許に届いたとき、彼は叫んで言った。

「さア、これで殺戮者名簿はお終いにしてもいいぞ。」

そしてその首と手とを、演壇の上に曝させた。その演壇こそは、シセロが雄弁をふるって、有名なアントニー攻撃の大演説をしたところであり、その手は、その演説の草稿『フィリピク』を書いた手であるからだ。

その後アントニーは、オクタヴィアスのために攻め亡ぼされ、埃及《エジプト》に非業の死を遂げた。そして、オクタヴィアスは、シセロの子を抜擢して、自己とともに羅馬の統領とならしめた。聊か生前つれなかりし、亡き賢者の霊を、慰めるつもりであったのであろう。

プルターク　略年譜

紀元四五年頃

ローマ帝国が全盛期を迎えようとする一世紀中ごろ、ギリシア中部ボイオティア地方の町カイロネイアに名家の子として生まれる。家族構成は明らかになっておらず両親の名も定かではない。母親に関しては作品中に言及が全くみられないことから、早くに死別していたという説もある。その他には、祖父と二人の兄弟がいたとみられている。

カイロネイアの町は、古く紀元前四世紀、新興マケドニアの攻撃に負けじとアテナイ・ボイオティア連合軍が蜂起し戦うも、大敗を喫したという歴史的土地でもある。

六〇—七五年頃（一五—三〇歳頃）

十代後半、アテナイに赴きプラトン哲学の研究者アンモニオスに師事。哲学の基礎として施された数学的訓練を通じ学問への関心を深め、やがてアンモニオスも教鞭をとるアカデメイアに入門する。そこではプラトン哲学の研究はもちろん、聖地デルフォイに同行し神学的議論にも参加するなど、生涯の糧となる経験を積む。二十代の頃、結婚し子供を得るが何人かは幼くして亡くしている。

アカデメイアでの研究を終えてカイロネイアに戻ると、官職を与えられ、それを機に政治の世界にも関わりを持つようになる。

七五―一〇〇年頃（三〇―五五歳頃）
幾度かローマに滞在し、公的な職務を通じて、トラヤヌスやハドリアヌスなど多くの政治家や有力者、知識人と親しくなる一方、哲学の講義や議論など学問の教授活動を行う。訪れる先々で尊敬や友情で結ばれた人間関係を築き、ギリシア文化の中心都市アテナイでは市民権も与えられるほど歓迎されたプルタークだったが、都市に留まり出世・名声を追いかけることには関心がなく、故郷カイロネイアでの生活を大切にしていた。町の人々はことあるごとにプルタークを訪れ、彼の話を聞いたという。

一〇〇―一二〇年頃（五五―七五歳頃）
デルフォイの神官に任ぜられ、最晩年まで職務にあたる。この地からは後年、彼を顕彰する碑文が出土している。また、作品の執筆は晩年まで続いたと考えられている。

一二〇年頃（七五歳頃）
没年は定かではないが、おおよそこの頃に亡くなったものと考えられている。
彼の死後、残された膨大な著作の目録が作成される。それらは、歴史的な英雄を対比的に描いた「対比列伝」と、倫理学的論文・随想録的内容の「倫理論集（モラリア）」とに大別され今に伝えられている。ただし現存するのはこの目録の半数にも満たない。

参考資料
村川堅太郎他訳『世界文学全集5』筑摩書房　一九六七年
河部利夫、保坂栄一編『新版世界人名辞典　西洋編〈増補版〉』東京堂出版　一九九三年
戸塚七郎訳『モラリア14』京都大学学術出版会　一九九七年

（作成・中村伸二）

年譜

澤田 謙

一八九四年（明治二七年）

三月六日、鳥取県岩井郡浦富村（現・岩美郡岩美町浦富）に、父・澤田十太郎、母・たまの二男として生まれる。後年日本の外交史や経済史に名を残す澤田節蔵・廉三・退蔵の三兄弟は親戚筋にあたる。

一九〇四年（明治三七年）　一〇歳

浦富尋常小学校を卒業。その後、鳥取県立第一中学校へ進学。当時は生徒による教員排斥のストライキが頻繁に行われていたらしく、同窓会発行の回想録などには、綱紀粛正を掲げる校長を排斥しようと「ストライキ」を率先する若き日の姿が描かれている。

一九一二年（明治四五年・大正元年）　一八歳

鳥取県立第一中学校から東京府立第一中学校を経て、この年九月、第一高等学校に入学。当時の校長新渡戸稲造に心酔。弁論部で弁舌を磨く。

一九一五年（大正四年）　二一歳

七月、第一高等学校大学予科を卒業。九月、東京帝国大学法科大学に入学。

一九一八年（大正七年）　二四歳

東京帝国大学法科大学政治学科を銀時計拝受という優秀な成績で卒業。実業家を志し、生糸貿易で財を成した一大総合商社「茂木合名会社」に入社。

一九二〇年（大正九年）　二六歳
第一次世界大戦後の不況下、輸出不振から六月、勤務先の茂木合名会社が経営破綻。職を失うも外務省嘱託となり、国際連盟事務局の運営を担当。

一九二二年（大正一一年）　二八歳
一〇月、新時代の国際社会について論じた「国際政治の革命」（巌松堂書店）を刊行。この頃から政治・社会系論文の発表が始まる。

一九二三年（大正一二年）　二九歳
三月、前年に続き巌松堂書店から「国際連盟概論」が刊行。四月、イギリスの社会学者ハーバード・スペンサーの著作を翻訳した「第一原理（上）」（而立社）刊行（下巻は五月）。一二月、米国の政治学者チャールズ・A・ビーアド（東京市政調査会顧問）による調査報告書「東京市政論」の刊行に関わる（発行兼編集者である東京市政調査会の代表者として奥付に記されている）。

一九二四年（大正一三年）　三〇歳
四月、「ロバアト・オウエンより労働内閣までの英国労働史」（大同洋行出版部）刊行。

一九二六年（大正一五年・昭和元年）　三二歳
二月、「公民講座」（実業同志会市民講座部）にて「時事解説」を連載開始、一九二九年まで続く。四月、神田ＹＭＣＡで東京学生消費組合の創立発起人会。物価高騰下での学生の負担低減を目的にした購買組合の創立に、社会運動家賀川豊彦らと参画し理事を務める。一一月、エッセイ集「弗《ドル》でない男」（人文会出版部）。政治の道と文筆の道の間で進路を迷いつつも政治を志す当時の心情が「前途を望みつつ勇ましくまた懸命に、政治革新の一路を歩みたい」と序文に綴られている。

一九二七年（昭和二年）　三三歳
三月、「現代世界の政治」（新政社）、四月「国際聯盟新論」（巌松堂書店）、八月「現代日本論」（講談社）と論文の刊行が続く。一二月には、「自由主義」の項を執筆した「大思想エンサイクロペヂア19」（春秋社）が刊行。
一九二八年（昭和三年）三四歳
一月、初の伝記作品「ムッソリニ伝」（講談社）を刊行。折からのムッソリーニ人気で売れ行き好調、雑誌専門店でも扱った最初の書籍となる。二月、普通選挙法に基づく日本最初の衆議院議員選挙に群馬県二区から立候補するが惜しくも落選。その後「雄弁」「少年倶楽部」「少女倶楽部」（講談社）などへの伝記・訓話の執筆が徐々に増えていく。一方、「公民講座」の「時事解説」も並行して担当が続く。
一九二九年（昭和四年）三五歳
六月、「後藤新平一代記」、九月、「労働宰相マクドナルド」（平凡社）。一〇月、講談社から「エヂソン伝」刊行。この頃から終戦前後まで、「少年倶楽部」や「少女倶楽部」で長期に亘り執筆を続ける。「利助の発奮」「露国旗艦の最後」「日本はどうなるか」「偉くなる人辛抱する人」（「少年倶楽部」）、「皇帝と奴隷」「リンカーンの髭」「英国の女大臣」（「少女倶楽部」）など。
一九三〇年（昭和五年）三六歳
一月、「モルガン」（萬里閣書房）を刊行。三月、帝政ローマ時代ギリシアの哲人・政治家プルタルコスの著作「対比列伝」を基にした古代の英雄列伝「少年プリューターク英雄伝」（講談社）を刊行。八月から「少年倶楽部」に「君達の年頃に偉人は何をしてゐたか」を三号連続掲載。
一九三一年（昭和六年）三七歳
「文藝春秋」「サラリーマン」など大人向け雑誌への時事評論が増える一方、五月、ラジオ放送受信児童向け読本「コドモノテキスト」（日本放送協会関東支部）に「汽車を発明したスチブンソン」が採用される。九月、「世界十傑伝」（講談社）を刊行。

一九三二年（昭和七年）　三八歳
二月、「北條時宗と日蓮」（地踏社）刊行。三月、「解散から総選挙まで」（「少年倶楽部」）、五〜六月、「ヒトラー伝」（「日本国民」日本国民社）掲載。
一九三三年（昭和八年）　三九歳
新たに「幼年倶楽部」（講談社）でも執筆が始まる。「貧しい家に生まれてえらくなった人々」「ふまれた麦」「ビスマルクのどきよう」など。「少女倶楽部」ではナポレオンを題材にした「戦車に図書館」ほかを執筆。五月、ドイツ、アメリカ、イタリア、ソ連、イギリスの政治状況を綴った「独裁期来！」（千倉書房）を刊行。
一九三四年（昭和九年）　四〇歳
七月、「ヒットラー伝」（講談社）刊行。雑誌では、「いさましいネルソン」（「幼年倶楽部」）、「火薬庫上の参謀」「頬かむりの武士（福沢諭吉）」（「少女倶楽部」）など。
一九三六年（昭和一一年）　四二歳
九月まで雑誌への執筆が続く。五月、「白羽二重の襦袢（勝海舟）」（「少女倶楽部」）、八月、「学びたい偉人の心がけ」「偉人のここを学べ」、九月、「一万円のバイオリン」（「少年倶楽部」）。一一月、「広田弘毅伝」（歴代総理大臣伝記刊行会）を刊行。一二月、「新生活の書」（東亜書房）を刊行。
一九三七年（昭和一二年）　四三歳
六月、「旧宅保存紀念—後藤新平小伝」を澤田自らが発行人となって刊行する。澤田は後藤新平が内務大臣の頃に秘書官を務めていたとも伝えられている。七月、「未開境蛮地探検記」（講談社）。その他、「幼年倶楽部」「少女倶楽部」への記事執筆。
一九三八年（昭和一三年）　四四歳
年頭から「少年倶楽部」への掲載が続く。「偉くなる人は油断をしない」「偉くなる人は情に厚い」「偉くなる人は失敗を生かす」ほか。五月一一日、鶴見祐輔らによって設立された国策研究機関「太平洋協会」の発会式に協会員として出席。後に同協会の広報部長を務めるようになる。

一九三九年（昭和一四年）四五歳

この年の前半は、児童向け雑誌への掲載が続く。「まごころは勝つ」「これぞ正義日本の進む道」（「少年倶楽部」）、「白川大将」（「幼年倶楽部」）、「フランコ将軍」（「少女倶楽部」）など。七月、「太平洋資源論」（高山書院）刊行。これより終戦まで「逓信協会雑誌」（逓信協会）「興亜」（大日本興亜同盟）「政界往来」（政界往来社）など、政治系雑誌への執筆が主となる。一二月、「汪兆銘―叙伝」（春秋社）を刊行。

一九四〇年（昭和一五年）四六歳

「逓信協会雑誌」への執筆が三本。『「無電の父」マルコニー』「蘭印で拾った話」「ベルの生涯」。その他には太平洋協会や移民問題研究会の雑誌へ執筆。七月、「大南洋」（豊文書院）刊行。一二月、伝記「伊藤博文」（講談社「偉人伝文庫」）刊行。

一九四一年（昭和一六年）四七歳

四月、鶴見祐輔との共著「太平洋上の日米問題」（青年書房）刊行。六月、「コンタイ・ムアンタイ―泰国の人と土」（愛国新聞社出版部）刊行。

一九四二年（昭和一七年）四八歳

五月、「山田長政と南進先駆者」（潮文閣）。九月、「我等が太平洋」（金星堂）刊行。その他、雑誌「青年と教育」（咸武堂）、「少年倶楽部」「幼年倶楽部」、「宣伝」（日本電報通信社）、「興亜」（大日本興亜同盟）などへ記事を執筆。

一九四三年（昭和一八年）四九歳

四月、「宝庫ミンダナオ」（六興商会出版部）。七月、「後藤新平伝」（講談社）。その他、「同盟グラフ」（同盟通信社）、「逓信協会雑誌」への記事を執筆。

一九四四年（昭和一九年）　五〇歳

一月、「山本元師伝」（拓南社）。一二月、「山岡鉄舟」（六興出版部）刊行。

一九四五年（昭和二〇年）　五一歳

終戦。GHQの占領政策に基づき、戦時中の太平洋協会での活動・執筆等が原因で公職追放の対象者とされた時期もあったが、新しい世代の教育に力を注ぐべく、学習雑誌や単行本を主な舞台として、少年少女向けの偉人伝を数多く執筆していくことになる。

一九四七年（昭和二二年）　五三歳

三月、札幌講談社より「発明ものがたり―田熊常吉の苦心」を刊行。田熊常吉は澤田と同郷の鳥取県出身で、初の純国産式ボイラーといわれる「タクマ式ボイラー」の発明者である。八月、「フランクリン伝」（弘学社）刊行。

一九四八年（昭和二三年）　五四歳

この年から伝記作品の刊行が増えていく。九月、「盲・聾・唖の聖女―ヘレン・ケラー」（家政教育協会）、「亡命の予言者―マチニの生涯と思想」（政治教育協会）。一〇月、「発明王―エヂソン」「人類の恩人―キュリー夫人」「二宮尊徳（天）」（技報堂）、「デューイ」（刑務協会）。一一月、「二宮尊徳（地）」（技報堂）。

一九四九年（昭和二四年）　五五歳

二月、「パストウル伝」、三月、「事業王―フォード」（ともに弘学社）。四月、偕成社より「野球王―ベーブ・ルース」が刊行。これを皮きりに、複数の著者による作品が偕成社の伝記シリーズとして刊行され、それらはのちに「偉人物語文庫」の銘が打たれた一大作品群となる。五月、「奴隷解放の父―リンカーン」、九月、「熱と意気の人―福沢諭吉」、一二月、「大発明王―エジソン」（偕成社）。同月、さらに世界社からも「ノーベル賞にかがやく―湯川秀樹博士」を刊行するなど執筆に拍車がかかる。雑誌では一一月より「夫婦生活」（夫婦生活社）で「東西夫婦鏡」シリーズの連載が開始（全五回）。一一月、「ルーズヴェルト夫妻と後藤新平夫妻」、一二月、「北里柴三郎夫妻とベーブ・ルース夫妻」。

一九五〇年（昭和二五年）　五六歳

前年に引き続き「夫婦生活」で「東西夫婦鏡」シリーズの連載。一月、「福沢諭吉夫妻とカーネギー夫妻」、二月、「木村名人夫妻とエヂソン夫妻」、三月、「野口英世夫妻と小泉八雲夫妻」。四月、新たに「小学五年生」（小学館）で伝記「密林の天使」の連載が始まる（全四回）。同月、世界社からは「世界文化の偉人―ノーベル物語」刊行。偕成社の「偉人物語文庫」も刊行が続く。六月、「奇蹟の聖女―ヘレン・ケラー」、七月、「英傑群像―プルターク英雄伝」、一〇月、「インドの聖雄―ガンジー」、一二月、「世紀の科学者―アインスタイン」（偕成社）。

一九五一年（昭和二六年）　五七歳

三月、「自由独立の父―ワシントン」、四月、「世界にほこる―湯川秀樹」（偕成社）を刊行。同月、学習研究社の雑誌二誌での連載が始まる。「小学四年の学習」では「福沢諭吉」、「小学六年の学習」では「巨人に涙あり」を、ともに全六回（八月より「四年の学習」「六年の学習」と、それぞれ誌名変更）の連載。六月、澤田の初の絵本「講談社の絵本―エジソン」を刊行。同月、「世界文化の恩人―ノーベル」（偕成社）刊行。八月、「世界の自動車王―フォード」（偕成社）刊行。一二月、「少年はつめい王―エジソン」を「三年の学習」に連載開始（全八回。翌年四月からは「四年の学習」に移行）。

一九五二年（昭和二七年）　五八歳

学習研究社の雑誌数誌での掲載が続く他方、偕成社「偉人物語文庫」の刊行が続く。一月、「自由の太陽―フランクリン」、三月、「世界の真珠王―御木本幸吉」「維新の建設者―伊藤博文」、五月、「科学の王者―ニュートン」、七月、「智と肚の人―勝海舟」、九月、「アジアの太陽―ネール」（偕成社）。

一九五三年（昭和二八年）五九歳

一月、「中学生の友」（小学館）では「偉人小説―海の英雄」（全一二回）を、「三年の学習」では「クリミアの天使」（全五回）を連載開始（四月からは「四年の学習」に移行）。五月、「救世の科学者―パスツール」、六月、「昇る巨星―アイゼンハワー」、一〇月、「日本医学の偉人―北里柴三郎」、一二月、「機械文明の先駆者―ワット」（偕成社）。

一九五四年（昭和二九年）六〇歳

偕成社「偉人物語文庫」の刊行が続く。四月、「海の英雄―キャプテンクック」「世界的発明家―高峰譲吉」、五月、「アジアの風雲児―ジンギスカン」、六月、「沙漠の予言者―マホメット」、一〇月「明治文化の先達―大隈重信」（偕成社）。

一九五五年（昭和三〇年）六一歳

四月、「中学生の友」（小学館）にてインド初代首相ネールを題材に「偉人物語―光は東方より」を連載開始。偕成社からは五月、「明治大正昭和名婦伝」（「偉人物語文庫」）刊行。六月には同社の新シリーズ「世界探検全集」の作品として「暗黒大陸探検」、七月は「魔の極地征服」を発表。同月、信友社からは「自由か死か―リンカーンは生きている」が刊行されている。

一九五六年（昭和三一年）六二歳

学習研究社「中学コース」「高校コース」両誌でも連載が始まる。この連載はこの後断続的ではあるがおよそ五年ほど継続する。六月、「熱と愛の巨人―野口英世」（偕成社）を刊行。

一九五八年（昭和三三年）六四歳

一月、偕成社の新たな幼児向けシリーズ「児童伝記全集」の一冊として、「ものがたり―コロンブス」を刊行。この年、学習研究社「中学コース」において、毎号テーマに添って複数の偉人を取り上げて描く「伝記特集」シリーズの連載が続く。取り上げられた人物は、フェノロサ、シーボルト、ハーン（二月）、リンドバーグ、ベーブ・ルース、ヒラリー（三月）、シューマン夫妻とブラームス、リストとショパン、ロシア五人組（四月）、岡倉天心と横山大観、マルチン・ルター、ガリレオ・ガリレイ、メンデル、ソクラテス（五月）、孫文、ガンジー、ナセル（七月）、シーボルトと高野長英、フェノロサと狩野芳崖、コッホと北里柴三郎（一〇月）など多士済々である。この手法は翌年以降、同社の「高校コース」に受け継がれていく。

一九五九年（昭和三四年）　六五歳

「高校コース」にて執筆。七月、「永井荷風の一生」、八月、「キューバ革命に成功したフィデル・カストロ」、一〇月、「世界政治を動かす五人の男」（アイゼンハウアー、フルシチョフ、ネール、ハロルド・マクミラン、コンラート・アデナウアー）、一一月、「新世界を発見した五人の男」（張騫《ちょうけん》、マルコ・ポーロ、バスコ・ダ・ガマ、コロンブス、マゼラン）。

一九六〇年（昭和三五年）　六六歳

「高校コース」の連載が三月まで続く。一月、「科学の殿堂に咲いた友情」、二月、「民族独立の悲願を達成した五人の指導者」（スカルノ、ナセル、エンクルマ、カセム、ブルギバ）、三月、「二十世紀芸術をになう五人の巨匠」（ピカソ、パブロ・カザルス、ル・コルビジェ、ヘミングウェイ、チャップリン）。四月、伝記「福沢諭吉―近代日本の先覚者」を刊行。この頃、財団法人尾崎行雄記念財団の常務理事に就任している。日本の議会政治を憂い海外に学ぶことを主眼として企画された同財団内の新機関「世界議会政治研究会」の設立に際し、九月一二日の発起人会、並びに同月二二日の発会式に出席。一〇月、伝記「魅力ある怪物―フルシチョフ」（日本週報社）を刊行。

一九六一年（昭和三六年）六七歳

六月、「世界議会政治研究会」の機関誌「世界と議会」が発刊、論文を寄稿する。同月、「アメリカ民主主義の新段階」、一一月、「西独総選挙の教訓」（同誌）。同月、尾崎行雄に関して子供向けの伝記本を出版したいという財団の意向を受けて筆をとった「尾崎行雄伝（上・下）」（尾崎行雄記念財団）が刊行される。

一九六二年（昭和三七年）六八歳

二月、「小選挙区制と比例代表制について」、四月、「スターリン・フルシチョフ・毛沢東」（「世界と議会」）。

一九六三年（昭和三八年）六九歳

八月、低年齢児童向けに書いた「世界探検ものがたり」（偕成社「絵ときシリーズ14」）を刊行。一〇月、「『新しい愛国心』を読む」（「世界と議会」）。

一九六九年（昭和四四年）七五歳

一二月四日午前〇時三分、脳出血のため東京都渋谷区の自宅で死去。享年七五歳。

本年譜の作成にあたっては、国会図書館はじめ公共の図書館の蔵書、講談社資料センターの蔵書のほか、種々の資料を参考にした。また表記に関しては、一部の固有名詞を除き、漢字は常用漢字に改めている。書名や記事名に冠された副題の添えかたについては、基本的にダーシ記号（―）で結ぶこととした。出版社名は原則的には刊行当時の名称を用いたが、「大日本雄弁会講談社」はすべて「講談社」とした。

（作成・中村伸二）

著書目録

澤田　謙

【単行本】

国際政治の革命　大11・10　巌松堂書店
国際聯盟概論　大12・3　巌松堂書店
ロバアト・オウエンより労働内閣までの英国労働史　大13・4　大同洋行出版部
弗でない男　大15・11　人文会出版部
現代世界の政治　昭2・3　新政社
国際聯盟新論　昭2・4　巌松堂書店
ムッソリニ伝　昭3・1　講談社
後藤新平一代記　昭4・6　平凡社
労働宰相マクドナルド　昭4・9　平凡社
エヂソン伝　昭4・10　講談社
モルガン　昭5・1　萬里閣書房
少年プリューターク英雄伝　昭5・3　講談社
世界十傑伝　昭6・9　講談社
北條時宗と日蓮　昭7・2　地踏社
ヒットラー伝　昭9・7　講談社
新生活の書　昭11・12　東亜書房
未開境蛮地探検記　昭12・7　講談社
汪兆銘　叙伝　昭14・12　春秋社
伊藤博文　昭15・12　講談社
山田長政と南進先駆者　昭17・5　潮文閣
時宗と日蓮　昭17・10　三友社

宝庫ミンダナオ　昭18・4　六興商会出版部
後藤新平伝　昭18・7　講談社
山本元帥伝　昭19・1　拓南社
山岡鉄舟　昭19・11　六興出版部
事業王フォード　昭22・2　潮文閣
発明ものがたり　田熊常吉の苦心　昭22・3　札幌講談社
フランクリン伝　昭22・8　弘学社
亡命の予言者　マチニの生涯と思想　昭23・9　政治教育協会
盲・聾・唖の聖女　ヘレン・ケラー　昭23・9　家政教育協会
発明王　エヂソン　昭23・10　技報堂
人類の恩人　キュリー夫人　昭23・10　技報堂
二宮尊徳（天）　昭23・10　技報堂
二宮尊徳（地）　昭23・11　技報堂
パストウル伝　昭24・2　弘学社
野球王　ベーブ・ルース　昭24・4　偕成社
奴隷解放の父　リンカーン　昭24・5　偕成社
熱と意気の人　福沢諭吉　昭24・9　偕成社
大発明王　エジソン　昭24・12　偕成社
ノーベル賞にかがやく湯川秀樹博士　昭24・12　世界社
果敢の探検家　マルコ・ポーロ　昭25・1　偕成社
リンカーン　昭25・3　潮文閣
世界文化の偉人　ノーベル物語　昭25・4　世界社
奇蹟の聖女　ヘレン・ケラー　昭25・6　偕成社
英傑群像　プルターク英雄伝　昭25・7　偕成社
インドの聖雄　ガンジー　昭25・10　偕成社
世紀の科学者　アインスタイン　昭25・12　偕成社

自由独立の父　ワシントン　昭26・3　偕成社
世界にほこる　湯川秀樹　昭26・4　偕成社
世界文化の恩人　ノーベル　昭26・6　偕成社
世界の自動車王　フォード　昭26・8　偕成社
自由の太陽　フランクリン　昭27・1　偕成社
世界の真珠王　御木本幸吉　昭27・3　偕成社
維新の建設者　伊藤博文　昭27・3　偕成社
科学の王者　ニュートン　昭27・5　偕成社
智と肚の人　勝海舟　昭27・7　偕成社
アジアの太陽　ネール　昭27・9　偕成社
世界の慈善王　ロックフェラー　昭27・12　偕成社
救世の科学者　パスツール　昭28・5　偕成社
昇る巨星　アイゼンハワー　昭28・6　偕成社
日本医学の偉人　北里柴三郎　昭28・10　偕成社
機械文明の先駆者　ワット　昭28・12　偕成社
海の英雄　キャプテンクック　昭29・4　偕成社
世界的発明家　高峰譲吉　昭29・4　偕成社
アジアの風雲児　ジンギスカン　昭29・5　偕成社
沙漠の予言者　マホメット　昭29・6　偕成社
明治文化の先達　大隈重信　昭29・10　偕成社
明治大正昭和名婦伝　昭30・5　偕成社
暗黒大陸探検　昭30・6　偕成社

魔の極地征服　昭30・7　偕成社
熱と愛の巨人　野口英世　昭31・6　偕成社
ものがたり　コロンブス　昭33・1　偕成社
魅力ある怪物　フルシチョフ　昭35・10　日本週報社
尾崎行雄伝（上・下）　昭36・11　尾崎行雄記念財団

【絵本】

エジソン　講談社の絵本44　昭26・6　講談社
福沢諭吉　講談社の絵本73　昭27・7　講談社

【全集】

大思想エンサイクロペヂア19　昭2・12　春秋社
修養全集2　東西感動美談集　昭3・12　講談社
少年少女教育講談全集2　昭5・12　講談社
歴代総理大臣伝記全集21　昭11・11　歴代総理大臣伝記刊行会
少年世界文学選12　昭23・11　京屋出版社

「著書目録」には原則として、翻訳、編者、再刊本は入れなかった。また、社会運動や政治活動に関する論文も入れていない。偕成社「偉人物語文庫」「世界探検全集」については、刊行当初にはシリーズが明記されていないものもあるので、【単行本】に分類した。

（作成・中村伸二）

本書は、大日本雄弁会講談社『少年プリュータークク英雄伝』（昭和五年三月刊）を底本とし、同『プルターク英雄伝』（昭和一一年九月刊）を適宜参照にし、ふりがなを調整しました。なお、底本にある表現で今日から見れば不適切と思われるものがありますが、作品が書かれた時代背景、作品的価値を考慮し一部を除きそのままとしました。よろしくご理解のほどお願いいたします。

プリューターク英雄伝《えいゆうでん》

澤《さわ》田《だ》謙《けん》

二〇一二年八月一〇日第一刷発行
二〇二一年一〇月一一日第三刷発行

発行者——鈴木章一
発行所——株式会社 講談社
東京都文京区音羽2・12・21 〒112-8001
電話 編集(03)5395・3513
販売(03)5395・5817
業務(03)5395・3615

デザイン——菊地信義
印刷——豊国印刷株式会社
製本——株式会社国宝社
本文データ制作——講談社デジタル製作

定価はカバーに表示してあります。

講談社文芸文庫

ISBN978-4-06-290167-3

▶解=解説　案=作家案内　人=人と作品　年=年譜を示す。　2021年10月現在

講談社文芸文庫

白洲正子	古典の細道	勝又 浩──人／森 孝──年
白洲正子	能の物語	松本 徹──人／森 孝──年
白洲正子	心に残る人々	中沢けい──人／森 孝──年
白洲正子	世阿弥──花と幽玄の世界	水原紫苑──人／森 孝──年
白洲正子	謡曲平家物語	水原紫苑──解／森 孝──年
白洲正子	西国巡礼	多田富雄──解／森 孝──年
白洲正子	私の古寺巡礼	高橋睦郎──解／森 孝──年
白洲正子	[ワイド版]古典の細道	勝又 浩──人／森 孝──年
鈴木大拙訳	天界と地獄 スエデンボルグ著	安藤礼二──解／編集部──年
鈴木大拙	スエデンボルグ	安藤礼二──解／編集部──年
曽野綾子	雪あかり 曽野綾子初期作品集	武藤康史──解／武藤康史──年
田岡嶺雲	数奇伝	西田 勝──解／西田 勝──年
高橋源一郎	さようなら、ギャングたち	加藤典洋──解／栗坪良樹──年
高橋源一郎	ジョン・レノン対火星人	内田 樹──解／栗坪良樹──年
高橋源一郎	ゴーストバスターズ 冒険小説	奥泉 光──解／若杉美智子──年
高橋たか子	人形愛|秘儀|甦りの家	富岡幸一郎──解／著者──年
高原英理編	深淵と浮遊 現代作家自己ベストセレクション	高原英理──解
高見 順	如何なる星の下に	坪内祐三──解／宮内淳子──年
高見 順	死の淵より	井坂洋子──解／宮内淳子──年
高見 順	わが胸の底のここには	荒川洋治──解／宮内淳子──年
高見沢潤子	兄 小林秀雄との対話 人生について	
武田泰淳	蝮のすえ|「愛」のかたち	川西政明──解／立石 伯──案
武田泰淳	司馬遷──史記の世界	宮内 豊──解／古林 尚──年
武田泰淳	風媒花	山城むつみ──解／編集部──年
竹西寛子	贈答のうた	堀江敏幸──解／著者──年
太宰 治	男性作家が選ぶ太宰治	編集部──年
太宰 治	女性作家が選ぶ太宰治	
太宰 治	30代作家が選ぶ太宰治	編集部──年
田中英光	空吹く風|暗黒天使と小悪魔|愛と憎しみの傷に 田中英光デカダン作品集 道籏泰三編	道籏泰三──解／道籏泰三──年
谷崎潤一郎	金色の死 谷崎潤一郎大正期短篇集	清水良典──解／千葉俊二──年
種田山頭火	山頭火随筆集	村上 護──解／村上 護──年
田村隆一	腐敗性物質	平出 隆──人／建畠 晢──年
多和田葉子	ゴットハルト鉄道	室井光広──解／谷口幸代──年

多和田葉子	飛魂	沼野充義―解／谷口幸代―年
多和田葉子	かかとを失くして｜三人関係｜文字移植	谷口幸代―解／谷口幸代―年
多和田葉子	変身のためのオピウム｜球形時間	阿部公彦―解／谷口幸代―年
多和田葉子	雲をつかむ話｜ボルドーの義兄	岩川ありさ―解／谷口幸代―年
多和田葉子	ヒナギクのお茶の場合｜海に落とした名前	木村朗子―解／谷口幸代―年
多和田葉子	溶ける街 透ける路	鴻巣友季子―解／谷口幸代―年
近松秋江	黒髪｜別れたる妻に送る手紙	勝又 浩―解／柳沢孝子―案
塚本邦雄	定家百首｜雪月花（抄）	島内景二―解／島内景二―年
塚本邦雄	百句燦燦 現代俳諧頌	橋本 治―解／島内景二―年
塚本邦雄	王朝百首	橋本 治―解／島内景二―年
塚本邦雄	西行百首	島内景二―解／島内景二―年
塚本邦雄	秀吟百趣	島内景二―解
塚本邦雄	珠玉百歌仙	島内景二―解
塚本邦雄	新撰 小倉百人一首	島内景二―解
塚本邦雄	詞華美術館	島内景二―解
塚本邦雄	百花遊歴	島内景二―解
塚本邦雄	茂吉秀歌『赤光』百首	島内景二―解
塚本邦雄	新古今の惑星群	島内景二―解／島内景二―年
つげ義春	つげ義春日記	松田哲夫―解
辻 邦生	黄金の時刻の滴り	中条省平―解／井上明久―年
津島美知子	回想の太宰治	伊藤比呂美―解／編集部―年
津島佑子	光の領分	川村 湊―解／柳沢孝子―案
津島佑子	寵児	石原千秋―解／与那覇恵子―年
津島佑子	山を走る女	星野智幸―解／与那覇恵子―年
津島佑子	あまりに野蛮な 上・下	堀江敏幸―解／与那覇恵子―年
津島佑子	ヤマネコ・ドーム	安藤礼二―解／与那覇恵子―年
坪内祐三	慶応三年生まれ 七人の旋毛曲り 漱石・外骨・熊楠・露伴・子規・紅葉・緑雨とその時代	森山裕之―解／佐久間文子―年
鶴見俊輔	埴谷雄高	加藤典洋―解／編集部―年
寺田寅彦	寺田寅彦セレクション Ⅰ 千葉俊二・細川光洋選	千葉俊二―解／永橋禎子―年
寺田寅彦	寺田寅彦セレクション Ⅱ 千葉俊二・細川光洋選	細川光洋―解
寺山修司	私という謎 寺山修司エッセイ選	川本三郎―解／白石 征―年
寺山修司	戦後詩 ユリシーズの不在	小嵐九八郎―解